O JOGO DA DISSIMULAÇÃO

WLAMYRA R. DE ALBUQUERQUE

O jogo da dissimulação
Abolição e cidadania negra no Brasil

1ª reimpressão

COMPANHIA DAS LETRAS

Copyright © 2009 by Wlamyra R. de Albuquerque

Grafia atualizada segundo o Acordo Ortográfico da Língua Portuguesa de 1990, que entrou em vigor no Brasil em 2009.

Capa
Mariana Newlands

Foto de capa
Album/akg-images / Latin Stock

Preparação
Lucimara Carvalho

Índice remissivo
Luciano Marchiori

Revisão
Márcia Moura
Ana Maria Barbosa

Dados Internacionais de Catalogação na Publicação (CIP)
(Câmara Brasileira do Livro, SP, Brasil)

Albuquerque, Wlamyra R. de
   O jogo da dissimulação : abolição e cidadania negra no Brasil;
Wlamyra R. de Albuquerque — 1ª ed. — São Paulo : Companhia
das Letras, 2009.

   ISBN 978-85-359-1401-6

   1. Brasil - História 2. Brasil - História - Abolição da escravidão,
1888 3. Cidadania 4. Classes sociais - Brasil 5. Negros - Brasil 6.
Negros - Brasil - Condições sociais 7. Racismo I. Título.

09-00183   CDD-981

Índice para catálogo sistemático:
1. Negros no Brasil : Abolição e cidadania : História social   981

[2021]
Todos os direitos desta edição reservados à
EDITORA SCHWARCZ LTDA.
Rua Bandeira Paulista 702 cj. 32
04532-002 — São Paulo — SP
Telefone (11) 3707-3500
www.companhiadasletras.com.br
www.blogdacompanhia.com.br
facebook.com/companhiadasletras
instagram.com/companhiadasletras
twitter.com/cialetras

*Para minha avó Maria e
para Raimundo Nonato Fonseca
(in memoriam).*

Era atlântica a solidão negra.
E nestes dias atlânticos sabemos ser nosso o que está distante,
submerso em travessias absurdas, em náuseas intermináveis.

Foi atlântico o medo do mar, a adivinhação da tempestade, a
expectativa da rotina.
Foi atlântica a dissimulação de esperança.

Nestes dias, sabemos ser nosso o que está distante.
Ela disse ser Esperança da Boaventura,
como os Aleluia, os Bonfim, os da Cruz, os do Espírito Santo.

Com tantos outros, mergulhamos num flagelo atlântico.
Desde então, estamos todos assentados no fundo do oceano.

Wlamyra R. de Albuquerque, *O divisor*

Sumário

Apresentação – Maria Clementina Pereira Cunha   11

Introdução   31

1. CÔNSULES, DOUTORES E OS "SÚDITOS DE COR PRETA":
RAZÕES E AÇÕES POLÍTICAS NUM PROCESSO DE RACIALIZAÇÃO . .   45
Comerciantes africanos, negócios ingleses:
os "súditos de cor preta"   47
O Conselho de Estado e a "preponderância
da raça africana no Brasil"   65
Entre o "banquete da civilização" e a "redenção da raça":
o jogo abolicionista   81

2. "NÃO HÁ MAIS ESCRAVOS, OS TEMPOS SÃO OUTROS":
ABOLIÇÃO E HIERARQUIAS RACIAIS NO BRASIL   94
A expectativa do caos   98
A polícia e a crise de "força moral"   108
"Conserve-se a palavra senhor!"   113

Os Caboclos e o Senhor do Bonfim: as comemorações ... 126
O padre, os libertos e são Benedito no sul da província ... 134

3. DIVERGÊNCIAS POLÍTICAS, DIFERENÇAS RACIAIS:
RUI BARBOSA E A GUARDA NEGRA 140
O "massacre do Taboão": a Guarda Negra na Bahia 142
Os "bárbaros corações iludidos" da Guarda Negra:
capadócios,carregadores, ganhadores 163
Rui Barbosa: a "raça emancipadora" e a "raça
emancipada" 183

4. ESPERANÇAS DE BOAS VENTURAS:
AS ÁFRICAS RECRIADAS NA BAHIA 195
Embaixada Africana: quando um rei etíope foi à Bahia ... 197
Pândegos d'África: a África dos nagôs 217
Os velhos africanos e seus malefícios 235

Considerações finais 241
Notas 245
Agradecimentos 295
Fontes 297
Obras de referência 299
Créditos das ilustrações 309
Índice remissivo 311

"Cousas futuras": a previsão da cabocla do morro do castelo sobre o destino de gêmeos que começaram a brigar no ventre

Maria Clementina Pereira Cunha[1]

Se aceitas a comparação, distinguirás o rei e a dama, o bispo e o cavalo, sem que o cavalo possa fazer de torre, nem a torre de peão. Há ainda a diferença de cor, branca e preta, mas esta não tira o poder da marcha de cada peça, e afinal umas e outras podem ganhar a partida, e assim vai o mundo.

(Machado de Assis, "A epígrafe", *Esaú e Jacó*, 1904)

Em 1904, Machado de Assis publicou seu penúltimo romance, intitulado *Esaú e Jacó*.[2] Nele, como sempre, "ao contar suas histórias, escreveu e reescreveu a história do Brasil", para adotar a síntese de um dos maiores especialistas nos significados nem sempre evidentes da escrita machadiana.[3] O enredo, inspirado no conhecido episódio bíblico, trata de dois gêmeos com nomes de apóstolos (Pedro e Paulo), "tão iguais, que antes pareciam a sombra um do outro". Apesar da semelhança, viviam em conflito "desde o ventre" materno, o que explicaria a gestação difícil daquela que os deu à luz. Quando ainda bebês (e nada casualmente, no ano de 1871),[4] a mãe preocupada com o agitado produto de seu ventre arrisca-se a subir o morro do Castelo em busca de uma famosa "cabocla", a quem eram atribuídos poderes divinatórios. Queria saber sobre o futuro dos filhos para tranquilizar-se sobre seu destino. Serão grandes, os dois, serão cobertos de glórias, assegurou a adivinha. Mas quanto à "qualidade" das glórias de cada um só podia dizer que estas eram "cousas futuras" e pouco previsíveis. O fato é que os gêmeos — tão semelhantes na aparência — cresceram opostos em tudo. Um formou-se advogado, o outro médico. Um era impulsivo, o outro racional. Um defendia a monarquia, o outro era republicano fervoroso. Concordavam em apenas duas coisas. Em primeiro lugar, amavam a mesma mulher (não que isso os tenha reconciliado de algum modo). Mas também, em raro momento de concordância — metáfora perfeita para a história do país no início do século XX — ambos haviam aplaudido a lei assinada pela princesa Isabel no dia 13 de maio de 1888, embora o tenham feito, ressalva Machado, por motivos diferentes.

Quando o livro atinge justamente o capítulo 13, o escritor interrompe a narrativa para lhe indicar uma possível "epígrafe" e dedicar-se a tecer comentários, aparentemente não relacionados com o enredo, sobre partidas de xadrez com seus movimentos de peças pretas e brancas, indicando ao leitor o contexto de que falava. Mais de cem anos depois, a referência me pareceu perfeita como epígrafe para esta apresentação. Afinal, a menção às cores como signos de representação social parece ter tudo a ver com o livro da historiadora baiana Wlamyra Albuquerque e também com uma discussão que, ultimamente, vem dividindo radicalmente estudiosos e ativistas ligados à questão dos afrodescendentes no Brasil.

Na verdade, não se pode dizer que o recente debate, que contou com a publicação de diversos manifestos a favor e contra o projeto de implantação das cotas raciais no Brasil, tenha transcorrido no clima habitualmente reflexivo e silencioso das partidas de xadrez. Entretanto, seu futuro parece tão incerto quanto o dos gêmeos Pedro e Paulo pareceu à cabocla. Apesar dos excessos, que muitas vezes implicaram desrespeito com pessoas que possuem uma notória folha de serviços prestados à mesma causa, deve-se assinalar que aquela verdadeira guerra verbal teve, ao menos, o mérito inegável de retirar o véu que encobriu, por muito tempo, a dimensão política desse tema. A oportuna publicação deste livro sobre a racialização das relações sociais nas décadas que cercaram a abolição, ainda que ele não tenha sido concebido com esta intenção,[5] ajuda a desmanchar o nó cego que se formou como resultado daquela polêmica. Ao revelar toda a delicadeza do tema e suas implicações, o livro em primeiro lugar nos ajuda a entender como pessoas que pareciam compartilhar a mesma trincheira acabaram (involuntariamente) envolvidas numa guerra de tabuleiro, onde peças de duas cores parecem empenhadas em ganhar a partida. O bruxo do Cosme Velho, note-se, nos lembrava sutilmente que a diferença de cor não tira o poder de marcha de cada peça — e penso que os caminhos percorridos por Wlamyra Albuquerque contribuem para mostrar, mais uma vez, como ele enxergava longe.

Entender por que e como a cientificidade atribuída à ideia de raças humanas pode sustentar a recriação de hierarquias sociais constitui, sem dúvida, a melhor maneira de armar-se para enfrentar suas funestas consequências. Como sabemos, não faz tanto tempo que o sentido "científico" para a palavra, tal como o conhecemos hoje, apareceu no cenário político e intelectual: tornado corrente em meados do século XIX, o conceito nasceu no Ocidente informado pelos impasses e incertezas do período. Confrontar a imobilidade naturalizante de conceitos como esse com a flexibilidade e a dinâmica próprias da história é sempre uma receita contra todas as formas de sectarismo, seja no saber, seja na atividade política. Por isso, seguindo uma tendência que se fortaleceu na historiografia internacional, particularmente na norte-americana, desde a década de 1970, a autora se vale da perspectiva da *raciali-*

zação, tomando as devidas precauções contra o uso do termo "raça", contaminado por mais de um século de investimento ideológico, e cujo conteúdo dependeu sempre dos usos que se pretendeu fazer dele. Wlamyra nos faz entender como tal conceito e seu derivado, o racismo, filhotes da expansão imperialista dos países europeus, ao hierarquizar e vincular diferenças culturais a fenótipos humanos emprestados da biologia, pretendeu, como era próprio do período, estabelecer um parâmetro absoluto de avaliação dos grupos humanos.

No Brasil, como em outros países marcados pela escravização de africanos e seus descendentes, a construção da cor como um elemento de desigualdade esteve intimamente associada ao processo de desarticulação do domínio senhorial. Por essa via se criou, a partir da pele dos indivíduos, uma homogeneidade artificial nem sempre compatível com a prática de escravos ou libertos, francamente heterogêneos em sua origem e mesmo em sua experiência. A artificialidade, por outro lado, era relativa. O critério "científico" não deixava de estar ancorado no costume, já que peças brancas e pretas foram sempre, nesse contexto, lidas como um fator primário de reconhecimento das diferentes ordens sociais e da posição ocupada pelo indivíduo: basta lembrar o quanto parecia perturbadora para viajantes estrangeiros e autoridades portuguesas do século XVIII a multiplicação de pretos, mulatos, pardos e cabras que circulavam nas ruas das grandes cidades.[6] Quando finalmente chegou por aqui, tarde em relação ao resto da América, a hora do golpe final nos últimos senhores recalcitrantes, a maioria dos negros já era livre, e um impressionante consenso parecia cercar a condenação do trabalho escravo. Mas a convivência desses homens e mulheres com seus ex-senhores brancos e, mais ainda, sob regras incertas e em grande medida ameaçadoras da cidadania republicana, constituía um problema a ser enfrentado pelas classes dirigentes.

Não era prudente, naquela conjuntura, desenvolver um discurso abertamente ancorado na raça, calcado na supremacia branca e nas propostas segregacionistas, como nos Estados Unidos — uma vez que se tratava ainda de afirmar a desumanidade da escravidão e sua inadequação ao princípio liberal da igualdade civil que regia os "povos civilizados". Sobre a cor da pele, ensinava um experiente político do tempo do Império, convinha calar.[7] Para os abolicionistas, jogar muito peso na questão racial seria, por via transversa, atirar lenha à fogueira dos últimos defensores do regime escravista. Tampouco era desejável para uma assustada classe senhorial, mesmo a sua parcela mais "esclarecida", perder o posto e mesmo a velha atitude diante daquela massa de libertos que iam adquirindo rapidamente o estatuto de cidadãos. O discurso científico parecia talhado para solucionar o dilema. Afinal, seu fundamento apresentava-se convenientemente descomprometido com os imperativos da política: na verdade era daí que ele tirava sua força e eficácia. Entretanto, a abordagem "científica" da raça teve de adequar seus princípios gerais às condições específicas da história, fazendo com que o racismo adquirisse características próprias em cada tempo e local. Na sua versão à brasileira, como resultado da complexa circunstância política que desaguou no 13 de maio de 1888, pode-se compreender que a questão racial tenha permanecido longamente entre as coisas sobre as quais era melhor não falar.

Aqui, os que desejavam postergar ao máximo a hora final argumentavam principalmente com o "sagrado" direito de propriedade e não com alguma forma de inferioridade biológica dos antigos habitantes das senzalas. Como não se argumentava com atributos naturais que habilitassem as peças brancas como eternas vencedoras,[8] o "fardo da escravidão" transformou-se na melhor justificativa para o imperativo de tutelar os beneficiários da liberdade, procedimento que exigia definir em novas bases as fronteiras e as hierarquias, de preferência sem alterar muito antigos privilégios. É esse o contexto que o livro nos traz, para evidenciar quão decisivo foi o papel da racialização para as elites políticas do país naqueles anos de incerteza, estimulando o florescimento de práticas ambiguamente discriminatórias e paternalistas sob o regime republicano.

Mas a autora vai muito além dessa constatação. Conceitos abrangentes como o de raça — da mesma forma que, por exemplo, o de nação — são eficazes também porque prestam-se a diferentes formas de apropriação. Segundo a clássica análise de Benedict Anderson,[9] as nações modernas, nascidas como criações artificiais, podem ter sido em grande medida impostas às populações que habitavam seus territórios. Nem por isso deixaram de ter uma incrível positividade simbólica, uma impressionante longevidade histórica e uma capacidade assustadora de criar vínculos de pertencimento e identidades à flor da pele. Digo vínculos e identidades no plural porque uma ideia como a de nação retira grande parte de sua força do fato simples de permitir múltiplas apropriações, ressignificações e projeções de diferentes agentes históricos ao longo do tempo. A raça, lembra Wlamyra Albuquerque, enquanto categoria biológica transplantada para a vida social, opera na mesma direção: é uma criação, e das mais perversas, mas adquiriu efetividade política e uma forte dimensão afetiva para todos aqueles que experimentam, por seu intermédio, sentimentos desse tipo. Mas não tem, por certo, o mesmo significado para todos os sujeitos envolvidos. Considerando a diferente capacidade de movimentos das peças brancas e pretas no tabuleiro machadiano, o jogo é mais complicado do que pode parecer.

Assim, a ideia de raça vem hoje servindo igualmente aos propósitos dos defensores da ideia de um "Brasil mulato" avesso a todas as formas de racismo (o que é, frequentemente, uma maneira enviesada de negar a sua existência entre nós) ou aos promotores de uma atitude de valorização e orgulho dos negros (que carrega, por vezes, mais suscetibilidades arranhadas que um conjunto articulado de razões políticas). Diante de concepções que, como os gêmeos do romance, parecem cultivar teimosamente seus mal-entendidos, ajuda pouco repetir velhos argumentos se queremos ver o debate avançar. Não nego que haja alguma utilidade em repisar incessantemente a denúncia da origem e dos malefícios da ideia de raça, mas é equivocado, por outro lado, negar sua crescente importância e significado para aqueles que, num longo e nada fácil processo de ressignificação, construíram a partir dela uma identidade. Talvez esse seja um tipo de equívoco que "pode acabar com o tempo", como diria o Conselheiro Aires, pensativo sobre os percalços dos gêmeos do romance. Mas de qualquer modo é preciso reconhecer com ele que se trata, no mínimo, de "um caso embrulhado".[10] Eis aí, acrescentaria a autora um século depois, uma questão histórica a exigir ferramentas muito delicadas de interpretação e grande sensibilidade na análise. Instrumentos que nos permitam atravessar sem maiores danos o denso nevoeiro para encontrar, para além do processo histórico ou dos impasses teóricos, aquilo que manteve a questão como uma ferida ainda aberta, opondo em facções radicalmente opostas pessoas que até muito recentemente se viam na mesma trincheira. O certo é que o debate sobre esse tema, recoberto pudicamente com um espesso véu de silêncio, incomoda gregos e troianos e parecia ter chegado, após a recente guerra de manifestos, a um beco sem saída. O livro de Wlamyra Albuquerque, entretanto, traz um novo alento e oferece alternativa aos argumentos desgastados de parte a parte, abrindo novas perspectivas de abordagem do problema.

Como historiadora sensível e inteligente, ela centrou sua análise nos anos de incerteza que cercaram a abolição, para percorrer as últimas décadas do século XIX com suas lentes focadas na Bahia. Guiados por sua mão habilidosa, visitamos um período no qual diferentes sujeitos tratavam de redefinir "seu lugar". A desagregação das relações fundadas no vínculo jurídico entre senhores e escravos era então, no discurso político e em diferentes aspectos da vida diária, colorida pela forma "científica" de ler as desigualdades: novidade confortável, sem dúvida, porque fundada naquilo que a antiga forma de domínio tinha de mais visível. No período, a raça foi, pouco a pouco, sendo incorporada como uma maneira genérica de aglutinar antigas diferenças de etnia, de origem ou de filiações de outro tipo que organizavam a vida social no regime escravista. Naqueles anos, como vimos, a noção se encaixava como uma luva aos anseios de ex-senhores angustiados. Flexível, pertencia simultaneamente à natureza e à história: biologicamente inferiores e ainda infantilizados, embrutecidos ou corrompidos pelos séculos de servidão, os negros podiam permanecer legitimamente em posição subalterna, sem que isso comprometesse o edifício liberal do abolicionismo e da república.

Wlamyra Albuquerque, sem evitar essa seara mais conhecida, surpreende seus leitores ao ir buscar os procedimentos dessa construção em lugares insuspeitados: não apenas na elaboração dos intelectuais, no discurso dos abolicionistas ou da imprensa, mas igualmente na agência dos próprios negros que, interpretando a seu modo o processo de racialização, desenvolvem vínculos e elaboram simbolicamente suas heranças e origens. Pensar a racialização apenas como um processo impositivo — que correria em mão única, das elites brancas para negros vitimizados — é o modo, infelizmente mais comum hoje em dia, de simplificar a questão. Mas a autora navega com segurança, para sorte de seus leitores, em direção oposta. Em velhos papéis garimpados nos arquivos baianos, ela vai elucidando a forma pela qual, naquele período, práticas, ideias e atitudes baseadas na ideia de raça tenderam a se fortalecer nos debates políticos e jurídicos e também em pequenos, mas reveladores, episódios da vida diária — na memória da escravidão, nos símbolos associados a uma mítica origem africana e até em atitudes individuais que evidenciam a introjeção dessa forma de ver as relações sociais por parte de sujeitos anônimos que experimentavam as tensões e angústias do período. Uma velha senhora chamada Esperança que fez questão de registrar, em seu testamento, já no século XX, sua procedência na imprecisa "Costa d' África"; o branco que agrediu uma mulata forra que, num fim de noite carnavalesco, ousou recusar o convite para beber com ele — simples escolha feminina entendida como atrevimento e insubordinação, atitudes para as quais os ânimos andavam especialmente sensíveis naqueles anos; um chefe de polícia que se viu pisando em ovos ao lidar com uma escrava fugida por se tratar de uma mulher "quase branca" — pois a cor falava mais ao seu coração que o estatuto legal que lhe cabia por ofício defender, a ponto de contribuir pessoalmente para que ela tivesse o "melhor destino" a que sua cor fazia jus.

Esse conjunto de episódios, tecidos com habilidade ao longo das páginas do livro, além de produzir uma leitura sempre prazerosa, revela as maneiras como diferentes sujeitos históricos enfrentaram as incertezas de seu tempo. Diante delas, geraram múltiplas respostas que podiam negar, negociar, reafirmar, inverter ou questionar o edifício social levantado a partir de critérios raciais — do lado senhorial ou do lado escravo. Exemplos extremamente significativos vão se sucedendo para adensar a reflexão ao longo de cada um dos capítulos: o temor branco de uma "preponderância africana", visto a partir da intenção quase banal de um grupo de dezesseis africanos que desejavam retornar à Bahia no final dos anos 1870 com o objetivo de se tornarem comerciantes, deflagrando um caso internacional que colocou em campos opostos a diplomacia inglesa e os governantes locais; o susto das elites brancas diante da alegria ruidosa de negros que comemoravam nas ruas a abolição, ou festejavam a independência baiana com seus caboclos, revelando nas entrelinhas as secretas restrições dos "emancipadores" dos escravos diante da presença autônoma dos "emancipados" nas ruas; as representações da África nos antigos carnavais baianos, por negros organizados em clubes que buscavam ombrear-se aos dos brancos ou superá-los, mas sob símbolos distintamente "africanos" — embora, o que é significativo, não harmônicos entre si: através das figuras emblemáticas de Menelik e Labossi, as lideranças que dirigiam esses clubes manifestavam festivamente, nos dias de Momo, diferentes concepções sobre sua raça embutidas nas maneiras de representar antigos vínculos culturais. Os sujeitos, como se vê, são múltiplos, incluindo agentes da lei, políticos, intelectuais brancos e negros, gente cujas preferências se dividiam entre a Embaixada Africana e os Pândegos d'África, entre a monarquia e a república, entre o candomblé e o catolicismo e outras múltiplas possibilidades. No tabuleiro das relações raciais, moviam-se em direções diferentes seguindo cada qual seu próprio "poder de marcha".

Vários autores têm ressaltado os dilemas de um abolicionismo filantrópico e paternalista como o brasileiro, preocupado em amortecer as tensões e produtor de um racismo silencioso que buscava ocultar os conflitos. Nabuco e tantos outros indivíduos que ainda ocupam o panteão dos libertadores dos escravos e da nação diziam orgulhar-se da ausência da dimensão racial na solução brasileira para o "problema servil". Muitos intérpretes do período e posteriores pareceram acreditar na justeza dessa percepção, repondo acriticamente argumentos políticos tomados como fatos. Faltava quem trouxesse à luz o incômodo que lhes provocavam personagens como os que Wlamyra Albuquerque vai fazendo, habilmente, desfilar diante de nós. Os abolicionistas negros Salustiano e Manoel Sapateiro, ou o "orador do povo" Roque Jacinto, por exemplo, deixam evidente, com sua simples presença e atividade, a tensão (sem dúvida, racial) interna a um movimento que comportava diferentes expectativas e pontos de vista, alguns dos quais soterrados por uma montanha de silêncio. A vantagem de sua análise sobre a forma clássica de ver a questão é que ela evita entender a abolição pelos seus resultados para reduzi-la aos modelos da dádiva ou da fraude. Esse episódio decisivo da história brasileira é tomado aqui como uma ocasião privilegiada de disputa e negociação sobre os sentidos da cidadania para diferentes sujeitos, que não cabem por inteiro no esquematismo binário das categorias raciais: a autora mostra que há mais tons de cinza do que se supunha nesse jogo interminável. Sua interpretação escapa, por essa via, do vício da "vitimização" (como da "heroificação" que é seu complemento inevitável) para resgatar para a "gente de cor" a condição de sujeito plural e expor as possibilidades que tinham diante de si; a liberdade do 13 de maio, afinal, tinha significados diversos, cabendo a cada peça, de acordo com suas propriedades e posição no tabuleiro, escolher a melhor jogada.

Uma síntese quase perfeita é encontrada no episódio conhecido como "Massacre do Taboão", descrito de modo saboroso pela autora. Silva Jardim e um grupo de republicanos, ansiosamente aguardados por estudantes de medicina na região portuária, foram atacados pelo capoeira Macaco Beleza e seus companheiros da Guarda Negra, ao desembarcarem em Salvador. Entre vários corre-corres e peripécias, que evito adiantar ao leitor para não quebrar a graça da narrativa, a autora flagra os brancos republicanos racializando abertamente o episódio: quase uma caricatura; Macaco Beleza funciona como uma metáfora desqualificante da presença negra e, ao mesmo tempo, da ação dos monarquistas que o protegiam. Por sua vez, abolicionistas e republicanos negros não fogem ao argumento racializado, ao condenar o ataque: para eles, defender a monarquia era uma atitude incompatível com os interesses da "raça" vitimada pela escravidão, que a monarquia havia sustentado por séculos.[11] Quem pode dizer que estariam errados? Mas, ao contrário do que pareciam supor estes últimos, não é difícil entender a atitude de Macaco Beleza e seus companheiros: afinal, vários historiadores mostraram recentemente como a possibilidade de perder direitos conquistados era algo corriqueiro nos anos da escravidão. Não é de espantar, nesse quadro, que a abolição tenha sido construída, na memória popular, como uma dádiva majestática da família real. Corriam, pelas principais cidades do país, insistentes boatos sobre uma suposta intenção dos republicanos de vedar o acesso de negros a coisas como os cobiçados cargos públicos — e ninguém, em sã consciência, pode duvidar que eles tivessem muitas razões para dar crédito a tais murmúrios.

O episódio contém gestos de pura teatralidade, com alguns traços de comédia. São impagáveis os estudantes de medicina, em seu jovial ardor republicano, a ameaçar a malta de Beleza com o que diziam serem "substâncias letais" pertencentes ao laboratório acadêmico: bastaria uma delas "triscar" num daqueles mal-encarados defensores da monarquia, para que a ciência provasse seu poder contra a barbárie. A "ciência", mais uma vez, oculta a política e dá foros de verdade a uma simples escolha entre suas alternativas. Em todas as cenas descritas, a raça parece ser o personagem principal — inclusive para explicar a preferência monarquista da população negra (ou, o que dá no mesmo, seu temor pela república) e sugerir como eles mesmos produziram novas identidades a partir da cor. Se a ideia de raça era funcional para os brancos, afinal, agregando um racismo comum às suas variadas escolhas políticas, ela desempenhou papel análogo para os negros. Identidades raciais foram construídas também por eles (e não apenas contra eles), aspecto muitas vezes negligenciado nas análises do tema. Longe de aparecerem nestas páginas como seres passivos diante de uma concepção e de uma prática discriminatórias, os negros surgem como sujeitos que tomaram a ideia de raça em seu próprio benefício. Operaram com ela em direções diferentes, como mostra a autora, mas sempre contrapostas à afirmação de uma inferioridade inscrita na cor da pele.

Não se tratava, como evidencia o livro, de um processo desprovido de conflitos para quem o vivenciou. Chama a atenção o dilema de intelectuais negros — neste caso, principalmente Manoel Querino que, segundo Wlamyra Albuquerque, já tentava combater o racismo recorrendo politicamente à ideia de raça. Empenhado em resgatar a dignidade de sua cor diante de uma ciência que lhes negava parte de sua condição humana, Querino e outros (então muito raros) intelectuais negros do período viveram um permanente dilema. Afirmar a identidade racial, para eles, foi muitas vezes um esforço para defender a própria capacidade de atingir o mesmo patamar dos brancos ilustrados, mais que uma defesa de negros de carne e osso que exibiam nas ruas seus padrões e práticas indesejáveis. De certa forma, caminhavam em direção similar a grupos como a Sociedade Baiana 13 de Maio, que visava garantir para sua raça o acesso a direitos básicos como a educação pública, principal via para retirá-los da "infância moral" a que teriam sido relegados pela escravidão. Sintoma disso era o modo como Querino construía de várias maneiras, inclusive nos desfiles dos Pândegos d'África a que era afiliado, a imagem positiva de civilizações africanas como modo de reivindicar uma origem digna e uma tradição equiparável à dos brancos. Enfrentava desse modo um debate com intelectuais como Nina Rodrigues, que não mediam palavras para condenar o que qualificava como "verdadeiros candomblés" apresentados no carnaval.

Impossível não recordar desventuras paralelas de Lima Barreto, no Rio de Janeiro, pouco tempo depois — quando a racialização criava novas armadilhas: indignado com a "ignorância" demonstrada nas ruas pelos "poetas de cordão" do carnaval carioca (entre os quais incluía, por exemplo, o já famoso Sinhô),[12] o escritor lamentava a sorte dos descendentes de escravos, confundidos com aquelas manifestações que considerava de extrema "boçalidade". Lima via a si mesmo como um exemplo da capacidade dos negros para superar essa herança, mas experimentou até o final o ressentimento por não ter sido aceito como igual entre os literatos reconhecidos na Academia Brasileira de Letras, ou em grupos de boêmios letrados que se reuniam habitualmente nos cafés e confeitarias do Rio de Janeiro da *belle époque*.[13] Vivendo cotidianamente esse impasse, era difícil para ele questionar a cientificidade que legitimava as teorias raciais: ao condenar o princípio que sustentava a afirmação da sua inferioridade biológica, estaria ao mesmo tempo excluindo-se do convívio com os homens de letras, meio ao qual julgava pertencer por mérito. O escritor vivenciou duramente esse dilema em relação à ciência, e nem sempre isso tinha relação direta com a cor: nas diversas ocasiões de internamento psiquiátrico, por exemplo, teve de recorrer seguidamente ao esforço de separar a "boa" e a "má" ciência, evitando uma ruptura entre sua própria e dilacerada experiência pessoal e os postulados médicos sobre a loucura. Do ponto de vista da condição racial, o procedimento não foi muito diferente: Lima viveu sempre angustiado entre o reconhecimento implícito da superioridade intelectual e artística europeia, própria dos homens de letras, a irritação diante das manifestações festivas ou musicais de seus irmãos de cor. Grande parte da sua vida e obra foi dedicada a defendê-los solidariamente contra a política excludente dos governos republicanos. Mas o escritor não continha o mau humor diante da sua música, suas danças, suas festas, que considerava expressões primárias de uma gente embrutecida por séculos de opressão e ignorância — incapaz de ver tais diferenças como algo a ser respeitado. Entretanto, seria justo esperar de homens de seu tempo e situação uma perspectiva diferente?

Assim como Querino, Lima recorreu ao folclore ou à busca das raízes de uma cultura ingênua e autêntica, preservada longe dos batuques e requebros desmoralizantes das grandes cidades, para encontrar um conjunto de tradições capazes de ostentar, a seus olhos, alguma dignidade.[14] A explicação para essa espécie de degeneração cultural dos negros, que ele lamentava, foi buscada mais uma vez nos séculos de embrutecimento do cativeiro. Ninguém expressou tais ambiguidades melhor que esses intelectuais — alguns angustiados por encontrar, nas ruas, apenas sambistas e carnavalescos, mas não homens negros capazes de admirar a ópera, reconhecer os cânones literários e ler em francês, como era próprio de brancos instruídos. Poucas décadas antes, tal impasse foi resolvido de maneira diversa, mas com sentido análogo, por intelectuais baianos: em meio à polissemia inscrita na ideia de raça, a preservação de um sentido de enraizamento ancestral na África, buscada por Manoel Querino e outros no início do século XX, era certamente uma "tradição inventada". Mas não se pode duvidar de sua força identitária entre descendentes de escravos. Ela pulsava através dos tambores do candomblé com seus terreiros estruturados em torno desses elos simbólicos, dava alento a intelectuais e militantes negros confrontados com a discriminação, além de constituir um verdadeiro fascínio, em geral divertido, para carnavalescos de todo tipo.

A racialização, por esse viés, penetrou fortemente o campo da cultura. Fez de ocasiões como festas de rua um solo fértil de disputa em torno dos seus significados. Foi nesse campo, precisamente, que as linhas desse velho debate encontraram um meio privilegiado de expressão. Assim, não é casual que a análise conflua para ocasiões como o carnaval, as comemorações baianas do 2 de julho, as rodas de samba. As festas se afiguram inicialmente como ocasiões especialmente racializadas e, como tal, geradoras de tensão. Para muitos, eram prova de que as vítimas da escravidão deveriam ser, afinal, mantidas "em seu lugar" de modo a não perturbar a ordem e a civilização. O tema estava na ordem do dia na virada para o século xx. De certa forma, tentava-se fazer com que a hierarquia senhorial, tão veementemente combatida nas décadas anteriores, fosse substituída por uma espécie de "ordem natural das coisas" derivada do original casamento da natureza com a história. Afinal, os Macacos Belezas, os gritos, tambores e requebros dos "13 de maio", as africanidades de terreiro, as rodas de samba, a "vadiagem" exposta nas ruas da cidade, pareciam eloquentes para atestar a necessidade de uma pedagogia austera e um controle severo dos "emancipadores" sobre os "emancipados". Nas décadas que se seguem a 1888, a festa dos negros (mesmo quando não era só deles) tornou-se mais suspeita que antes, até adquirir o estatuto de tema estratégico, que ocupou ao longo do tempo muitas páginas impressas, muito esforço de policiais e autoridades, mas também muita invenção e trabalho de festeiros e carnavalescos. A festa foi também tema de uma discussão nunca concluída entre intelectuais, na qual os defensores de supostas "raízes negras" da cultura popular ganharam cada vez mais espaço acadêmico e político. A partir dos anos 1930, pelo menos, ocasiões como os carnavais e outras festas coletivas, formas de expressão como os sambas e alguns ritmos regionais, além de outras manifestações análogas, foram rapidamente relidas como expressões simbólicas da nacionalidade — e constantemente reivindicadas simultaneamente como demonstrações de uma "cultura negra" e suas raízes africanas. Reafirmava-se nessa leitura o mito não apenas da democracia racial, mas de um país harmônico: uma identidade brasileira calcada em elementos que repousam nessa forma de racializar a cultura e ocultar, com isso, seus conflitos.

Este livro traz uma contribuição importante no sentido de revelar aquilo que essa imagem deixa de lado. Faltou às análises do período, por muito tempo, perceber a tensa heterogeneidade por trás da aparente obviedade das categorias raciais. Wlamyra Albuquerque nos faz compreender, de mansinho, com sua narrativa densa e bem estruturada, como a multidão de negros festivos, ameaçadores ou simplesmente ruidosos, que passavam a se reconhecer como iguais por causa da pele escura, eram muito mais *dessemelhantes* — como disse o velho poeta barroco da Bahia — do que sugere a identidade genérica de cor. Englobavam o povo de santo, irmandades católicas, capoeiras da Guarda Negra (ou não), monarquistas e republicanos, intelectuais e analfabetos, radicais e membros de sociedades de reforma social, sambas de roda e polcas, diversas formas de brincar e manifestar identidade. Tal miopia sobre essas diferenças é, de resto, outro resultado da racialização: afinal, no século XX, o medo "científico" da perversão dos costumes, lembra a autora, substituiu o medo da revolta que tirara o sono dos antigos senhores, fazendo com que todos os olhares se voltassem para essas ocasiões coletivas e desregradas. Equiparados pelo olhar racializado, seus atores, seus enredos, suas intenções e gestos, sucumbem diante de um rótulo que, para o bem ou para o mal, os enxerga e classifica exclusivamente a partir do signo da cor.

Sob a aparência da integração festiva, o mito do Brasil--mulato, idílico país sem racismo, opera ainda no sentido de manter os negros, como sempre, "em seu lugar". O curioso, entretanto, é que a mesma ideia pode servir a intenções diversas, adotando uma imagem espelhada, perigosamente simétrica, mesmo quando se pretende representar seu oposto. Parece que, por mais voltas que se dê, retornamos interminavelmente ao mesmo ponto. *Triste Bahia*, diria o mesmo poeta. Triste Brasil, ecoamos, diante de uma discussão que, entre avanços e recuos, parecia condenada a nunca sair das armadilhas que a história nos preparou. Talvez por isso mesmo, a autora pretenda neste livro convencer os leitores da necessidade de mais pesquisas sobre a abolição e seus desdobramentos no Brasil, de modo a tornar mais evidentes os mecanismos que impossibilitaram aos homens de cor ver seus filhos saltarem para fora das margens, mesmo aquelas de aparência cordial, a que foram relegados pelos antigos e novos senhores. O livro é muito bem-sucedido não só nesse propósito, mas também em construir as ferramentas delicadas que a análise exige. Quando a leitura termina, resta a sensação animadora de que, afinal, os ventos podem estar mudando. Wlamyra Albuquerque é uma historiadora negra, das melhores entre uma safra promissora que vem despontando no país. Não terá nenhuma dificuldade de reconhecimento do seu trabalho e das muitas possibilidades que ele abre para quebrar o círculo vicioso do debate sobre o tema difícil e delicado que escolheu. Quero, por isso, encerrar este convite à leitura do livro com uma reminiscência pessoal, para a qual peço permissão aos leitores.

Fui orientadora de Wlamyra em seu curso de doutorado na Unicamp, embora todos os méritos do trabalho, confesso aqui alegremente, lhe pertençam com exclusividade. Quando levamos a tese à defesa, em 2004, era perceptível a emoção que, partindo dela, contaminava toda a sala. Esse clima era, em grande parte, relacionado ao significado daquele ato acadêmico para alguém que trazia em seu próprio corpo a marca dos preconceitos. Encerrei a sessão, como de praxe, com uma pequena fala na qual, imbuída do orgulho profissional dos orientadores diante do sucesso de seus alunos, manifestei meus sentimentos pessoais relacionados com a ocasião. Disse aquele dia, do fundo do meu coração, que o crescimento do número de historiadores e acadêmicos negros em nosso país, embora mais lento do que desejávamos, era algo para ser saudado com alegria como um sinal dos mais alvissareiros de que, finalmente, pessoas como nossa jovem historiadora encontravam "seu lugar" e o ocupavam sem constrangimento. Mas o principal a ser dito naquele ritual era que a qualidade do seu trabalho devia ser saudada acima de qualquer outro fator: víamos ali emergir um exercício historiográfico inteligente e sofisticado, uma análise fina que fugia dos reducionismos comuns em outros autores, qualquer que fosse a cor de suas peles, para dar consistência ao debate e abrir um amplo leque de informações e argumentos novos.

Creio que aquelas palavras fazem hoje mais sentido que nunca. Wlamyra Albuquerque, falando sobre a Bahia do final do século XIX, joga uma luz intensa sobre uma questão central da história brasileira e ilumina também algumas dimensões cruciais do nosso presente. Seus leitores terão muito o que descobrir nestas páginas — sobretudo aqueles que seguirem a sábia prescrição de Machado de Assis: "o leitor atento, verdadeiramente ruminante, tem quatro estômagos no cérebro, e por eles faz passar os atos e os fatos, até que deduz a verdade, que estava, ou parecia estar escondida".[15] Ruminando com ela estes velhos acontecimentos da Bahia no final do século XIX, estaremos mais perto de compreender nosso mundo, resolver nossos impasses, relativizar nossas certezas e respeitar nossas diferenças.

Introdução

DUAS PARDAS, UM FESTEIRO E O CHEFE DE POLÍCIA:
SOBRE QUEM NÃO SABE O SEU LUGAR

Fevereiro de 1873. Os festejos de Momo davam os últimos acordes na cidade de Santo Amaro, Recôncavo baiano, mas Ildefonso Raimundo da Silva e alguns amigos, "acompanhando os costumes do povo", resolveram prolongar por mais algumas horas o tempo da festa no botequim de Nazário de Tal. Já era pouco mais das duas horas da manhã, e Ildefonso ainda estava disposto a "entregar-se aos divertimentos", quando os seus amigos se despediram dele e de Momo. Sozinho, resolveu que uma investida amorosa completaria a felicidade daquela noite e passou a galantear Joana, uma mulata forra, que também preferiu prolongar a festa consumindo mais algumas doses de "espíritos fortes" na mesa ao lado. E como tudo continuava a correr em bom carnaval, Ildefonso insistia nos galanteios a Joana, cada vez com mais entusiasmo e menos pudor. Aquele teria sido o desfecho perfeito para a noite, julgou ele, se não fosse a relutância de Joana diante de suas "gentilezas".

Ao convidá-la para tomar um copo da sua bebida, "o que [lhe] parecia muito natural em tais dias, qualquer que seja a condição da pessoa a quem se oferece", foi agredido com as "maiores grosserias". Além de não se mostrar disposta a compartilhar as últimas horas da madrugada com Ildefonso, Joana também não demonstrou nenhuma gentileza para desvencilhar-se do pretendente. Diante da recusa da liberta, ele "observou-lhe que não era essa a maneira de corresponder a um oferecimento tão delicado, e que ela não conhecia o seu lugar". Não tardou para que, "tomada da maior fúria", Joana lhe atirasse pedras, insultos e ameaças.

Ildefonso era comerciante; Joana, mulata e liberta. O encontro no botequim resultou em processo-crime por lesões corporais, no qual ele era a vítima e ela a ré. Não há referência à cor do denunciante no processo, a da acusada, no entanto, foi mencionada em vários momentos. Por contraste, arrisco inferir que Ildefonso não era reconhecido como negro, pardo ou liberto, embora também não parecesse ser um branco de posses. Ele se disse um homem que, "movido pela gentileza e ocasião", fez um oferecimento a alguém de outra condição. Ela se mostrou ofendida ao ouvir que "não conhecia o seu lugar". A denúncia de Ildefonso não teve grande consequência porque testemunhas atestaram ter Joana um bom comportamento: não era uma "desordeira", e aquele "era o primeiro barulho em que ela se achava envolvida". No mais, o juiz percebeu que as pedradas não causaram maiores danos.[1]

Novembro de 1880. O chefe de polícia da Bahia, Virgílio Silvestre de Faria, tinha entre as atribuições do dia mais um caso de fuga de escravo. Questão corriqueira. Dessa vez, tratava-se de Alexandrina, uma "parda clara, quase branca", com dezoito ou dezenove anos, propriedade do professor Rafael Montalvão. Nada incomum haveria nessa história se o chefe de polícia não considerasse que aquela "infeliz escrava" merecia outro destino, outro lugar naquela sociedade. Decidido a ajudá-la, Virgílio Faria propôs ao senhor de Alexandrina que "não alimentasse qualquer capricho contra ela" e aceitasse alforriá-la por um preço razoável. O empenho e a sensibilidade da autoridade policial tinham uma razão nada fortuita: Alexandrina era "mulher quase branca que se [viu] entregue às durezas da escravidão". Ciente de que não era apenas a ele que aquela situação incomodava, dizia ter certeza de que os "sentimentos de humanidade" dos cidadãos baianos garantiriam que, por meio de uma subscrição, fosse arrecadada a quantia necessária para a compra da carta de alforria, restituindo a clara pele de Alexandrina a seu justo lugar.[2]

"Saber o seu lugar" é uma dessas expressões capazes de traduzir regras de sociabilidade hierarquizadas que, sendo referendadas ou contestadas, atualizam-se cotidianamente. É construindo e conhecendo tais "lugares" que as pessoas estabelecem relações, reconhecem formas de pertencimento e estruturam disputas próprias ao jogo social. Mas quais seriam os sentidos imprimidos a essa expressão no contexto das mudanças políticas e sociais das últimas décadas do século XIX? Em que medida a desarticulação da escravidão fundamentava as leituras que os contemporâneos faziam dos diferentes lugares naquela sociedade?

Nas décadas de 1870 e 1880, o debate sobre os prejuízos provocados pelo fim do tráfico atlântico deu lugar às discussões sobre as saídas possíveis de uma sociedade escravista. A condição social e a cidadania reservada a "pessoas de cor" — como eram geralmente denominados os não-brancos —, a exemplo de Alexandrina e Joana, estavam na ordem do dia. Diante da propagação dos ideais abolicionistas, da rebeldia dos cativos e da crescente ingerência do Estado Imperial nas relações escravistas, cresciam as tensões e incertezas acerca do desfecho da questão servil no Brasil.

Pessoas como Alexandrina, Ildefonso, Joana e Virgílio Faria foram protagonistas dessa trama. Para serem socialmente reconhecidos, eles demarcaram posições, estabeleceram fronteiras dentro do Brasil escravista em franco colapso. Mais que conhecer seus lugares, cabia-lhes reafirmá-los, subvertê-los ou colocá-los na berlinda a partir de códigos de distinção baseados em critérios raciais. Tal exercício os levava a transitar pelo campo minado das indefinições postas pela desarticulação do escravismo e da monarquia. Alexandrina e Joana, mulheres egressas da escravidão, foram inquiridas sobre o que lhes cabia numa sociedade que, gradativamente, se reestruturava. Por sua vez, o comerciante e o chefe de polícia se deram conta de que os códigos hierárquicos vigentes, ainda que parecessem sólidos, corriam riscos. Um parecia estar convicto de que entre um homem branco e uma mulher parda liberta havia distinções a serem respeitadas; o outro não julgava conveniente que uma mulher "quase branca" fosse escrava.

A trama na qual esses personagens estiveram envolvidos será crucial neste livro. A intenção é perceber a articulação entre a questão racial e o desmonte do escravismo no Brasil. Trato, portanto, das três últimas décadas oitocentistas. Período em que, à sombra do emancipacionismo e da crise da monarquia, estavam sendo reconstruídos, não sem disputa, sentidos sociais e políticos da liberdade e da cidadania para a chamada "população de cor". Nas últimas décadas do século XIX, geralmente de maneira velada, práticas baseadas na ideia de raça foram se fazendo notar nos debates jurídicos, nas decisões políticas, na construção de memórias e símbolos da escravidão, nos prognósticos e planos para o futuro da nação.

A escolha do período nada tem de original. Muitos autores já esquadrinharam os processos de extinção da escravatura no século XIX. A historiadora Rebecca Scott é referência nesse campo. O seu interesse, desde a década de 1970, tem sido o de compreender as expectativas e os limites da liberdade no processo de extinção do trabalho escravo nas regiões açucareiras das Américas. Para tanto, Scott combinou pesquisas de contextos específicos com história comparada, examinando conexões e dissensões entre realidades históricas distintas.[3] Suas pesquisas trazem uma contribuição fundamental para a investigação dos desdobramentos da questão servil no Brasil, atentando para as singularidades das relações escravistas e para as especificidades do nosso processo emancipacionista. Dito de outro modo, a abordagem de Rebecca Scott nos sugere que, se a abolição da escravatura foi o principal enredo das sociedades americanas oitocentistas, os personagens, situações e diálogos foram bem diversos.[4]

De fato, é na historiografia norte-americana que as pesquisas sobre o tema têm se desdobrado em variadas possibilidades investigativas. O reiterado interesse pelos trânsitos de compreensões, percepções e ações que marcaram a desestruturação do escravismo no mundo atlântico revela a ampliação dos focos de análise sobre o assunto.[5] É o que se nota na fertilidade do debate sobre processos de racialização inaugurado a partir da década de 1970 e ainda promissor na historiografia norte-americana.

O próprio termo *racialização* ganhou propósito investigativo na medida em que pesquisadores como Barbara Fields passaram a inquirir como e por que a noção de raça fundamentou hierarquias sociais nos Estados Unidos. Para tanto, Fields enfatiza a importância de conferir-se historicidade à ideia de raça, ressaltando que mesmo os historiadores tendem a considerá-la como uma questão trans-histórica. Por isso, o uso da palavra *racialização*, em vez de *raça*, por exprimir um discurso sempre em construção e à mercê das circunstâncias de cada tempo e lugar. Ela afirma que a "noção de raça, como se expressa popularmente, é uma construção ideológica e acima de tudo um produto histórico"; portanto, diz respeito a contextos e realidades sociais particulares.[6]

A mesma atenção norteia *Racism,* de Robert Miles. Ao compreender o racismo como resultado de um "processo de significação", o autor argumenta que a diferença cultural e fenotípica foi constituindo uma noção de raça durante a expansão imperialista europeia. O século XIX, segundo Miles, foi marcado pela emergência do discurso que passava a reconhecer no negro um "outro", biológica e culturalmente inferior. Nesse sentido, a racialização das relações sociais no mundo moderno revelava uma política de exclusão e acomodação, fundamentada em premissas biológicas e na sedimentação do discurso da supremacia branca. O autor nos faz perceber que no sul dos Estados Unidos, a ideia de raça serviu para justificar tanto a escravidão quanto a segregação e a limitação da cidadania dos negros no pós-abolição.[7]

Então qual foi a importância da noção de raça no processo emancipacionista brasileiro? Afinal, se tal noção deve ser compreendida como um discurso num contexto, como nos ensina Rebecca Scott, não há dúvida de que a dinâmica, as formas e os significados que lhe foram atribuídos durante o desmantelamento do escravismo na sociedade brasileira guardaram singularidades que ainda precisam ser analisadas.

Como se sabe, as formas legais de aquisição da liberdade possibilitaram a um expressivo número de cativos no Brasil acumular pecúlio, driblar empecilhos, fazer alianças e, por fim, ver-se livres do cativeiro antes de 1888. Ainda que muitos outros tivessem recorrido a meios bem menos amistosos ou nem mesmo experimentassem tal conquista, ao contrário do que se passava no sul dos Estados Unidos, antes da abolição a maioria dos negros já havia cruzado a fronteira entre a escravidão e a liberdade. Alexandrina e Joana estavam entre eles — e só estão agora conosco porque as flagramos nessa travessia. A intensidade de trânsito nessa fronteira foi uma das marcas das relações escravistas brasileiras. E, embora essa liberdade estivesse numa zona de litígio, formou-se aqui uma comunidade negra bastante heterogênea.

Segundo a historiadora Hebe Mattos, o item *raça* constou pela primeira vez numa estatística brasileira no recenseamento geral de 1872. Entretanto, "por força do costume, seriam as tradicionais divisões por categorias de status/cor (preto, pardo, branco, índio) que ali detalhariam a nova noção".[8] O costume ao qual se refere Mattos seria uma herança do Império Português, que tinha no estatuto da pureza de sangue, e não na ideia moderna de diferenciação racial, o critério para a delimitação de hierarquias sociais. O principal argumento dos escravocratas ao tratar da questão servil teria sido o princípio liberal do direito à propriedade.[9] Isso não quer dizer que o racismo não fizesse parte do jogo social e, sim, que supostas diferenças raciais não foram as principais justificativas para a escravidão no Brasil.

Entretanto, na segunda metade oitocentista, a iminência do fim do binômio senhor-escravo, até então estruturante das relações sociais e definidor do rol dos cidadãos, redimensionou concepções de diferença e pertencimento racial. É nesse quadro que podemos compreender a aflição do delegado de polícia diante de uma escrava "quase branca", a ponto de cogitar não devolvê-la ao seu legítimo proprietário. Se, na década de 1880, a escravidão era por si só uma instituição condenável, o que dizer sobre o cativeiro de alguém quase branco? Essa história, como tantas outras da época, diziam respeito aos "sinais que sacralizaram a subordinação e a sujeição", que passaram a compor um "ambíguo terreno no qual ex-escravos e 'livres de cor' tornaram-se cidadãos em estado contingente: quase-cidadãos", como já disseram Olívia Cunha e Flávio Gomes.[10]

Os desafios aqui propostos são bem claros. O primeiro deles é o de convencer o leitor de que, no Brasil, o processo emancipacionista foi marcado pela profunda racialização das relações sociais; e a manutenção de certos esquemas hierárquicos foi o principal saldo do longo e tortuoso percurso que levou a sociedade brasileira à extinção legal do cativeiro em 1888. Depois, o desafio será explicitar como ações políticas protagonizadas por diferentes personagens e instituições, como o Conselho de Estado, lideranças abolicionistas e republicanas, literatos, libertos africanos, festeiros e adeptos do candomblé, a partir de suas expectativas e planos para pós-emancipação, racializavam as relações sociais no período. Cabe reconhecer que estamos diante de uma questão a ser "trabalhada com ferramentas delicadas".[11]

Para tanto serão analisados quatro episódios, situações ocorridas entre 1877 e 1898, que deram visibilidade ao sutil jogo de demarcação de lugares e preservação de privilégios sociais e políticos a partir de critérios raciais.

Nesse empreendimento, o primeiro capítulo, intitulado "Cônsules, doutores e os 'súditos de cor preta': razões e ações políticas num processo de racialização", conta sobre a aventura de um grupo de dezesseis africanos retornados que, em 1877, cruzaram oceano de volta ao Brasil dispostos a comercializar na praça da Bahia.[12] Eles tinham sido deportados para a costa da África e, naquele momento, com o aval do governo inglês em Lagos, pretendiam fazer negócios deste lado do Atlântico. A empreitada desses viajantes comprometeu as relações diplomáticas entre o governo brasileiro e o inglês, aqui representado por um cônsul simpático ao incremento do comércio entre Lagos e a Bahia.

O entrevero que envolveu um cônsul inglês, dezesseis africanos e o Conselho de Estado me pareceu apropriado para avaliar em que medida estavam em curso políticas públicas fundadas em critérios raciais. Diante da tentativa do governo brasileiro de coibir a vinda de africanos, do interesse deles em reinstalarem-se na Bahia e dos questionamentos quanto à longevidade e à validade das leis de 1831 e de 1835, sobressaíam diferentes compreensões sobre a presença africana e o lugar da "gente de cor" no Brasil. De modo subliminar, essas mesmas questões estavam patentes na articulação da campanha abolicionista. Célia Marinho de Azevedo assina os trabalhos mais importantes sobre o assunto. Dos seus textos se depreende que o discurso abolicionista propagado no Brasil, nas décadas de 1870 e 1880, amortecia as tensões entre proprietários e escravos, recorrendo a um sentimento filantrópico carregado de racismo e paternalismo.[13] Assim, a luta abolicionista no Brasil se deu sob o abrigo de ideias liberais e científicas tão hierarquizantes quanto "a cultura monárquica que [as elites intelectuais] respiravam a cada dia".[14]

Mesmo sem perder de vista esse sentido de preservação de hierarquias, tentei centrar minha atenção nas dissensões flagrantes nos *meetings* e ações dos abolicionistas, diante das atitudes da população de cor. A variedade de personagens e propósitos políticos sob a bandeira abolicionista impôs tal perspectiva. A reunião do jornalista mulato Manoel Querino e do jurista Rui Barbosa na campanha pelo fim da escravidão não significava que ambos compartilhassem os mesmos projetos sociais. As suas trajetórias distintas conferiam tons plurais em torno de uma luta que agrupava toda uma geração de intelectuais e políticos. Conviviam, assim, nos círculos abolicionistas — certamente não sem tensão — ações, propostas políticas e interpretações contrastivas sobre condição racial e cidadania.

No segundo capítulo, "Não há mais escravos, os tempos são outros: abolição e hierarquias raciais no Brasil", discuto a abolição na Bahia. Foram dias de muita expectativa e euforia os que sucederam o 13 de maio. Correrias e festas encheram as ruas, a correspondência policial, as páginas dos jornais, os pesadelos das elites e a imaginação dos cronistas. Entre os muitos prognósticos para o que se seguiria ao "dia derradeiro" constava o caos social. A inquietação policial e a tensão das autoridades e proprietários diante da profusão de comemorações e tumultos denunciavam as incertezas que pairavam sobre uma sociedade equacionada a partir do binômio senhor-escravo. Festa e conflito se confundiram, pondo em risco a ordem social. E a mistura entre apreensão, euforia, excessos etílicos, ideais de liberdade e repressão policial deu visibilidade às regras sociais que estavam em jogo e que muito me interessam.[15] Por isso, as reações à lei de 1888 serão abordadas como flagrantes do modo como a abolição deixou à mostra interpretações sobre os arranjos possíveis entre condição racial, passado escravo, tradições culturais e hierarquias sociais.

O processo emancipacionista será aqui apresentado como uma janela através da qual se pode ver os contornos de certos modos de compreender e experimentar aquela mudança. Parti da desconfiança, um tanto evidente, de que concepções e limites de cidadania negra, noções de diferenciação racial e mesmo memórias do passado escravo estariam em circulação num momento tão especial, como foi o ano de 1888. Sabe-se que a abolição não inaugurou nenhuma categoria sociológica. Conforme assinalei, os libertos e livres já eram maioria entre a população negra, mesmo em províncias com maior concentração de escravos como a Bahia.[16] Nem por isso a assinatura da "lei Áurea" foi um mero ato burocrático da princesa Isabel.[17] Se não tivemos categorias sociológicas novas, as mudanças nos referenciais culturais, já evidenciados à medida que as alforrias aumentavam, ganharam peso com a abolição. Hebe Mattos apostou nessa perspectiva em *Das cores do silêncio*. A ideia de liberdade, prossegue a autora, era a um só tempo preenchida com significados próprios aos que a almejavam e por uma "bagagem de práticas [sociais] costumeiras".[18]

Mas a Bahia da época não era o sudeste cafeeiro dos ricos proprietários de terras e escravos. Embora ainda preservasse poder político suficiente para interferir com vantagem nas esferas deliberativas do Império, desde meados do século XIX, a circulação de dinheiro minguava na província. O empenho de lideranças políticas locais para atrair imigrantes e promover os encontros culturais, que já se insinuavam nas províncias do Sul, não teria fôlego na Bahia. Os lucros com o açúcar se tornavam medíocres à medida que avançava o século XIX, e as secas e epidemias dizimavam trabalhadores e investimentos. Com o fim da escravidão esse quadro ganhou tons mais sombrios, como analisa o historiador B. J. Barickman. Mensurando os prejuízos econômicos agravados pela abolição na economia canavieira do Recôncavo, ele sinaliza a repercussão e alcance da lei de 1888 na sociedade baiana: para os proprietários da região a decisão da princesa foi um golpe fatal numa economia que já amargava grandes perdas.[19]

Definhava a escravidão, empobreciam os fazendeiros, mas multiplicavam-se os ambientes literários, sociedades abolicionistas e redutos do republicanismo, nos quais se questionavam os encaminhamentos e desdobramentos da questão servil. Nessa atmosfera, os projetos sociais para o pós-emancipação filiavam nostálgicos pelos áureos tempos do açúcar e idealistas, ancorados nos pressupostos científicos das noções de raça e civilização. Jornalistas, médicos, advogados e juristas da Bahia garantiam a participação da província nesse circuito de ideias e planos políticos.

O espetáculo das raças é, sem dúvida, um texto fundamental para penetrar esta seara. Tendo como foco as teorias raciais que aportaram e foram refeitas no Brasil, Lilia Schwarcz discute como os projetos nacionais em curso as tinham como fundamento.[20] Se não havia consenso diante das saídas possíveis para um país mestiço, tornou-se patente que a concepção de raça havia fincado raízes nas instituições nacionais. Causando desconforto em uns, ou despertando esperanças em outros, o resultado da "hibridação das raças" era o ponto para o qual os cientistas convergiam.[21] Embora as interpretações das doutrinas raciais no ambiente intelectual brasileiro não sejam aqui priorizadas, como se nota no texto de Lilia Schwarcz, busquei não negligenciar os pressupostos científicos e o papel de instituições como as faculdades de direito de Recife e São Paulo e a Faculdade de Medicina da Bahia, na formação de abolicionistas e republicanos importantes na cena nacional do período, a exemplo de Rui Barbosa.

No terceiro capítulo, intitulado "Divergências políticas, diferenças raciais: Rui Barbosa e a Guarda Negra" são abordadas as representações sobre os monarquistas negros elaboradas por republicanos nem sempre brancos. Uso como fio narrativo o desastroso encontro entre uma comitiva republicana do Rio de Janeiro liderada por Silva Jardim e a Guarda Negra na Bahia, em 1889. Alguns meses depois da extinção da escravidão e a poucos do Império findar, abolicionistas, estudantes de medicina, políticos republicanos, carregadores do cais e monarquistas recalcitrantes protagonizaram o episódio que ficou conhecido na crônica baiana como "o massacre do Taboão". Na verdade, tratou-se de um confronto no qual, sob paus e pedras, disputava-se o rumo político que o Brasil deveria assumir no pós-emancipação. O "massacre" inflamou os ânimos; revelou antagonismos políticos, interpretados na época como evidências de diferenças sócio-raciais.

Vislumbrei num "massacre" tão inusitado um bom pretexto para abordar como as elites intelectuais se posicionavam diante das mudanças em curso e compreendiam as relações e distinções entre negros e brancos. Às pedras e aos paus atirados pelos monarquistas, a imprensa republicana revidou com denúncias, protestos e sátiras contra aqueles que qualificaram como selvagens e bárbaros. Por vezes de modo velado, em outras de maneira explícita, esboçava-se um flagrante racismo daqueles que defenderam o fim da escravidão. A escolha de Rui Barbosa para protagonista do capítulo se explica pela importância de que ele usufruía na cena política. Rui foi figura de destaque nas décadas de 1880 e 1890, tanto pelo papel que ocupava na capital do Império como jurista, deputado e abolicionista, quanto pela difusão que empreendeu do liberalismo. O famoso jurista tinha muitos interlocutores na Bahia, a exemplo do Conselheiro Dantas, importante líder político; Manoel

Querino, jornalista e abolicionista mulato, que escreveu sobre a presença africana no Brasil, e o visconde de Paraguassú, um escravocrata convicto.

Finalmente, no quarto e último capítulo discuto as versões da África divulgadas na Bahia, na década de 1890, pela população de cor. Analisando os desfiles dos dois principais grupos carnavalescos negros da época — Embaixada Africana e Pândegos d'África —, busco interpretar as memórias sobre a África e o passado escravo em construção na época. Em "Esperanças de boas-venturas: as áfricas recriadas na Bahia", a minha preocupação é lidar, ao mesmo tempo, com o repertório de referências "africanas" exibido na rua e com os elogios e críticas que tais performances suscitavam.

Nina Rodrigues estava entre os que viam no carnaval da época certas heranças africanas que mereciam ser depuradas e mesmo extintas. Estendendo suas pesquisas dos cálculos antropométricos às práticas culturais, o famoso etnógrafo seguia considerando o negro um problema: "a esfinge do nosso futuro". Preocupado com as sobrevivências africanas no Brasil e com o desenvolvimento mental das raças, Nina Rodrigues foi um contemporâneo sensível às mudanças do seu tempo e "ao perigo a que a civilização estava exposta" no norte mestiço do país, onde não prevalecia uma "nação branca, forte e vigorosa", como no sul.[22] Bem afastados como estamos dos parâmetros da ciência prescrita por Nina Rodrigues, cabe analisar os mesmos grupos "africanizados" para fazer outras indagações: de que maneiras e com que sentidos o passado escravo e as memórias da África estavam sendo interpretadas? Quais eram as áfricas que estavam sendo reelaboradas naquele contexto?

Tentei elaborar um texto como quem monta um mosaico, recompondo informações e buscando organizá-las de modo a construir imagens de uma sociedade imersa em uma crise e, portanto, marcada por conflitos e contradições. Só espero que nas páginas que se seguem fique evidente meu empenho em incitar o leitor a pensar a racialização das relações nas últimas décadas oitocentistas como "um manuscrito estranho, desbotado, cheio de elipses, incoerências, emendas suspeitas e comentários tendenciosos".[23]

1. Cônsules, doutores e os "súditos de cor preta": razões e ações políticas num processo de racialização

Desde a chegada da família real ao Brasil, políticos, diplomatas e juristas se viam às voltas com a obstinada pressão inglesa em prol da emancipação dos escravos. Foram incessantes as investidas diplomáticas e comerciais dos britânicos. Entre 1808 e 1850, a ofensiva dos ingleses sofreu revezes, e essa história já é bastante conhecida.[1] Mesmo depois de aprovada a lei de 1831 proibindo o tráfico transatlântico para o Brasil, o que os ingleses viram foi a habilidade brasileira para driblá-la e o incremento, até meados do século, da lucrativa indústria de importação de africanos para os trópicos.

Dissimulação e sabotagem, como adjetivou Ubiratan Castro, foram as principais políticas brasileiras frente à coação dos ingleses.[2] Mas, apesar de também não ter sido a razão determinante para o fim do tráfico em 1850, não se pode dizer que a missão britânica foi inócua. Segundo Pierre Verger, o governo brasileiro se queixava de que, depois da lei de 1831, "os cruzadores britânicos, detinham e visitavam os vasos" nacionais em águas brasileiras e especialmente logo à saída do porto da Bahia.[3] Naquele momento de consolidação da independência nacional, tamanha insistência indignava os políticos brasileiros e transformava a defesa do tráfico em questão de soberania. No mais, os ingleses tinham os seus interesses na África e na América e continuaram a tê-los depois de 1850, quando o tráfico atlântico foi finalmente extinto.[4] Afinal, pela larga barra da baía ainda adentrava a máquina mercante britânica. No ano de 1859, por exemplo, foram registrados no porto de Salvador 180 navios comerciais com bandeira britânica, contra 87 com a portuguesa.[5] Tempos depois, em 1871, entre os 924 ali aportados, 309 eram ingleses.[6]

Entretanto, o Conselho de Estado não temeu prejuízos comerciais ao negar um pedido do cônsul inglês que, em 1877, se empenhou para garantir a permanência na Bahia de dezesseis libertos africanos retornados da costa da África. Eram comerciantes que, com passaportes expedidos em Lagos, já possessão inglesa, pretendiam negociar na capital da província. A chegada deles provocou um incidente diplomático que ocupou o Conselho de Estado do Império. Situação inusitada. Dessa vez, os ingleses queriam que os africanos aqui se estabelecessem, os brasileiros é que não estavam mais dispostos a importar negros. Como se verá, os argumentos pró e contra o trânsito entre o Brasil e a costa africana pendiam ao sabor das conveniências comerciais e convicções ideológicas.

Enquanto os africanos aguardavam no porto de Salvador a decisão sobre os seus destinos, na Corte, os membros da seção de justiça do Conselho de Estado criavam artifícios jurídicos para impedir que qualquer homem de cor pudesse imigrar para o Brasil. O desafio era elaborar mecanismos eficazes sem que se explicitassem restrições pautadas em critérios raciais. Em tempo de desarticulação do escravismo, essa era uma tarefa tão árdua quanto delicada e que não preocupava apenas os notáveis membros do Conselho de Estado. É ainda na década de 1870 que, em províncias como Rio de Janeiro, São Paulo e Bahia, a campanha abolicionista passa a ser mais bem articulada e a contar com a franca participação de abolicionistas negros e mesmo coiteiros africanos. Tanto nos salões do Conselho de Estado quanto nas sedes das sociedades abolicionistas, compartilhava-se a mesma ordem de questões: como lidar com a presença africana no Brasil? Qual o papel da população de cor no processo emancipacionista? Afinal, quais os desdobramentos da questão servil?

COMERCIANTES AFRICANOS, NEGÓCIOS INGLESES: OS "SÚDITOS DE COR PRETA"

No dia 6 de agosto de 1877, o patacho *Paraguassú* chegou de Lagos e aportou em Salvador trazendo entre os passageiros dezesseis africanos. A chegada do grupo não passou despercebida ao fiscal da alfândega, que tratou de informar ao chefe de polícia, Amphilophio Botelho Freire de Carvalho — esse personagem será mais bem conhecido por nós nas próximas páginas por ter se tornado um juiz que favoreceria várias ações de liberdade movidas pelo abolicionista Eduardo Carigé. Informado sobre a chegada do grupo, o futuro juiz cuidou de proibir o livre desembarque dos viajantes e de interrogá-los.

Diante dele, os dezesseis africanos apresentaram passaportes ingleses; viajavam em condições legais. Um deles possuía passaporte expedido dali mesmo, da Bahia. Com ares de abolicionista, o chefe de polícia desconfiou do que viu e julgou serem eles reescravizados. Cogitou que estava diante de indivíduos que, já livres da escravidão, estavam na iminência de a ela serem reconduzidos. Depois de verificar os livros da repartição e concluir o interrogatório, Amphilophio se convenceu de que os africanos eram libertos retornados, ou seja, já haviam cruzado o Atlântico, deportados da Bahia para a costa da África, e agora voltavam dispostos a se instalar como comerciantes na mesma cidade onde haviam sido escravos. Registros, interrogatórios e o passaporte brasileiro não deixavam dúvidas. Ocorrência imprevista a romper com a rotina.

A chegada desse grupo no porto da Bahia, com aval inglês, perturbou os afazeres do chefe de polícia e do presidente da província. A convergência entre os propósitos dos ingleses e as ações dos africanos ainda inquietavam os brasileiros. Amphilophio julgou ser prudente mantê-los no *Paraguassú* sob pena de punição ao responsável pelo navio caso eles desobedecessem, "em vista do disposto no artigo 7º da lei de 7 de novembro de 1831 e na doutrina do aviso de 9 de maio de 1835".[7] Na verdade, o chefe de polícia estava confuso. Ele queria mesmo era se referir à lei de 1831 e ao artigo 7º da lei n º 9, de 13 de maio de 1835.

A lei de 1831, como já sabemos, visava extinguir o tráfico e estabelecia punições para quem importasse escravos para o Brasil, mas tendo sido aprovada em meio à crise política gerada pela abdicação de d. Pedro I, à ascensão do ministério liberal e ao recrudescimento da perseguição inglesa aos navios negreiros, não passou de legislação inofensiva para os traficantes. Existia ainda o decreto de 1832, que delegava à polícia o poder de inspecionar todo navio aportado e reembarcar qualquer negro, mesmo livre, que porventura fosse trazido para o Brasil.[8] Os pesquisadores do tema têm demonstrado como os tumbeiros continuavam a transitar no Atlântico na mercancia de escravos, de cachaça e de fumo, driblando as restrições legais ao longo da primeira metade do século XIX. "O tráfico continuava motivado por 'uma maldita sede de torpes ganhos'", cita Jaime Rodrigues.[9] Tendo sido de pouca valia para coibir o comércio de escravos, a lei de 1831 serviu para balizar ações de liberdade na década de 1870.[10]

Já no dia 13 de maio de 1835, foi regulamentada a deportação de africanos libertos pela lei nº 9 em seu artigo 7º, determinando que os africanos forros que chegassem à província e os suspeitos que depois de expulsos regressassem deveriam ser presos e processados como incursos no crime de insurreição e, caso fossem absolvidos, seriam novamente expulsos, permanecendo em custódia até que se concretizasse a sua saída.[11] Na ocasião, se previa o estabelecimento de uma "colônia em qualquer porto da África", com o fim de repatriar-se "todo africano que se liberte, ou mesmo todo o africano que ameace nossa segurança"; uma "convenção com o governo do Uruguai e das províncias do Rio do Prata" proibindo a "importação de africanos a título de colonos"; e, principalmente, a "completa interrupção de qualquer comércio entre nossos portos e os da África ocidental e oriental, à exceção da colônia do Cabo, *recusando qualquer passaporte, por tempo que julgar necessário*, a qualquer embarcação comercial".[12]

Doutrina e leis fizeram parte do conjunto de medidas repressivas à população africana depois que os planos para a revolta malê foram descobertos. Os africanos foram identificados como os articuladores da rebelião e, portanto, alvo certeiro da repressão. Como bem disse João Reis, "uma atmosfera de histeria, racismo, perseguição e violência contra os africanos envolveu a Bahia", fazendo com que "os vencedores se lançassem à vingança".[13] Em 1836, 150 africanos foram deportados e 120 banidos como suspeitos.[14] A segurança justificava uma legislação tão dura, mas passado o tempo das revoltas escravas, a lei nº 9 se fazia desnecessária e foi revogada em 1872.[15]

O chefe de polícia ignorava ou preferia ignorar a revogação. Mas também não estava bem certo se a lei podia ser aplicada àquela situação. Ao passo que ponderava sobre as bases legais para evitar o desembarque daqueles africanos, ele encaminhou uma correspondência reservada e urgente ao presidente da província, Henrique Pereira de Lucena. Amphilophio tinha dúvidas sobre a deliberação tomada. Preocupou-se com as consequências da sua ordem de detenção no navio dos africanos tutelados por ingleses. Ele próprio desconfiava da propriedade dos seus argumentos, pois já sem razão de ser a dita lei, por não dar-se mais o tráfico de escravos que ela procurava prevenir, devem ser observadas as disposições do referido artigo sete, e neste caso se são suficientes os referidos certificados para o fim de poderem os africanos em questão desembarcarem livremente, bem como o modo de se proceder com aquele que não apresentou o título de ser súdito inglês.[16]

Realmente, não fazia mais sentido uma lei que prevenia o que já não existia, o perigo malê. Mas sendo tão explicitamente contrárias aos africanos, as leis de 1831 e de 1835 vinham a calhar. Bem valiam para constranger empreitadas como a dos viajantes em questão, mesmo porque o trânsito de africanos libertos não era incomum na época. As idas e vindas de ex-escravos africanos foram fartamente registradas pelos funcionários dos portos de Salvador e do Rio de Janeiro. Na Bahia, a reexportação de africanos sem nenhum transtorno administrativo era expediente corriqueiro. Tem razão Walter Fraga ao afirmar que "no século XIX, a deportação foi o principal instrumento das autoridades baianas para livrar-se de estrangeiros, especialmente africanos, que vagavam ou mendigavam pelas ruas da cidade".[17]

Em geral, a deportação era resolvida com rapidez e sem qualquer debate jurídico. Em abril de 1871, por exemplo, o chefe de polícia Cerqueira Pinto informou ao presidente da província o banimento de Lúcio José Maria, africano liberto que chegara da costa da África com duas crianças — Maria e Vítor — também africanas, no patacho português *Eugênia*. Lúcio vinha de uma longa viagem. Ele saíra do Rio de Janeiro havia um ano, passara cerca de um mês em Salvador e, em maio de 1870, seguira para a costa da África. Portando passaporte concedido pelo governo de Lagos, retornava para o Rio de Janeiro fazendo de novo uma breve escala na capital baiana.[18] A parada foi necessária para que pudesse fazer a entrega das crianças que trazia a outro africano, pai de Vítor e responsável por Maria, que iria servi-lo como criada. Ao tomar conhecimento da presença deles no navio, o chefe de polícia, sem hesitação, permitiu o desembarque das crianças e providenciou a deportação de Lúcio, com base nas leis de 1831 e de 1835, "que estavam em vigor".[19]

O mesmo destino o chefe de polícia Amélio Ferreira Espinheira pretendia impor ao africano Antão Teixeira em 1873. Antão foi acusado de "ser o mais responsável agente de candomblé na quinta das beatas"; um exemplo da "imoralidade e cínica coragem" para afrontar a polícia. Feitiçaria, roubo de joias e de dinheiro, venturas, lascívia e acoitamento de escravos faziam parte da lista de infrações que lhe atribuíram. Dentre as mais graves estava a de proceder na Bahia tal qual "o preto crioulo Juca Rosa" no Rio de Janeiro, um bom motivo para enquadrá-lo na lei de 1835. Juca Rosa, o Pai Quibombo, foi um célebre líder religioso que, na década de 1860, reunia muitos e variados adeptos em sua casa na rua Senhor dos Passos, no centro da Corte. Ele foi julgado em 1872 e condenado a seis anos de prisão por estelionato.[20] Juca Rosa viajava com frequência para a Bahia, e é bem possível que não só conhecesse Antão como compartilhasse com ele práticas religiosas. Ainda havia em comum entre eles, além da fama de serem "libertinos" que ofendiam a "moral de moças honestas", a de terem figurões da política entre os seus seguidores.

Para se livrar de Antão, o chefe de polícia solicitou ao presidente da província autorização para embarcá-lo para a costa da África, "como já com outros se tem feito em idênticas circunstâncias".[21] Para tanto, o caso foi analisado pelo Gabinete do Ministério da Justiça, que autorizou o presidente da província a deportar Antão, embora "a deportação para a África não pareça ser o melhor, por que [*sic*] não castiga o criminoso em presença de suas vítimas e da principal delas, a sociedade".[22] De fato, Antão não escapou do compromisso do chefe de polícia e do Ministério da

Justiça com a moralidade e com a ordem, e foi deportado em 1875.[23] Ao providenciar, na década de 1870, essas deportações, o governo imperial demonstrava empenho em desmobilizar redes comerciais e religiosas protagonizadas por africanos. Ora, se a deportação para a África se apresentava como medida policial contra feiticeiros bem relacionados, pode-se supor o que representava para as autoridades o regresso de africanos que foram escravos no Brasil.

Depois que os africanos do navio *Paraguassú* foram interrogados, e enquanto o chefe de polícia ponderava sobre a pertinência da legislação disponível, a polícia do porto ficou incumbida de assegurar a permanência dos viajantes indesejados no navio. Eram duas mulheres, Bemvinda Maria da Conceição e Cipriana Leopoldina dos Santos; e catorze homens, Luiz Vitória, Leodoro J. Pinto, Ventura Ramos, Ivo, Januário, César Manoel, Francisco Agostinho, Francisco José Leite, Clemente Medeiro, Pitta Ribeiro, Abraham da Costa, Joaquim Ribeiro de Sá, Feliciano Calmon de Sá e Fernando.[24] Como o interrogatório não foi anexado à correspondência mantida entre Amphilophio e Henrique Lucena, ficamos sem saber por que e quando aconteceu o retorno à África. Segundo o chefe de polícia, aqueles viajantes foram "exportados" da província da Bahia "como africanos", conforme ele mesmo registrou nos livros da sua repartição.[25] Isso sugere duas possibilidades. Uma delas é que eles embarcaram muito jovens nas primeiras levas de retorno à África, depois de 1835, mas que continuaram a manter vínculos com parentes, amigos e parceiros na Bahia. A outra é que a onda de deportações de africanos deflagrada na repressão à revolta dos malês alcançou gerações posteriores, estendendo a perseguição para quem sequer compartilhou do projeto rebelde de 1835.

1. *Vista da zona portuária de Salvador, 1884.*

Sem o interrogatório, também ficamos na ignorância acerca da explicação dos "acusados" para o retorno à Bahia. Resta especular. E, para tanto, é preciso seguir-lhes a rota. É fundamental atentar para os caminhos e interesses dos viajantes/comerciantes africanos da época.

Em 1851, foi instalado o consulado inglês em Lagos, que dez anos depois foi anexada à Grã-Bretanha. Desde então, aquela cidade portuária foi o destino preferencial de libertos emigrados do Brasil e de Cuba, principalmente os iorubás. Tal predileção se explica pela ingerência do governo britânico na desarticulação do tráfico negreiro, o que diminuía os riscos de reescravização; e pelo estabelecimento de relações comerciais, em certa medida protecionistas, para os retornados. Ao analisar a trajetória pessoal de alguns deles, Lisa Lindsay concluiu que a prosperidade econômica dependia, sobremaneira, da competição estabelecida com os outros comerciantes, dos acordos com as autoridades inglesas e das relações de solidariedade constituídas com demais grupos, a exemplo de traficantes brancos, capitães de navios negreiros e repatriados cubanos.[26] Negociação nada fácil, mesmo para quem já havia atravessado um oceano, pelo menos duas vezes, por conta da indústria mercante.

Os autores que investigaram o processo de reinserção dos retornados nas sociedades africanas nos sugerem algumas possibilidades interpretativas para essa viagem. Para Manuela Carneiro da Cunha, a razão de a maioria dos procedentes do Brasil ter se estabelecido na costa, em detrimento do interior, foram as melhores oportunidades de comércio. Mesmo porque ao voltarem para a África, eles não tinham em vista um lugar etnicamente demarcado — já que Lagos era, fundamentalmente, porto de embarque de escravos —, e, sim, alguma prosperidade econômica.[27] Como assinala Beatriz Góis, o lugar de origem ganhou, simbolicamente, outra dimensão para as comunidades de retornados.[28] Nesse sentido, a terra dos ancestrais também era estrangeira, com habitantes e costumes que muitas vezes lhes eram desconhecidos.

Os retornados constituíram, assim, um grupo específico que tinha em comum a experiência do desterro, do cativeiro e da volta à África. Ao formar uma comunidade que, simultaneamente, buscava abrigo no continente de origem e reiterava seus vínculos com uma sociedade escravocrata, eles vivenciaram não só a transição geográfica, mas, principalmente, a cultural. Michael Turner também comentou a singularidade dos retornados do Brasil em Lagos. Conhecidos por "amaros" eles tiveram diante de si o desafio de reconstruir, na África, uma identidade carregada do passado escravo na América lusitana. A língua portuguesa, a fé católica, a atividade comercial, o modo como se vestiam, suas crenças e valores foram sinais diacríticos dentro de uma população que mesclava experiências negras distintas.[29] Como Turner acentuou, mesmo "a preferência dos homens retornados pelos ternos bran-

54

cos, chapéus-panamá, grandes bigodes, bengalas e charutos distinguia-os da sociedade local".[30]

Com a franca expansão do poderio inglês, Lagos se tornou uma encruzilhada cultural e comercial, na qual afro-cubanos, afro-brasileiros, os saros de Serra Leoa, africanos das mais diversas procedências e ingleses se encontravam. J. Lorand Matory informa que, em 1889, uma em cada sete pessoas residentes em Lagos havia morado no Brasil ou em Cuba, e se considerarmos a afluência de comerciantes vindos da Europa e do Brasil em busca de bons negócios, podemos imaginar como, a partir de Lagos, a África se espalhava pelo mundo navegável.[31] Tamanha presença estrangeira impactava continuamente as leituras acerca do que era a África e os vínculos entre as populações da diáspora. Talvez por isso, para muitos comerciantes afrodescendentes que não se afastavam da costa, África e Lagos fossem sinônimos numa redefinição territorial e cultural da sua ancestralidade.

O estivador Domingos Jerônimo dos Santos, ao solicitar naturalização brasileira em 1887, afirmou que tinha sessenta anos e que era natural da "estação inglesa" em Lagos.[32] Cypriano José Martins, em março de 1888, prestou juramento e obediência à Constituição brasileira, reconhecendo o Brasil como sua pátria, e a Igreja católica como sua única fé.[33] Cypriano, comerciante, disse ter nascido em Onin (Lagos), na costa da África, ser solteiro, ter dois filhos e três casas, um sobrado, muitos móveis e algumas dívidas. Com a naturalização e o testamento, ele assegurava que os seus bens não seriam arrecadados pelo Poder Judiciário.[34] Formas de um pertencimento simultâneo à Bahia e a Lagos pareciam estar sendo cruzadas no cotidiano deles. Por certo, essa duplicidade de referências foi relevante na constituição de identidades dessa comunidade na Bahia e na "estação inglesa".

Embora não se possa saber com precisão o que os dezesseis viajantes traziam para os consumidores baianos em 1877, é possível que panos, dendê e obis adquiridos em Lagos estivessem entre seus pertences. Tratava-se de mercadores que viveram nas áfricas baianas e sabiam bem das demandas locais. Também é bem provável que os visitantes tivessem alguma fluência em inglês, além do português, o que os punha em situação privilegiada na realização de negociações transatlânticas, quando era preciso acertar valores e condições da viagem com navegadores ingleses, comprar mercadorias de africanos e revendê-las a brasileiros ou a outros africanos.

Afinal, esse comércio também foi muito favorecido pela presença expressiva de brasileiros em Lagos. Numa carta publicada pelo *Diário da Bahia* de dezembro de 1863, há a denúncia de um comerciante brasileiro que teve a sua propriedade, distante 35 milhas de Lagos, ocupada por tropas inglesas que viajavam para combater um chefe africano em Eppe. Por ter sido obrigado a hospedar os soldados, o comerciante ficou impedido de desembarcar um carregamento de azeite de dendê, e ainda teve que assistir à substituição da bandeira brasileira erguida diante da propriedade, pela inglesa. Ofendido, o proprietário sugeria ao governo brasileiro que pela "quantidade de brasileiros residentes em Lagos, e o imenso capital que anualmente transige entre a Bahia e a costa africana, fosse instalado ali um consulado brasileiro para defendê-los".[35] Os nossos viajantes estariam, desse modo, dentro de um antigo e pequeno circuito de comércio internacional do qual se sustentavam alguns africanos e brasileiros, a exemplo de um certo Panja que, em 1873, acumulou muitos credores no Brasil por "ter negócios com a costa".[36] As relações entre comerciantes das possessões inglesas na África e da Bahia permaneceram num bom ritmo até o fim do século XIX. Eram negócios que incluíam o fumo, a aguardente baiana, o dendê[37] e, principalmente, produtos religiosos africanos.[38]

Em 1890, o patacho *Aliança*, que teria sido comprado por um grupo de descendentes de africanos no Brasil com a finalidade de fazer negócios na costa da África, teve problemas na viagem: estava infectado pela febre amarela. Havia sessenta passageiros no navio, que enfrentaram os dissabores da travessia, levando mercadorias a serem entregues aos comerciantes brasileiros estabelecidos na Costa. Com a notícia da contaminação do navio no porto de Lagos, só desembarcaram os passageiros; mercadorias, bagagem, dinheiro e joias tiveram que ser trazidos de volta ao Brasil.[39] Após o malogro dessa viagem de negócios, várias pessoas na Bahia reclamaram a posse de seus bens. Muita gente esperou para ter notícias dos passageiros ou reaver as mercadorias embarcadas para Lagos. Entre eles estava a africana Julia Maria da Conceição, comerciante estabelecida na freguesia do Paço. A ela pertenciam os 125 barris de fumo que voltaram no navio.[40]

Mas o volume da mercadoria de Julia Maria da Conceição não parece ter sido a regra. Nos avisos expedidos pela polícia do porto eram noticiadas as tempestades e epidemias que impediam o retorno dos navios à costa da África, prejudicando comerciantes dos dois lados do Atlântico. Como o que se pôde ler em 1881, na qual o inspetor da alfândega dava a conhecer que seria leiloada toda a mercadoria salva do patacho *Boa-fé*, inclusive 137 panos da costa, argolas, colares e pulseiras, que pertenciam a várias pessoas.[41] O que interessa salientar é que a regularidade desses acertos comerciais certamente motivava gente como Juca Rosa a vir para a Bahia em busca de objetos e especiarias importadas diretamente da África. A fluidez desse trânsito provavelmente instituía parcerias e vínculos entre comerciantes e comunidades religiosas do Rio de Janeiro, de Salvador e de Lagos.

Nina Rodrigues avaliou que ainda nos últimos anos do século XIX, embora em menor número e frequência, navios a vela com comerciantes nagôs, fluentes em inglês e iorubá, viajavam para a Bahia trazendo objetos para o culto aos orixás.[42] Importantes figuras religiosas tiveram lucros com o comércio de produtos africanos e com o intercâmbio de experiências culturais proporcionado por esse trânsito. A família de Adão da Conceição Costa, por exemplo, importante empreiteiro da estiva nos fins do século XIX, teria vindo de "uma possessão inglesa na África" para se instalar na Bahia. Através dos depoimentos de seu sobrinho Miguel Santana, sabe-se da importância do comércio com a África para aquelas que seriam as mais famosas casas de candomblé da Bahia. Miguel Santana também contou que aprendia inglês com um professor africano contratado por seu tio e iorubá nos terreiros de candomblé que frequentava, dentre eles o Ilê Axé Opô Afonjá, que passou a ser referido como símbolo da autenticidade das tradições africanas no Brasil.[43] Também Martiniano Eliseu Bonfim, conhecido pelo prestígio religioso e por ter sido informante de Nina Rodrigues, tinha "uma quitanda de produtos da Costa" na ladeira de Santana e "de quando em quando" dava aulas de inglês.[44]

Nessas tradicionais casas de candomblé, a ideia de pertencimento e continuidade entre a Bahia e o povo iorubano foi um mecanismo importante para garantir-lhes distinção dentro da comunidade afro-brasileira. Para J. Lorand Matory, a importância atribuída à preservação de tradições ancestrais garantiu um senso de genuinidade à cultura local então alimentado por retornos à África.[45] Nesse sentido, o que se lia como nagô na Bahia poderia ser o resultado de uma construção transatlântica, na qual os viajantes-comerciantes, como aqueles do *Paraguassú*, foram fundamentais. Talvez por isso, nas últimas décadas oitocentistas, dizer-se nagô fosse o modo mais explícito de dizer-se africano, como vou argumentar daqui a alguns capítulos.

Mas a persistência nos negócios não implicava o término das restrições a esse trânsito, mesmo nos fins do século XIX. Se analisarmos testamentos de africanos que viviam na Bahia, é possível notar que alguns deles circularam tranquilamente, sem ser incomodados pela polícia, naturalizando-se brasileiros. Vejamos com brevidade a história de Vitorino dos Santos Lima. Ele faleceu em janeiro de 1891, poucos dias antes da chegada do vapor *Biafra* com uma carga de seis ponches de azeite, que lhe foi remetida por M. Balthazar, comerciante em Lagos. O investimento na rota do azeite garantiu-lhe o acúmulo de alguns bens: um sobrado na freguesia da Sé, uma casa na rua dos Adobes, alguns móveis e mercadorias. Vitorino devia estar bem informado acerca da vida em Lagos, dos conflitos na África e das possibilidades de negócio de azeite bastante incentivado pelo governo inglês. Ele declarou ser casado com uma crioula e ter 56 anos quando se naturalizou brasileiro em 1887.

Empenhado em parecer alguém de "boas relações e costumes", cumpriu a exigência da lei, que permitia a naturalização apenas aos que atestassem ser católicos e ter boa conduta e respeito pelas leis brasileiras.[46] No mesmo ano em que Vitorino dos Santos Lima conseguiu se naturalizar, outros 28 estrangeiros também o fizeram na província da Bahia. Desses, 23 eram portugueses, um era alemão, outro italiano, e três eram africanos.[47] O pequeno número de pedidos e consequente concessão de naturalização a africanos pode ser explicado por motivos bem óbvios. O primeiro deles é a diminuição dessa população, outra razão é a utilidade do recurso. A naturalização só podia ser útil para quem precisava garantir a posse de alguns bens e a permanência definitiva no Brasil.

Quem lançava mão desse recurso eram, em geral, comerciantes com algum patrimônio, o que os diferenciavam dos demais africanos, em sua maioria empobrecidos.[48] Foi o que deve ter movido Benvindo da Fonseca Galvão a solicitar ser naturalizado brasileiro. Ele estava preocupado em provar ser proprietário de duas casas registradas em nome dos seus filhos "em razão da proibição das leis provinciais [1835], que se opunham aos africanos adquirirem bens de raiz".[49] Contudo, a naturalização não significava que o africano pudesse, de fato, usufruir plenamente da condição de cidadão brasileiro. A situação de estrangeiro e ex-escravo demarcava o seu lugar social. Mesmo porque, em meio ao processo emancipacionista, o debate sobre os direitos civis dos emancipados brasileiros ou naturalizados pouco avançou, além do que foi estabelecido pelas leis de 1850 e de 1871.

Como se vê, entre a experiência dos dezesseis viajantes do *Paraguassú* e a dos comerciantes africanos aqui estabelecidos no fim do século, existiam algumas continuidades. Sob a ótica das autoridades administrativas e policiais, eles foram submetidos à mesma política de constrangimento. As restrições à circulação dos africanos demonstram o quanto eles eram suspeitos, ainda que a sua rebeldia não estivesse mais sendo traduzida em rebeliões.

Mas se as minhas suposições fazem sentido e os dezesseis viajantes faziam parte de uma importante rede comercial e cultural, qual o interesse inglês em mantê-los na Bahia? Voltemos então a 1877, porque enquanto as negociações comerciais dos africanos estavam pendentes, a política dos brasileiros seguia.

Ao ser informado pelo chefe de polícia da presença desses comerciantes recém-chegados de Lagos, o presidente da província, Henrique Lucena, não tardou nas orientações requeridas, embora não tivesse certeza sobre o melhor procedimento a ser adotado. Inicialmente, permitiu o desembarque dos africanos sob fiança do capitão do navio, "obrigando-se este pela despesa de reexportação caso o governo imperial considere em vigor as disposições citadas [leis de 1831 e de 1835]". Contudo, logo voltou atrás e referendou a decisão do chefe de polícia: os africanos deveriam ser mantidos sob custódia no navio.[50] Devia-se ainda comunicar os acontecimentos ao cônsul inglês, tarefa que coube ao chefe de polícia. Amphilophio manteve-se cauteloso, mas foi bem claro. Considerou que, apesar de os certificados emitidos pelo governo de Lagos atestarem serem os africanos naturais da costa da África e libertos, eles foram deportados do Brasil, portanto com "impedimentos legais para o regresso". Caso desobedecessem à ordem de permanência no navio, o cônsul inglês seria responsabilizado.[51]

O cônsul em questão chamava-se John Morgan e não era muito amigável quando estavam em pauta "os interesses da Coroa inglesa", como costumava afirmar. Ainda em 1859, ele enviou uma carta ao então presidente da província, Herculano Ferreira Pena, em nome de 21 comerciantes britânicos instalados na Bahia, que se queixavam de serem vítimas dos "maiores tributos aplicados aos estrangeiros aqui estabelecidos", a despeito "das relações de amizade que uniam as duas nações". John Morgan enfatizava o quão era indevida a taxa prevista contra uma "nacionalidade que [era] o maior freguês dos produtos do país, [...] e que pela importância de suas transações comerciais, muito contribui para os cofres públicos".[52] A queixa encobria os privilégios comerciais reservados aos ingleses no Brasil ao longo do século XIX. Gilberto Freyre comenta que as mercadorias de fabricação inglesa eram tributadas em 15%, enquanto os demais produtos estrangeiros eram taxados em 24%. Em contrapartida, os britânicos abriam "créditos fáceis aos clientes brasileiros e aventuraram seus capitais no nosso país".[53]

Morando na Bahia desde 1852, John Morgan tinha, de fato, motivos para alardear a importância dos "negócios de sua nação" para a economia local. Se prestarmos atenção aos números das atividades comerciais no período, somos levados a reconhecer, como queria Morgan, que os ingleses tinham negócios nada desprezíveis naquela praça. Dentre as onze companhias de seguro comercial, por exemplo, que operavam na Bahia nas décadas de 1860 e 1870, sete eram inglesas;[54] e o New London and Brazilian Bank Limited foi, talvez, o "mais importante banco estrangeiro na Bahia na segunda metade do século".[55] Ao sucesso dos negócios ingleses correspondia em igual monta a arrogância do cônsul. Em 1860, por não ter sido recebido em audiência pelo presidente da província, Antônio de Costa Pinto, o diplomata encaminhou-lhe uma carta em tom nada cordial, como se vê no trecho a seguir:

> Hoje foi a terceira vez que se me denegou a honra de uma audiência com V. Exª. Acreditando pela prática de oito anos [...] que em horas de serviço podia eu, como cônsul da Grã-Bretanha, pedir uma audiência em benefício dos interesses que me são confiados nesta província, e não sendo eu requerente de favores pessoais ou, empregado em qualquer serviço que não seja do meu país, venho agora solicitar o obséquio de V. Ex ª me dizer [...] os dias da semana e as horas quando se dignará receber-me em serviço público; a fim de evitar a reprodução de uma recusa que reputo desautorizar a minha posição oficial.[56]

Não descobri quando ele finalmente foi recebido por Costa Pinto, mas a postura, digamos enérgica, lhe rendeu alguns frutos. Tendo feito em 1865 minucioso levantamento das potencialidades econômicas da Bahia, John Morgan encaminhou aos investidores ingleses um relatório comentando a concessão do governo brasileiro para a construção da estrada de ferro Paraguassú (curiosamente o mesmo nome do navio que trouxe os comerciantes africanos de Lagos).[57] Segundo ele, o empreendimento garantiria o monopólio no transporte de mercadorias e pessoas por longas distâncias e ainda permitiria a exploração de minas de ouro, prata e outros minérios em toda a extensão da estrada de ferro. O cônsul também planejava cultivar, na rota da ferrovia, algodão "de qualidade igual ao de New Orleans".[58]

2. *Casa Comercial Inglesa na zona portuária de Salvador.*

Morgan foi especialmente esforçado em fazer prevalecer os interesses da Coroa inglesa. E para tanto contava com a colaboração de políticos baianos. O próprio presidente da província em 1877, Henrique Pereira Lucena, organizou uma sociedade anônima "em que a província subscreveu metade das ações com o fim de fazer aquisições na Inglaterra da estrada de ferro de Nazaré".[59] Como se nota, os planos dos ingleses na Bahia não eram nada modestos, o que nos leva a supor que a defesa de Morgan pela permanência dos africanos tivesse razões comerciais relevantes.

Em 1877, a reação do cônsul John Morgan à proibição de desembarque dos comerciantes foi intempestiva. Já no dia seguinte à ordem de reembarque, pediu explicações ao presidente da província enfatizando que os implicados eram "súditos de cor preta" de S.M. Britânica, autorizados a viajar pelo governo de Lagos. John Morgan também exigia a devolução imediata dos passaportes apreendidos pelo chefe de polícia durante o interrogatório. Dizendo-se conhecedor da lei que proibia o desembarque de africanos no Brasil, ele argumentou que aquela situação era distinta por ser referente a pessoas vindas de uma "nação amiga, ainda que nascidos na Costa da África". Tal ressalva só reforçava a tutela inglesa que Morgan representava. Ou seja, "apesar de africanos" eram súditos ingleses e como tais deveriam ser tratados. Assim, eram os interesses ingleses que deveriam prevalecer e não qualquer reivindicação de cidadania.

Todo o alarde em torno do caso era exagerado, reclamava o cônsul. Tratava-se de um falso problema, porque a "questão já havia sido resolvida pelo desembargador Costa Pinto", quando presidente da província. Parece que depois da abordagem nada branda, não só Costa Pinto o recebeu como ouviu as suas ponderações, das quais o comércio com a costa da África talvez fizesse parte. John Morgan foi incisivo e desdobrou argumentos a favor dos comerciantes africanos. Assinalou, principalmente, que o trânsito de africanos entre Lagos e Salvador não era excepcional; era autorizado ou pelo menos não era proibido.[60] Nesse ponto, como já discuti, ele tinha razão. Mas, dessa vez, a persistência do diplomata de nada adiantou: não impediu que o caso fosse submetido ainda naquela semana à seção de Justiça do Conselho de Estado.

O CONSELHO DE ESTADO E A "PREPONDERÂNCIA DA RAÇA AFRICANA NO BRASIL"

> *Instituição admirável, e quando quase tudo (exceto a dinastia) se tinha vulgarizado, o Conselho de Estado [...] guardou por muito tempo o sabor, o prestígio de um velho Conselho áulico conservado no meio da nova estrutura democrática, depositário dos antigos segredos do Estado, da velha arte de governar, preciosa herança do regime colonial, que se devia gastar pouco a pouco.*[61]

Assim Joaquim Nabuco definia uma das instituições mais controversas do Império. Por reunir "experimentados estadistas e juristas eminentes" escolhidos pessoalmente pelo imperador, a pertinência desse órgão consultivo dividia opiniões. Para uns era um artifício para reforçar o Poder Moderador, para outros "era a consciência do rei". Questões importantes como a guerra contra o Paraguai e a emancipação do elemento servil tiveram no Conselho um fórum decisivo. Teria sido no verão de 1866 que o processo emancipacionista foi tratado pela primeira vez, com a discussão dos projetos apresentados pelo conselheiro Pimenta Bueno, o marquês de São Vicente.

As longas sessões na Quinta da Boa Vista resultariam, anos depois, na lei de 1871 e na concepção de gradualidade do fim da escravidão.[62] Assim sendo, embora formassem um órgão sem funções deliberativas, os conselheiros tinham um papel político muito importante na arquitetura do governo imperial e exerciam plenamente o papel de analisar diferentes assuntos e indicar ao imperador o que lhes parecesse mais adequado política e juridicamente. O desfecho da empreitada dos comerciantes retornados estava à mercê das considerações desses estadistas do Império. Dito isso, pode-se deduzir que o parecer do Conselho em relação à presença dos dezesseis africanos seria, como de fato foi, decisivo.

Logo que o ofício do presidente da província chegou à Corte, foi encaminhado aos membros da comissão de justiça do Conselho de Estado. Lá o episódio foi analisado a partir do julgamento de outras ocorrências consideradas de "igual teor". Uma delas era a de um homem branco norte-americano que, em 1866, tentou emigrar para o Brasil trazendo consigo uma negra nascida livre, também norte-americana, com duas crianças. A outra, o pedido de empresários paulistas para que fosse permitida, em 1877, a "importação" de negros livres norte-americanos, a fim de empregá-los na construção de uma estrada de ferro. Cada um dos casos foi analisado em períodos distintos, mas sob o mesmo princípio: "pessoas de cor não podiam imigrar para o Brasil", fossem livres ou libertas, todas deveriam ser deportadas. As três histórias contam trajetórias particulares que remetiam ao mesmo "problema": como evitar que pessoas de cor imigrassem para o Brasil sem se lançar mão de uma legislação racista?

Para melhor acompanhar os meandros desse dilema é preciso conhecer um pouco mais dos casos "de igual teor" que fundamentaram o parecer sobre os dezesseis africanos. Vamos a eles.

O autor do pedido de 1866 era J. A. Cole, fazendeiro branco que pretendia se estabelecer numa propriedade recém-adquirida em Campinas, interior da província de São Paulo. Foi o próprio Cole que relatou ao chefe de polícia a sua história. Tudo teve início com a compra das terras em São Paulo e a resolução de viver no Brasil. Concretizado o negócio, ele voltou para os Estados Unidos apenas para "dispor dos seus bens e entender-se com amigos", quando tomou conhecimento da circular do cônsul brasileiro em Nova York, na qual se lia acerca da proibição de importação de cativos.[63] A partir daí "concluiu que só havia proibição de importação de escravos, e que era permitida a introdução de pessoas de cor, que não fossem escravas". Ainda que o texto do cônsul parecesse bem claro e existindo "o desejo de trazer em sua companhia uma mulher de cor preta, com suas duas filhas menores, que há muitos anos [estava] a seu serviço", o fazendeiro consultou um advogado que apenas "corroborou a interpretação que ele havia dado". Para Cole e seu advogado, nada impedia a imigração; para o cônsul brasileiro, contudo, não era bem assim.

Solicitaram-se passaportes para os norte-americanos, o branco e as negras. Mas logo que o pedido chegou ao conhecimento do diplomata brasileiro, este se recusou a concedê-los. A alegação era de haver impedimento à entrada de pessoas de cor no Brasil. O impasse estava estabelecido. J. A. Cole contestou com a própria circular do consulado; o cônsul insistiu na recusa. A divergência de interpretação estava longe de ser um mero equívoco. Sinalizava como os subterfúgios diplomáticos podiam evitar a imigração e mesmo o trânsito de pessoas de cor no país. Ao mesmo tempo, revelava a inexistência de dispositivos legais que a barrassem. Para o advogado e o fazendeiro norte-americanos, negro e escravo não eram termos que se confundiam. Nessa lógica, a proibição do governo brasileiro não tinha mesmo nenhum respaldo legal. Noutra perspectiva, a racial, a resistência governamental remetia a um projeto social excludente, que estava em gestação no contexto de desarticulação da escravidão no Brasil.

Mas o fazendeiro estava convencido de que o cônsul brasileiro não conhecia bem as leis do próprio país. Por isso resolveu viajar para o Rio de Janeiro acompanhado da mulher e das crianças, sem os passaportes, recurso possível depois de ter se comprometido junto à companhia de paquetes que arcaria com quaisquer ônus, se porventura fosse descoberto. Na Corte, assim que desembarcaram foram-lhes solicitados documentos que provassem a condição de livres e de norte-americanas das negras. Os documentos inexistiam. Chamado para resolver a situação, o chefe de polícia se julgou incapaz de decidir sobre o assunto, ainda mais porque eles pretendiam seguir do Rio de Janeiro para Santos. Eis então o caso Cole nas mãos da seção de justiça do Conselho.[64]

Em 1866, a discussão sobre o imigrante branco e suas acompanhantes negras não demandou muito esforço da comissão de justiça, sempre empenhada em legitimar a ordem de deportação. Lá estavam Thomas Nabuco de Araújo, o visconde de Jequitinhonha e Eusébio de Queiroz — três das maiores figuras do Império. Em comum, a formação em direito, os cargos de senador e membro do Conselho e prestígio suficiente para interferir nos rumos políticos do país.

Nabuco de Araújo assumira o cargo de conselheiro naquele ano de 1866, depois de uma trajetória política que excluirá a magistratura, a presidência da província de São Paulo, assentos na Câmara e no Senado, além do Ministério da Justiça, onde coibiu duramente as derradeiras tentativas de tráfico ilegal de escravos para o Brasil. Ele foi personagem central na "boa sociedade" imperial.[65] O conselheiro Nabuco também foi o relator do projeto de reformulação da lei de 10 de junho de 1835, por julgá-la ineficaz para coibir os crimes praticados por escravos.[66] Devo lembrá-los de que era exatamente essa lei uma das justificativas legais que o chefe de polícia da Bahia utilizou para impedir o desembarque do grupo de africanos retornados. Uma vez extinta a lei, ponderava o conselheiro, seria possível estabelecer penas diferenciadas, sem a austeridade que os anos das revoltas escravas exigiam. Ainda coube a ele a discussão do projeto do Código Civil, a relatoria do projeto da lei de 1871, enviado pelo governo imperial à Câmara dos Deputados, e a elaboração da lei de locação de serviços de 1879.[67]

Tendo sido do Partido Conservador, Nabuco passou a fazer parte das fileiras liberais quando a emancipação dos escravos estava na ordem do dia, tornando-se um ardoroso emancipacionista. Estava entre os autores do manifesto do Partido Liberal de 1869, no qual o principal compromisso era com a emancipação gradual da escravatura.[68] O baiano só continha a sua disposição antiescravista quando a ocasião não era favorável. É o que nos sugere Eduardo Spiller Pena ao comentar a oposição de Nabuco, em "nome da tranquilidade e segurança pública" ao uso da lei de 1831 nas ações de liberdade.[69] Ironicamente, foi a partir dessa mesma lei que a comissão de justiça, presidida por ele, fundamentou o parecer proibitivo à permanência das negras americanas em terras brasileiras.

O segundo integrante da comissão era o não menos famoso e, certamente, mais polêmico, visconde de Jequitinhonha. Baiano e nativista de primeira hora, ele adotou o nome de Francisco Gê de Acaiaba Montezuma para homenagear as raízes indígenas do país, entretanto foi chamado pela imprensa de "antibrasileiro" por conta da sua defesa dos tratados comerciais com a Inglaterra.[70] Filho de um traficante de escravos e de uma negra, o mulato fez-se jornalista, filósofo e magistrado depois de ter estudado na Universidade de Coimbra, onde conseguiu "brilhante reputação nos estudos e péssima nos costumes", como assinalou Kátia Matoso.[71] Foi também um dos fundadores do Instituto dos Advogados Brasileiros, tendo sido o seu primeiro presidente.[72] Frente à questão servil, a sua posição, em vários momentos, primou pela dubiedade; avaliava que "a lei da abolição deve ser simples e breve", apesar de apoiar a ideia da emancipação gradual, a partir da liberdade do ventre, "importante passo no caminho dessa reforma social".[73]

Sobre Eusébio de Queiroz, já se disse ter sido ele o "papa" dos saquaremas, como ficou conhecida a célebre trindade que assegurou por longos anos a hegemonia política dos conservadores no Império.[74] Mas o conselheiro também ficou bastante famoso por ter sido, em 1830, o primeiro chefe de polícia da Corte, cargo que ocupou por onze anos. Sob as suas ordens inaugurou-se uma coação ostensiva aos africanos, nutrida por exaustivas investigações e intolerância. Os historiadores Carlos Eugênio Soares e Flávio Gomes creditam-lhe a dura investida repressiva movida pelos temores de que os ventos da Bahia de 1835 também soprassem sobre o Rio de Janeiro.[75] Em larga medida foi a suspeição de Eusébio de Queiroz em relação aos negros em geral, e aos africanos em especial, que fez dele um incansável defensor do fim do tráfico atlântico em 1850.

Anos mais tarde, ele argumentou no Conselho de Estado que eram "óbvios os motivos" que o levavam a insistir na contratação de soldados estrangeiros brancos para lutar contra o Paraguai em detrimento aos libertos brasileiros.[76] A obviedade vislumbrada por Queiroz estava na sua certeza de que o negro, ainda que brasileiro, era menos confiável que qualquer branco, mesmo estrangeiro. O empenho de Queiroz pelo fim do tráfico não significava que ele nutrisse alguma simpatia pela ação inglesa naquela questão; ao contrário, foi um crítico feroz à ingerência britânica em assuntos nacionais.[77] Vê-se logo que a emigração de africanos avalizados pelo governo inglês em nada o agradaria.

Assim apresentados os jurisconsultos encarregados de avaliar a questão, voltemos a 1866, Rio de Janeiro, quando Cole e o chefe de polícia aguardavam a decisão sobre o caso. Crente na possibilidade de ver os seus argumentos prevalecerem, o fazendeiro insistia. O chefe de polícia, por sua vez, tornou-se seu aliado e tentava atenuar qualquer procedimento irregular, alegando que Cole era "homem de bem" que apenas incorreu numa "interpretação errônea" da circular oficial. Para defendê-lo chegou mesmo a considerar que a viagem por terra até Campinas seria relativamente fácil, o isentaria dos olhos da polícia e de sanções da justiça brasileira, mas a opção de Cole era pelos trajetos da lei.[78] A intermediação do chefe de polícia foi tão ineficiente quanto o argumento de Cole de que negro e escravo não eram sinônimos.

A comissão de justiça estava disposta a provar a coerência legal da proibição. Malabarismo retórico e artimanha jurídica orientaram o encaminhamento. Persistia-se na exigência de que as mulheres em questão apresentassem atestados comprobatórios de suas condições, documentos inexistentes porque eram nascidas livres. Sem a comprovação da condição estavam, portanto, suscetíveis à lei de 1831. A cobrança dos documentos não passou de ardil jurídico para expulsá-las. Dissimulação e sabotagem continuavam a compor a política brasileira. Por fim, recomendou-se ao imperador a deportação imediata e a proibição explícita da imigração de negros norte-americanos, ainda que nascidos livres, pois:

> deve ponderar Vossa Majestade Imperial o perigo à ordem pública, que haveria, admitida a imigração de homens de cor procedentes dos Estados Unidos: existindo ainda entre nós a escravidão, o contato desta gente recentemente emancipada, e que vem da guerra com o entusiasmo da vitória, não pode deixar de ser uma grande conflagração.[79]

É preciso lembrar que essa história se passa em 1866, numa conjuntura delicada. Há pouco se encerrava a guerra nos Estados Unidos e incrementava-se o debate sobre a emancipação dos escravos no Brasil. É importante lembrar que Eusébio de Queiroz temia pelos riscos que a nação corria por armar libertos na guerra do Paraguai, e que o visconde de Jequitinhonha suspeitava que toda sorte de perigos pudesse abater uma sociedade às voltas com o fim da escravatura.[80] Nesse sentido, a imigração de negros americanos era particularmente indesejada e mesmo perigosa, na opinião dos conselheiros.

Foi naquele mesmo ano que Pedro II, em resposta à Junta Francesa de Emancipação, disse que o fim da escravidão "era uma questão de forma e oportunidade", a ser encaminhada assim que terminasse a guerra contra os paraguaios.[81] Diante da atitude do imperador numa questão tão espinhosa, escravocratas e reformistas mostraram-se reticentes. De acordo com José Murilo de Carvalho, "quase todos temiam agitações, rebeliões escravas, e até mesmo, guerra civil e racial".[82] A tentativa de trazer para o Brasil as negras norte-americanas não poderia ter sido em hora mais inoportuna.

Quanto a eventuais problemas diplomáticos, não se deveria alimentar temores, previam os juristas do Conselho de Estado, pois "os homens de cor, livres ou libertos, não gozavam de cidadania nos Estados Unidos", não podendo incorrer em sanção alguma sobre o Brasil.[83] Enfim, examinadas todas as consequências possíveis e expostos os argumentos legais, coube às autoridades provinciais fazer cumprir a decisão do imperador, fundada no parecer dos conselheiros, e deportar as norte-americanas.

É interessante observar que a existência da legislação discriminatória nos Estados Unidos era criticada pelas elites políticas brasileiras da época. À medida que se estruturava o movimento emancipacionista, do qual Nabuco de Araújo e o visconde de Jequitinhonha eram partidários, ganhava fôlego a ideia de que a legitimação jurídica de segregação dos negros era abusiva e arriscada. Os juristas Tavares Bastos e Nabuco de Araújo criaram, na década de 1860, o jornal *A Reforma*, instrumento da propaganda pelo fim gradual da escravidão, sem o comprometimento da ordem e da economia nacionais.

Para Tavares Bastos, por não existirem no Brasil "distinções sociais ou políticas por causa de cores ou raças", depois da emancipação dos escravos "[dar-se-ia] o contrário dos Estados Unidos", sem maiores transtornos. Pois, "aqui não há, como lá, desigualdade real das raças; não há profundas antipatias entre elas; o preto e o mulato gozam aqui de todos os direitos políticos, nós os temos tido no Ministério, no Conselho de Estado".[84] Joaquim Nabuco expôs a mesma certeza ao comparar o fim da escravidão no sul dos Estados Unidos e no Brasil. Nas palavras do autor do *O abolicionismo*:

> O contrapeso que mantinha o equilíbrio social [no Brasil] era a amplitude lateral e a elasticidade social da escravidão brasileira em contraposição à rígida segregação racial e social que havia caracterizado o Velho Sul. [...] No Brasil deu-se exatamente ao contrário. A escravidão ainda que fundada sobre a diferença das raças, nunca desenvolveu a prevenção da cor, e nisso foi infinitamente mais hábil.[85]

Ao contrastar os discursos abolicionistas correntes nos Estados Unidos e no Brasil, Célia Marinho concluiu que a ausência de uma legislação discriminatória teria fomentado a ideia da harmonia racial brasileira. Naquele contexto de crise do escravismo, acentuava-se a imagem de brandura das relações entre senhores e escravos no Brasil, na qual não se admitiam restrições construídas sob critérios raciais.[86] Como escrevia Tavares Bastos, os projetos emancipacionistas diziam prezar pela cidadania irrestrita e pela convivência sem conflitos entre negros e brancos. Vê-se logo que os juristas do Conselho de Estado não pretendiam explicitar nenhum critério racial para justificar suas decisões. No caso Cole, a lei de 1831 os resguardou dessa exposição, e o medo de que a presença de recém-emancipados pudesse disseminar a ideia da liberdade parecia suficiente para fundamentar o parecer.[87]

Já em 1877, quando alguns empresários solicitaram permissão para contratar norte-americanos "de cor", a resposta de um relator foi mais direta e sucinta. Sequer o pedido foi analisado por uma comissão, a decisão estava respaldada em "papéis sobre questão idêntica", ou seja, no caso do fazendeiro de 1866, e reafirmava que continuava "proibido expressamente o desembarque no Império de homens e mulheres de cor procedentes dos Estados Unidos".

Entretanto, foram explicitados alguns princípios que escapavam à noção do perigo da contaminação de ideais de liberdade. Por ter liberado de "chofre tantos escravos", os Estados Unidos tinham dificuldade em contê-los no sul e o norte não os desejava, porque "é de notoriedade o antigo antagonismo do norte-americano de origem europeia com a gente da raça de cor". Logo, a "importação" desses trabalhadores era "um meio de favorecer aos Estados Unidos e não de utilidade ao Brasil". Vale salientar que a solicitação dos empresários era pela permanência temporária, e não de imigração, e que os trabalhadores eram homens nascidos livres. Mas o governo brasileiro não estava propenso a fazer concessões.[88]

A interdição estava respaldada pela lei de 1831 e na resolução de 1866, que dizia ser proibido a "qualquer homem liberto, que não for brasileiro, desembarcar no porto do Brasil debaixo de qualquer motivo. O que desembarcar será imediatamente reexportado".[89] Como os que seriam contratados não eram libertos, o parecerista deu-se ao cuidado de dirimir qualquer dúvida ou persistência, usando um argumento tortuoso. Dizia que "à vista da intenção e objeto da citada lei ela não se referia apenas a libertos no sentido da distinção dos livres, mas como antítese de escravo". E ainda: "presumia-se libertos os homens de cor não-escravos. Ora, as razões políticas que o legislador teve em vistas com a disposição do artigo 7º dão-se seja livre o homem de cor ou liberto". Nesse sentido, o veto à entrada de negros de qualquer condição jurídica era deliberação irrevogável.

Negando mais um pedido, o Conselho demonstrava que pautava as suas decisões sobre trabalhadores negros estrangeiros, ainda que com um duvidoso respaldo legal, por planos políticos. A autonomia de tão seleto grupo de jurisconsultos evidenciava que às deliberações tomadas correspondiam compreensões próprias das elites políticas do Império acerca da arquitetura social. Decidia-se a partir de ponderações sobre os infortúnios ou benefícios advindos ao país e, nessa contabilidade, a imigração de negros estava fora de cogitação. Quando esquadrinhamos o argumento do parecerista, fica evidente que a sua definição de liberto escapa dos preceitos jurídicos da época porque, obviamente, sob tal categoria não estavam todos os homens de cor que não fossem escravos. Sob a luz de argumento tão obscuro, uma pessoa de cor, mesmo nascendo livre, só podia ser reconhecida a partir da experiência escrava. Recurso habilidoso, mantinha a proibição da imigração negra, mas não mencionava nenhum critério racial.

Em 1877, Nabuco de Araújo, entre os membros da comissão de 1866, era o único que ainda estava na cena política, embora estivesse bastante doente e não exercesse mais o cargo no Ministério da Justiça.[90] Naquele ano, ele estava às voltas com dois projetos: o Código Civil e a lei de locação de serviços, que normatizava a contratação de trabalhadores nacionais, de libertos e de estrangeiros para a lavoura. O Código Civil havia algum tempo o ocupava, sem que lhe fosse possível conceber qualquer versão preliminar a ser apreciada pelo Senado.[91] Já a lei de locação de serviços foi tratada com mais presteza. Na ocasião, clamando pela urgência de aprová-la, o autor da proposta alertaria: "haverá quem duvide que uma lei sobre locação de serviços tende a animar, a auxiliar a emigração do estrangeiro para o nosso país?".[92] Nenhuma cláusula, dentre as 86 do extenso documento, trazia qualquer restrição aos negros. Contudo, como indicam os estudos de Maria Lúcia Lamounier, "era patente a posição desfavorável que a lei colocava aos nacionais".[93] Era a velha estratégia do disfarce vigorando na política de Nabuco de Araújo.

Em 1877, a habilidade do Ministério da Justiça para atrair imigrantes europeus e afastar africanos e asiáticos explicita que por dentro do projeto emancipacionista corria de modo velado, subterrâneo, uma forma de se pensar as relações sociais a partir de uma noção racial.[94] Devo lembrá-los que Nabuco de Araújo foi relator do projeto da lei de 1871 enviado pelo governo imperial à

Câmara dos Deputados. Durante longos dois meses os deputados, entre eles o visconde de Jequitinhonha, estiveram ocupados com os pormenores legais e morais que envolviam a determinação de que "os filhos de mulher escrava nascidos livres" deveriam ficar em poder e sob a autoridade dos senhores de suas mães até os oito anos de idade. A partir de então os senhores poderiam optar entre entregá-los ao Estado, mediante indenização de 600 mil-réis, ou continuar a desfrutar dos serviços deles até que completassem 21 anos. Nesse debate, Jequitinhonha e Nabuco de Araújo se posicionaram em campos distintos, quando se debruçaram sobre a seguinte questão: como deveria ser denominado o filho da escrava depois da lei: ingênuo ou liberto?

Para o Conselho de Estado, autor do projeto, a denominação era ingênuo. Sidney Chalhoub, ao esmiuçar o debate, esclarece que os conselheiros pretendiam assim evidenciar que os filhos a serem gerados por escravas não eram propriedades dos senhores delas. Esse artifício evitava que o Estado devesse indenizá-los por expropriação da propriedade escrava. Mas o arranjo, capaz de isentar o Estado da sanha indenizatória dos senhores, trazia à tona outra controvérsia que muito nos interessa: a condição de cidadania desses ingênuos.[95] Daí nasce a divergência entre os nossos dois pareceristas e deputados na época. Jequitinhonha achava que se os filhos de escravas fossem definidos como pessoas nascidas livres, eles poderiam usufruir das prerrogativas de cidadãos brasileiros. O que seria um agravo, ele argumentava, à Constituição Imperial por estender os direitos de cidadania a quem não era capaz de usufruí-los plenamente. Assim sendo, cabia melhor ao Estado chamá-los e tratá-los como libertos. Nabuco de Araújo contestava Jequitinhonha considerando que "o alvitre de criar incapacidade política dessa forma justificava-se nos Estados Unidos, onde havia 'antagonismo de raça'; no Brasil; o perigo era estabelecer tal antagonismo, supostamente inexistente".[96]

A dissimulação e o engenho de não evidenciar os significados raciais que encobriam decisões políticas era o grande mérito da boa sociedade que compunha o Conselho de Estado, principalmente diante do acirramento da rivalidade entre negros e brancos nos Estados Unidos e da quebra de legitimidade do escravismo no Brasil. Sidney Chalhoub analisa dois pareceres elaborados pelo Conselho de Estado também na década de 1870, que julgavam ser inconveniente a criação da Sociedade de Beneficência da Nação Conga Amiga da Consciência e da Associação Beneficente Socorro Mútuo dos Homens de Cor. O parecer do conselheiro Pimenta Bueno sugere que o imperador proíba as associações de "pretos, mulatos, caboclos e etc.[...] a política ensina antes a regra de não falar-se nisso". Diante da lição de estratégia do conselheiro cabe bem o comentário de Chalhoub ao considerar "a produção do silêncio sobre a questão racial" pressuposto essencial para "forjar o ideal de nação homogênea".[97]

Nessa atmosfera de embates entre considerações diplomáticas, convicções ideológicas, silêncios ditados pela política e interesses comerciais, espero já tê-los convencido de que o destino dos africanos do navio *Paraguassú* estava traçado antes mesmo de o caso ser analisado pelo parecerista da comissão. Entretanto, ainda vale a pena acompanhar o encaminhamento dessa história.

Talvez até o cônsul John Morgan já suspeitasse do resultado do litígio, no qual se envolvera antes da decisão final. Muito provavelmente ele e os conselheiros tinham conhecimento mútuo de propósitos e ideias. Ao opinar sobre a relevância de uma lei que libertasse os filhos de escravos, o visconde de Jequitinhonha chegou a citar a avaliação do cônsul sobre o decréscimo da população escrava no Brasil depois de 1850. Tal estatística fundamentava a elucubração do visconde de que, assegurando a liberdade ao ventre das escravas e com o crescimento do número de alforrias, em pouco tempo o Brasil se "livraria do cancro da escravidão".[98]

Mas o representante dos interesses da Coroa britânica não se rendia às convicções dos conselheiros quanto à imigração negra. O debate entre o cônsul inglês, o presidente da província e o Ministério da Justiça se estendeu por dois meses, sempre girando em torno de duas questões: a legalidade e a conveniência da presença dos dezesseis africanos no país. Decerto o caso ia além da querela jurídica. Discutiam-se razões políticas que foram enumeradas pelos jurisconsultos do seguinte modo: "obstar ao crescimento e preponderância da raça africana; aplainar a colonização europeia e prevenir a fraude de introdução de escravos sobre o pretexto de libertos". Sem subterfúgios caíam por terra os tais princípios legais, sobressaíam os critérios raciais.

Ao analisar os três casos como questões de "igual teor", se atribuiu unidade a trajetórias pessoais distintas. Afinal, o que havia em comum entre o grupo de comerciantes, a mulher disposta a emigrar com o fazendeiro norte-americano e trabalhadores a serem empregados na construção de estradas de ferro? Em se tratando de histórias tão particulares, o que levou o Conselho de Estado a estender a todos o mesmo veredicto? A partir de quais princípios foi inferida uma afinidade inevitável e perigosa entre africanos retornados e trabalhadores negros norte-americanos? Naquelas reuniões da comissão de justiça imaginou-se uma comunidade a partir da condição de africano ou afrodescendente e do passado escravo dos estrangeiros em questão. Explicados os objetivos da resolução, a deportação imediata dos africanos do *Paraguassú* foi recomendada pelo Ministério da Justiça. A ação e os argumentos do Conselho diziam respeito a um projeto nacional que, raramente explicitado (e mesmo negado pelo discurso abolicionista), revelava um Estado que agia a partir da noção da existência de raças distintas e hierarquicamente desiguais.

Mas as convicções ideológicas dos conselheiros do Império não coincidiam com os interesses comerciais dos políticos na

Bahia, que buscaram, sem sucesso, reverter a decisão. O presidente da província, Henrique Pereira de Lucena, mostrou-se convencido da importância de se permitir os negócios com os africanos e pediu moderação ao Conselho. Sugeriu que a decisão fosse reconsiderada com base na insistência de John Morgan de contestar o respaldo legal do veredicto. Recorreu também a razões econômicas, pois "a Bahia era a única província que ainda mantinha relações comerciais com Lagos" e a deportação iria levantar "clamor no comércio" e comprometer as rendas públicas.[99] Nenhum pragmatismo econômico parecia ter ressonância no seleto grupo de juristas do Conselho, para desalento de Lucena e de Morgan.

Diante de tamanha insistência, foi elaborado um aditamento ao parecer. Nesse documento, a artimanha jurídica dava lugar ao imperativo das deliberações políticas. Enfatizou-se que a reiteração do pedido seria interpretada como uma tentativa de "introdução clandestina de verdadeiros escravos sob a aparência de ingênuos estrangeiros". Quanto à inexatidão da lei que proibia a importação de escravos e não de gente de cor, o texto foi enfático: não podia haver dúvida sobre a "absoluta proibição de pessoas de cor, sejam livres ou libertas imigrarem para o Brasil", o que deveria ser cumprido em todas as províncias. Sobre as tais "atenções devidas às nações amigas", sem diplomacia se mandou informar ao cônsul inglês que "acima delas estavam as leis do país". Nenhum apreço foi reservado para as ponderações do presidente da província, na medida em que "não se compreende como, sem mais explicações, a reexportação de dezesseis africanos sem importância alguma, possa influir tão perniciosamente no comércio e na renda pública".[100] Desdenhando das pretensões inglesas e das preocupações baianas, muito mais atenção cabia às consequências da indesejada imigração de africanos.

O pouco-caso do conselho certamente não foi bem recebido pelo presidente da província, que se dizia pressionado pela "classe comercial". Por certo não agradaria aos ingleses estabelecidos na capital baiana a impossibilidade de recorrer ao trânsito dos africanos para incrementar os seus negócios, e nisso residia a pressão sobre Lucena. Numa economia em crise, desagradar os investidores britânicos não devia fazer parte dos planos dos governantes locais. Pela mesma razão, as relações comerciais com a costa da África, ainda que em pequena escala, também não podiam ser descartadas. Apesar das pressões e dos argumentos, a decisão do Conselho foi definitiva: nada mais a fazer exceto deportar os comerciantes.

A decisão do Conselho subsidiou o aviso do Ministério da Justiça, que, ainda no ano de 1877, determinou a reexportação de todo o grupo. Mas essa determinação foi cumprida com muita morosidade. Pelo menos um deles, o africano Fernando, só obteve passaporte para regressar a Lagos em 1878.[101] É bem provável que durante os dois anos que permaneceu na Bahia tenha realizado os seus negócios como havia planejado, contando com a conivência do governo provincial e com a proteção do cônsul inglês.

Contudo, a consequência da "preponderância da raça africana no Brasil" de modo algum era preocupação exclusiva dos estadistas do Império. A certeza de que a escravidão extinguia-se a passos largos dominava o debate político da época, e não apenas as reuniões do Conselho de Estado. Nas décadas de 1870 e 1880, a evidente falência do escravismo trouxe para o debate conselheiros de Estado, estudantes, juristas, fazendeiros, escravos, libertos, presidentes de província e chefes de polícia e tantos outros interessados na questão servil. Mesmo porque as discussões sobre o fim de uma instituição ainda tão fundamental na sociedade oitocentista pressupunham questões como o caráter da nação e da cidadania dos emancipados.

Nos ambientes abolicionistas, projetos sociais diferentes e mesmo antagônicos para o pós-escravidão eram concebidos e difundidos. Na Bahia não foi diferente. Sob a bandeira abolicionista se reuniram o nosso já conhecido chefe de polícia Amphilophio, o mulato Manoel Querino e o advogado Rui Barbosa, todos convencidos de que já era hora de a escravidão ser extinta no Brasil. Àquele tempo esses protagonistas eram tão unânimes quanto aos benefícios que o fim da escravidão traria ao país, quanto dissonantes acerca dos desdobramentos daí advindos. Como veremos a seguir, estratégias abolicionistas e empreendimentos políticos não só os diferenciavam quanto revelavam significados distintos para o fim da escravidão, a cidadania dos homens de cor e a "preponderância da raça africana".

ENTRE O "BANQUETE DA CIVILIZAÇÃO" E A "REDENÇÃO
DA RAÇA": O JOGO ABOLICIONISTA

Enquanto o governo imperial evitava a imigração de homens de cor, a articulação abolicionista nas províncias estruturava formas de compreender as mudanças sociais em curso. Nas décadas de 1870 e 1880, com as cores já pálidas do Romantismo, a paixão emancipacionista produzia cenas dramáticas. Os memorialistas e literatos colecionaram situações em que a visão de um escravo a implorar a liberdade arrancava lágrimas de corações já tão arrebatados por grandes causas. Eram cenas como as protagonizadas por uma "pobre escrava andrajante", que "irrompeu desesperadamente" numa sessão da Libertadora Baiana para implorar pela sua liberdade. A aflição da escrava, como não poderia deixar de ser, causou consternação geral e a doação da quantia necessária para garantir-lhe alforria.[102]

Foi Teodoro Sampaio quem registrou um evento comemorativo ocorrido em 1884 pelo fim da escravidão no Ceará, promovido pela sociedade abolicionista Libertadora Baiana. A solenidade, batizada de "banquete da civilização", teve como ponto alto a entrega de cartas de alforria a alguns escravos — expediente recorrente nessas ocasiões. Após as saudações e discursos de praxe sobre a "justiça da causa dos oprimidos", deu-se início à passeata em prol da abolição, porém o ápice da festa foi reservado para a programação noturna.

Desde o fim da tarde, a rua do Palácio e a praça do Teatro São João, no centro da cidade, "enchera-se de povo" disposto a seguir em cortejo até o Teatro Politeama. Lá chegando, depois de diversas pausas para discursos e poemas, os organizadores da festa ocuparam o palco. Quando o pano do cenário foi descerrado, verificou-se que "em torno de vultosa mesa", pronta para o "banquete da civilização", sentaram-se os principais nomes da Libertadora e do outro lado, em pé, um grupo de escravizados aguardava a entrega das cartas de alforria. Após "uns instantes decorridos de silêncio", o líder abolicionista Eduardo Carigé levantou-se "risonho e lesto", saiu do palco para retornar trazendo pela mão o poeta Luís Álvares dos Santos a recitar: "neste banquete de livres/Neste cálice de bravos/não tem que beber tiranos/não tem que sentarem-se escravos". Depois da rápida distribuição das cartas, a comoção tomou conta do ambiente e no meio dos recém-libertos, "uma velha mulher exclama: meu Deus, viva o Senhor do Bonfim!".[103]

Por certo o uso da emoção foi um traço importante na construção de discursos e ações em prol do fim da escravidão; a comoção provocada pela conquista da alforria impregnava as relações entre escravos e abolicionistas e transbordava para as interpretações sobre possíveis diferenças entre a "raça emancipada" e a "raça emancipadora". Toda a cena descrita por Teodoro Sampaio evocava a dádiva da liberdade. A atmosfera de redenção abolicionista do evento reiterava as regras e distinções construídas no mundo escravista.

Em 1884, a *Gazeta da Tarde* avaliava que "não [era] pela ação direta sobre o espírito do escravo que lhe podemos fazer algum bem, é com os livres que nos devemos entender, é com esses que vamos pleitear a causa daqueles [...] porque a eles lhes proibimos de levantar o braço em defesa própria".[104] O texto indica claramente a quem caberia o encaminhamento da questão servil, decerto ao ser lido em alguma assembleia da rua do Palácio expunha como não se pretendia mudar a autoria das decisões políticas no país. Como indica o articulista, cabia ao movimento abolicionista instituir-se como salvação possível para o drama dos escravos, reforçando a ideia da tutela indispensável que lhes deveria ser assegurada sobre os libertos. Como já disse Lilia Schwarcz, a liberdade era assim entendida como "um presente que merecia atos recíprocos de obediência e submissão".[105]

Entretanto, se analisarmos mais de perto as fileiras abolicionistas e, especificamente, a Sociedade Libertadora Baiana, será inevitável assinalar que não havia tanta uniformidade de propósitos entre os seus associados.

As agremiações abolicionistas, como se observou em outras províncias, se tornaram atuantes na Bahia nas décadas de 1870 e 1880, mas, em 1852, os médicos Jerônimo Sodré e José Luís de Almeida Couto já tinham fundado a Sociedade Abolicionista Dois de Julho, que funcionava na vizinhança da Faculdade de Medicina da Bahia.[106] O historiador Jailton Brito considera que foi justamente nessa tradicional instituição que se formou a "vanguarda abolicionista" local. As mais importantes associações foram fundadas em suas salas, pátios e adjacências da faculdade, então logradouro do centro administrativo e cultural da cidade. Entre a praça do Terreiro e a rua do Palácio — atual rua Chile — circulavam a mocidade acadêmica, os caixeiros, artistas e demais interessados nas notícias sobre a crise escravista e as conquistas do abolicionismo, sempre publicadas na *Gazeta da Tarde,* no *Diário de Notícias* e no *Diário do Povo,* entre outros periódicos liberais da época.

Rui Barbosa, ao criticar a lentidão com que se desagregava o escravismo no Brasil, se referiu às sociedades emancipacionistas como meros "frutos da espontânea benevolência de almas bem formadas", que se faziam "protetoras de irracionais úteis". Seriam raros

3. Discurso de Rui Barbosa da sacada do hotel de França, em São Paulo, 1869. Acervo FCRB.

atos de generosidade, que não sanavam o problema, concluiu o jurista.[107] De fato, na Bahia, a maioria delas foi efêmera e só conseguia arregimentar sócios e verba para libertar alguns poucos escravos. As dificuldades das sociedades eram, via de regra, explicadas pela exiguidade de recursos para o pagamento dos pecúlios. Poucas tiveram fôlego e prestígio. Um das mais importantes foi a Sociedade Libertadora Sete de Setembro, a mais atuante na primeira metade dos anos 1870. Em 1871, a Sete de Setembro contabilizou 512 sócios, a edição regular de um periódico chamado *O Abolicionista* e a compra da alforria de cerca de quinhentos escravos.[108] Já no ano de 1880, foi a Sociedade Libertadora Baiana que agremiou um maior número de entusiasmados militantes da causa abolicionista, e não só médicos, advogados e chefes políticos, mas também artesões, caixeiros e pequenos comerciantes.

4. *Gravura* Oradores do povo, *de Caribé. O ambiente é a tenda de um sapateiro, espaço para debates políticos.*

Teodoro Sampaio, ele próprio um homem de cor, registrou as costumeiras "assembleias" para os encaminhamentos da "questão servil", organizadas por sócios da Libertadora Baiana nas pastelarias da praça do Palácio, principais pontos de encontros de intelectuais, jornalistas e "oradores do povo", expressão utilizada para se referir a abolicionistas negros como Manoel Roque e Manoel Querino.[109] Manoel Roque era um sapateiro "de cor preta" alfabetizado, que teve a seu encargo a tesouraria da Sociedade Libertadora Baiana. Na opinião de Luís Anselmo, também associado, Manoel Roque era uma espécie de tradutor das ideias dos abolicionistas para os "menos inteligentes e adiantados", numa alusão ao seu trânsito por territórios sociais diferenciados.[110] Mas é preciso capturar a atuação desses personagens para além da mera tradução de planos e argumentos para quem não dominava os jargões dos doutores. Eles estavam entre os que "não se encaixavam na imagem de um abolicionismo dentro dos preceitos legais, exercidos por homens de estudo, bacharéis e acadêmicos", como já disse Elciene Azevedo.[111]

Do mesmo modo, o preto Salustiano Pedro, "comensal de Roque sapateiro", contrariava o delegado de polícia porque, insistentemente, em qualquer lugar que chegasse ocupava-se com "o magno assunto da justiça para com sua raça". Também fazia parte da sua ação abolicionista confessar, sempre publicamente, sua "idolatria" por José do Patrocínio e por Luís Gama, que emprestou o seu nome a um clube abolicionista fundado por ele.[112] A pregação de Salustiano devia mesmo aborrecer a polícia, que não via com bons olhos os abolicionistas "de cor". Entre a concessão de sentar-se no banquete da civilização num teatro e a pregação pública pela "redenção da raça" havia um hiato. E é justamente nesse ínterim, nessa descontinuidade de atitudes que se revelavam leituras distintas sobre os desdobramentos do fim da escravidão.

É principalmente a trajetória política de Manoel Querino que me faz considerar essa perspectiva. Foram muitos os seus espaços de inserção social. Querino era artista, funcionário da Secretaria da Agricultura, diretor do clube carnavalescos Pândegos d'África,[113] professor, associado da Sociedade Libertadora Baiana, jornalista na *Gazeta da Tarde*, além de ter fundado dois outros periódicos: *A Província*, em 1887, e *O Trabalho*, em 1892. A sua atuação na *Gazeta da Tarde* foi fundamental. Escrevia artigos, organizava conferências e *meetings*. Em 1882, como sócio do Liceu de Artes e Ofícios, Manoel Querino promoveu uma série de conferências abolicionistas. José do Patrocínio foi um dos primeiros palestrantes.

A figura pública de Manoel Querino foi construída pelo empenho com que ele se envolveu na campanha abolicionista, em associações operárias e, sobretudo, nas pesquisas sobre cultura negra na Bahia.[114] Bem articulado no meio político, ele se beneficiou da proteção política do conselheiro Dantas, líder dos liberais na Bahia, que o teria livrado de servir à nação no Paraguai. Mas não se manteve fiel às filiações políticas do seu benfeitor. Em 1870, a despeito do monarquismo de Dantas, aderiu à causa republicana, tendo sido um dos autores do manifesto republicano, o que o credenciou a ser candidato a deputado pelo partido republicano em 1878.[115]

A atuação de Manoel Querino sem dúvida contradizia a imagem de que era apenas através da ação dos abolicionistas brancos que os recém-emancipados se tornavam aptos a compartilhar do "banquete da civilização". Mesmo porque, para Querino, a ideia de civilização não excetuava os africanos nem a irracionalidade fazia parte das características da "raça negra". Ao contrário, para ele, "foi o trabalho do negro que aqui sustentou, por séculos e sem desfalecimento, a nobreza e a prosperidade do Brasil; foi com o produto do seu trabalho que tivemos as instituições científicas, letras, artes, comércio, indústria etc. [...] competindo-lhe, portanto, um lugar de destaque como fator da civilização brasileira".[116]

5. *Manoel Querino.*

A diversidade de atores sociais da Libertadora Baiana permitia que ela exercitasse estratégias distintas no movimento abolicionista, a exemplo da organização de fugas e acoitamento de escravos, nas quais a participação de libertos africanos era decisiva. Eram ações arquitetadas no quartel da guarda velha, como ficou conhecida a sua sede.[117] A estratégia era a mesma de outras associações abolicionistas da época. Quando se decidia sobre a viabilidade de uma ação de liberdade providenciava-se acoitar o escravo na casa de "pessoa de reputação", até que as providências jurídicas fossem tomadas. Entretanto, nem sempre os coiteiros eram idealistas brancos caridosos e de boa reputação. Tinha-se uma rede que envolvia personagens bem distintos. A associação entre abolicionistas e coiteiros africanos, em vários momentos, despertou as desconfianças da polícia e foi eficientemente investigada, em 1887, pelo delegado Fortunato Freitas.

Com o timbre de *reservado*, próprio aos assuntos mais inquietantes dos gabinetes policiais, Fortunato Freitas enviou ao chefe de polícia, Domingos Rodrigues, o auto de perguntas ao qual fora submetido Silvestre, um africano liberto. Parece ter sido o próprio interrogado quem procurou a polícia para queixar-se contra Eduardo Carigé, pela apropriação de 42 mil-réis destinados à liberdade de Iná, sua enteada. A história contada por Silvestre tem sutilezas que nos esclarecem sobre as relações entre libertos africanos, escravos e abolicionistas. Aos sessenta anos, o liberto Silvestre disse ter "ouvido dizer que os africanos vindos para o Brasil depois da lei de 1831 eram livres", e como pretendia certificar-se desse "negócio" resolveu procurar o famoso Eduardo Carigé. Também lhe interessava saber se a sua enteada Iná estava matriculada como escrava. A intenção de Silvestre era garantir-lhe a liberdade comprovando ser ela filha de uma africana importada ilegalmente.[118]

De fato, Silvestre estava bem informado sobre as suas chances de vitória, a ponto de procurar Carigé, um dos mais obstinados entre os que apostavam nas ações de liberdade. Era fácil saber, ainda que nas zonas rurais, sobre as suas investidas judiciais, porque elas eram fartamente divulgadas. Ao analisar a situação dos engenhos do Recôncavo baiano na década de 1880, Wanderley Pinho comentou que a cada barco que aportava no engenho Freguesia chegava "notícia dos expedientes revolucionários de Carigé, o Antônio Bento da Bahia: fuga de cativos, acoitamento, ousadias e rebeldia de escravos".[119] A fama de Carigé como patrono de escravos em busca da alforria era tamanha que na festa do Senhor do Bonfim, em janeiro de 1889, se cantava a seguinte quadrinha: "Ó Ioio Carigé decá meu pape".[120]

Entretanto, as desconfianças de Silvestre foram acionadas quando o abolicionista lhe tomou 24 mil-réis, a título de despesas. Do mesmo modo e com o mesmo fim, queixava-se Silvestre, ainda andava Carigé "perseguindo-o por mais dezoito mil-réis", necessários para uma carta de depósito. Esse documento asseguraria a Iná sair do seu esconderijo sem riscos. Salvo todo o encaminhamento parecer de acordo com trâmites previstos pela lei de 1871, Silvestre dizia ter certeza de que nenhum passo havia sido dado em favor de sua enteada e, por isso, procurara a polícia para reaver o dinheiro empregado. E, não obstante o delegado insistir sobre o paradeiro de Iná, o desconfiado Silvestre esquivou-se dizendo que o esconderijo foi sugerido por Carigé, e que apenas sabia estar ela em casa de uma crioulinha a quem ele não conhecia nem sabia sua morada.[121]

Embora outros autores já tenham abordado as relações entre abolicionistas, libertos e escravos, também não pude me esquivar, assim como o delegado Furtado, de prestar atenção à história de Silvestre.[122] Os vínculos entre as sociedades abolicionistas, coiteiros africanos e escravos fugitivos desvendam uma teia de interesses compartilhados, mas também de interpretações peculiares sobre os papéis políticos reservados a cada um naquele contexto. É evidente que para o êxito de investidas abolicionistas mais ousadas, a colaboração de homens de cor como Roque Sapateiro e de libertos africanos se fazia relevante, pelo trânsito que tinham dentro da comunidade negra e pobre. Nessa rede de colaboração, as fugas e ações de liberdade arquitetadas no quartel da guarda velha esclareciam sobre alianças e acordos estabelecidos entre os "homens esclarecidos" das sociedades abolicionistas e segmentos da população de cor.

Ao mesmo tempo, a denúncia de Silvestre revela como a circulação de informações patrocinada pelos abolicionistas era importante para a conquista ou garantia da liberdade. Walter Fraga Filho comenta o quanto, a partir da década de 1870, intensificaram-se as fugas de escravos dos engenhos para Salvador com o propósito de tratar de alforria.[123] Ao se deslocarem das regiões de mando de seus senhores para a capital, eles esperavam uma ação mais isenta das autoridades judiciárias e o apoio do movimento abolicionista, mais bem articulado no mundo urbano. Ao ouvir dizer, em 1887, sobre os direitos assegurados às vítimas do tráfico ilegal, ele nos informa sobre a aposta na via judicial e o peso da propaganda abolicionista na desestruturação do sistema escravista. Era a pregação abolicionista, especialmente dos "oradores do povo", como Roque Sapateiro, que informavam aos escravos que uma ação de liberdade com boas chances de sucesso naqueles dias procurava articular os dispositivos previstos na lei de 1831: a ausência de matrícula e o desconhecimento da filiação.

O ano de 1887 foi especial para aqueles que, como Silvestre, buscavam bases legais para contestar a escravidão. Havia sido nomeado para juiz de direito da vara cível o magistrado dr. Amphilophio Botelho Freire de Carvalho, o mesmo que dez anos antes tomara as primeiras providências para inviabilizar o desembarque dos dezesseis africanos apadrinhados pelo cônsul inglês.[124] A essa altura, a sua militância abolicionista nada ficava a dever à obstinação com que havia defendido a deportação dos africanos. Eduardo Carigé, ciente da predisposição do juiz para fazer valer a lei de 1831, encaminhou uma série de ações a serem julgadas por Amphilophio.[125] Foram cerca de duzentas as ações julgadas em benefício dos escravos num espaço de nove meses.[126] E à medida que corria a notícia do empenho de Carigé e da disposição abolicionista de Amphilophio, o delegado Fortunato Freitas se empenhava ainda mais em desfazer a rede de colaboração entre coiteiros e abolicionistas.

O depoimento de Silvestre foi enviado ao chefe de polícia como uma pequena joia, um achado, peça-chave para incriminar Eduardo Carigé por incentivar e acoitar fugitivos, e assim justificar a repressão aos coiteiros. Anexado ao inquérito seguia outro documento. Era o interrogatório feito ao escravo Braz, alguns meses antes, naquela mesma delegacia. Braz, africano, disse ser filho da africana Lubadou, ter mais de sessenta anos, ser solteiro e estar fugido da casa do seu senhor, no distrito de Pojuca, com "o pensamento de procurar a sua alforria". Braz também "ouviu dizer" sobre a possibilidade de aquisição da alforria por meio de ação de liberdade, e assim viajou até a capital, onde, apesar de "não conhecer ninguém", soube através de um crioulo que um "moço chamado Eduardo Carigé" poderia ajudá-lo. Contou Braz que, ao aceitar a causa, Carigé recebeu "logo à vista para este fim a quantia de sessenta mil-réis".[127]

Acertado o "negócio", coube ao abolicionista escondê-lo na roça de outro africano nos arredores da cidade, de onde fugiu porque foi "maltratado com muito trabalho". Assim como Silvestre, Braz não delatou o coiteiro, dizendo não saber o lugar onde estava, por não conhecer a cidade, e nem mesmo saber o nome de quem o acolheu. Diante do delegado, Braz insinuou o seu único propósito: ser restituído monetariamente sem que isso implicasse punição a quem o acoitara. Nesse sentido, a fidelidade a Eduardo Carigé foi abandonada, mas não ao africano como ele, seu coiteiro. De posse das duas denúncias, o chefe de polícia tinha meios para barrar a ação de Carigé, o mais conhecido entre os abolicionistas baianos, pela ousadia de suas ações tanto nos tribunais quanto nos empreendimentos ilegais. Sobre as decisões do chefe de polícia nada posso concluir porque não encontrei outros documentos a respeito do assunto, mas desconfio que o resultado da exaustiva investigação do delegado não o surpreendeu. Àquela altura, a pressão abolicionista fazia avolumar as denúncias contra coiteiros, principalmente africanos, estabelecidos nos arredores da cidade.[128]

Como se pode notar, havia modos de interlocução e cooperação que subvertiam a concepção de que a causa abolicionista seria mais bem equacionada se a ela se dedicassem apenas os homens livres e brancos. Nesse sentido, a tensão em torno dos encaminhamentos da questão servil expressava a expectativa sobre os papéis que seriam destinados a diferentes atores numa sociedade egressa da escravidão. Tal expectativa suscitou atitudes como a do Conselho de Estado para quem era preciso criar obstáculos à "preponderância da raça africana", sem instituir um discurso racializado, mas também deixou à mostra posturas como a de Manoel Sapateiro, a reclamar pela "redenção da sua raça". Sintetizando esses extremos, prevalecia a dubiedade da Sociedade Libertadora Baiana que, por um lado julgava que os africanos padeciam de um "mal de origem", e por outro os tinha como parceiros na cruzada abolicionista.[129] Nesse jogo, a dissimulação da questão racial ganhou cada vez mais espaço e permitiu a Joaquim Nabuco, ainda na década de 1880, avaliar com certo orgulho que, no Brasil, ao contrário do que aconteceu nos Estados Unidos, "a escravidão, ainda que fundada sobre a diferença das duas raças, nunca desenvolveu a prevenção de cor, e nisso foi infinitamente mais hábil".[130]

2. "Não há mais escravos, os tempos são outros": abolição e hierarquias raciais no Brasil

Logo que a lei n° 3353 proibiu a escravidão no Brasil, os presidentes das províncias foram formalmente informados pelo Ministério da Agricultura. No ofício se lia que a "solução radical de um problema tão urgente" não traria "nenhuma perturbação grave ao trabalho, menos ainda à ordem pública".[1] Não era uma certeza, era um apelo. E, em certa medida, sem ressonância. A "solução radical" da questão servil foi recebida em muitas províncias com festas, conflitos e perturbação da já frágil ordem social. Alguns dias depois, coube a Rui Barbosa pedir a atenção de todos para a lição daquela hora. O entusiasmo abolicionista que marcou sua atuação política não o desviou das preocupações em relação aos desdobramentos da abolição, à possibilidade de ver surgir no Brasil o "ódio entre as raças".[2] O apelo do ministério e a preocupação de Rui Barbosa eram plausíveis. Afinal, abolida a escravidão, arrefecido o *frisson* abolicionista, a hora exigia cautela.

A tensa atmosfera que a abolição trouxe não passou despercebida por protagonistas atentos ao desenrolar dos fatos. Um deles, Oscar d'Araújo, ao prefaciar as memórias de viagem do republicano Silva Jardim às províncias do norte, definiu da seguinte maneira o ano de 1888: "O mal-estar do país era evidente, os sintomas precursores da tempestade que ia arrastar as instituições estavam-se precipitando com incrível rapidez".[3]

Dito com mais poesia via-se "vento rouco e crescente que vai soprando, carregado de germes de tempestade".[4] Mas nem todos eram tão pessimistas. Se havia expectativas por uma tenebrosa tempestade, esperava-se também por dias melhores. Nos presságios dos mais otimistas, a abolição inaugurava um tempo de reformas econômicas e "morais", sem maiores prejuízos sociais. Como se evidencia nos registros da imprensa abolicionista, propagava-se a esperança de que a abolição também libertasse o "senhor branco do negro cativo", resolvesse os repetidos confrontos entre senhores e escravos, findasse a ameaça à ordem que a escravidão representava.[5] Eliminavam-se os defeitos de um mundo escravista; aperfeiçoavam-se as relações sociais e de trabalho, depurava-se a cultura, profetizavam alguns.[6] O *Diário da Bahia*, periódico da filiação política de Rui Barbosa, dizia não nutrir apreensões nem receios pela certeza de que a "raça libertada" iria mostrar-se digna da liberdade, fecundando com seu suor o solo antes manchado de sangue.[7] Mas a sucessão dos dias demonstrou o quanto a prudência prescrita por Rui Barbosa e pelo Ministério da Agricultura era a atitude mais acertada.

Embora a abolição não tivesse sido a tempestade avassaladora como disseram os mais alarmados ou ficcionistas, o clima de paz exaltado em muitas reuniões dos abolicionistas foi ilusório. Poucos dias depois do 13 de maio de 1888, o Ministério da Justiça recebeu de diversas províncias comunicados e pedidos de ajuda para serenar os ânimos, ou conter um "perigoso estado eufórico".[8] Era a euforia dos libertos, a insatisfação dos fazendeiros, as contendas entre ex-escravos e ex-senhores, as disputas entre liberais e conservadores a promover o que mais assusta os poderes públicos: a desordem.

Na Bahia não foi diferente. Basta vasculhar a correspondência entre as chefias de polícia, as delegacias e o Ministério da Justiça para se familiarizar com o temor das autoridades diante de uma situação há tanto imaginada, mas ainda surpreendente. O anúncio do fim da escravidão, como se verá nas próximas páginas, deixou em polvorosa cidades importantes da província e trouxe incerteza acerca das consequências do ato da princesa. Embora, como resumiu o *Diário da Bahia,* ninguém ignorasse que a escravidão já estava acabada antes da lei que a extinguiu.[9] Ou ainda, como se lia num abaixo-assinado de 1887 contra a ação de abolicionistas, "não [havia] de certo no Brasil quem fosse escravocrata, na significação literal da palavra".[10] Longe de ser uma especificidade baiana, essa aparente contradição, na verdade, só traduzia a peculiaridade do processo emancipacionista brasileiro, no qual a evidente decadência da escravidão não significou uma "transição" isenta de contratempos e conflitos sócio-raciais.[11]

Em todo o país a lei de 13 de maio libertou poucos negros em relação à população de cor. A maioria já havia conquistado a alforria antes de 1888 através das estratégias possíveis.[12] Osório Duque Estrada computou os seguintes números da população escrava no país: em 1873 (1 541 345); 1883 (1 211 946) e 1887 (723 419).[13] Já na Bahia entre 1864-87, a população escrava caiu de 300 mil para 76 838 pessoas.[14] A mortalidade, as alforrias e o comércio interprovincial de escravos justificavam essa estatística. Em Salvador, o decréscimo era ainda mais expressivo. Em 1887, na capital da província, onde o número de alforrias era mais elevado, estavam matriculados exatos 3172 escravos.[15] Concordando com essa estimativa, João José Reis contabiliza que "entre 1872 e o último ano da escravidão, a parte escrava da população soteropolitana teria declinado de perto de doze por cento para algo em torno de dois e meio por cento".[16]

A despeito dessa acentuada queda, a Bahia continuou no

elenco das províncias com maior concentração de mão de obra escrava, ainda em 1888. Baseando-se no censo de 1872 e nas matrículas de escravos realizadas em 1872-3 e 1886-7, Barickman nos informa que "às vésperas da abolição, nada menos que dez por cento de toda a população escrava do Brasil morava na Bahia, sendo a maior do Nordeste, quase duas vezes a de Pernambuco". Consequentemente, "a população servil baiana continuava a ser a terceira maior do Brasil, maior inclusive que a de São Paulo".[17]

Para além desses dados, a importância histórica da lei de 1888 não pode ser mensurada apenas em termos numéricos. O impacto que a extinção da escravidão causou numa sociedade constituída a partir da legitimidade da propriedade sobre pessoas não cabe em cifras. Analisando as principais áreas cafeeiras do Sudeste, Hebe Maria Mattos avaliou que a abolição teve um caráter traumático, pelo seu sentido irreversível e desarticulador de antigas relações de subordinação e controle social.[18] Foi o desfecho de uma crise que se tornava mais aguda à medida que a contínua perda do poder dos senhores sobre seus cativos se tornava mais evidente.[19] Num país secularmente escravista, a extinção do binômio escravo/senhor trouxe instabilidade para relações fundadas em antigas regras, ameaçou velhas políticas de sujeição e inclusão social, ainda que a abolição não as tenha extinguido. Sem menosprezar os percalços que deram tons distintos ao fim da escravidão nas então promissoras áreas cafeeiras e nas decadentes regiões açucareiras, o desfecho do processo emancipacionista brasileiro primou por evidenciar a importância conferida à ideia de raça naquele contexto. Desse modo, a abolição será aqui abordada não como a conquista da liberdade irrestrita, nem como uma completa fraude, mas como ocasião de tensão e disputa em torno dos sentidos de cidadania da população de cor, como bem sugeriu Rebecca Scott.[20]

Foi na montagem da difusa combinação entre possibilidades e limites da liberdade e cidadania dos negros que a sociedade oitocentista experimentou a gradativa desestruturação do escravismo. Quando o estatuto de escravo foi extinto, toda essa engenhosa montagem foi explicitada nas atitudes dos ex-senhores, autoridades jurídicas, policiais e da própria população de cor. É a curiosidade sobre como o fim da escravidão favoreceu, desestabilizou ou reestruturou essa arquitetura social que preenche as próximas páginas.

A EXPECTATIVA DO CAOS

As companhias de telégrafos das principais cidades baianas estiveram bastante movimentadas em maio de 1888. A todas elas recorriam delegados e subdelegados enviando pedidos de auxílio e orientação à chefia de polícia e à presidência da província para conter a euforia popular pela abolição que, em alguns casos, foi acompanhada de saques, invasão de propriedades, ameaças de morte e farras noturnas regidas a muito samba. Em certos lugares, as "turbulências" não passaram de algumas horas de festa; noutros, o prolongamento das comemorações fez acirrar tensões já precariamente administráveis sob as regras próprias ao mundo escravista. Na tarde de 13 de maio, o subdelegado de um pequeno povoado próximo a Santo Amaro, importante centro comercial do Recôncavo, telegraficamente informou ao chefe de polícia a "gravidade" da situação: "Grandes turbulências, população toda em armas, autoridades policiais agredidas, grupos pelas ruas, grande exaltação, inspetor em cerco, algum espancado, promessas de mortes, peço providências para seguir força de linha para aqui muito urgente".[21]

O clima de guerra civil sugerido pelo subdelegado revelava que a rebeldia escrava compôs a rotina no Recôncavo baiano até as vésperas do 13 de maio. A tensão não era menor nas áreas cafeeiras do Sudeste, onde o revide de escravos e abolicionistas à repressão policial funcionou como uma espécie de contagem regressiva para o maio de 1888.[22] A diferença era que na Corte a polícia estava devidamente guarnecida para amortecer os tumultos. Já o tom telegráfico das mensagens remetidas de cidades e povoados baianos só acentuava a preocupação com os desdobramentos de uma exaltação fora do controle de diminutas e ineficientes forças policiais. O desespero se espalhou na mesma proporção em que se multiplicavam as celebrações, os protestos e os conflitos. De pequenas vilas, a exemplo de Itapicuru, foram expedidas solicitações de reforço policial para conter a considerável quantidade de pessoas, "de chofre restituídos à liberdade e prontas para cometerem todos os excessos de que já começam a dar provas".[23]

Nos relatos do presidente da província, Manoel do Nascimento Machado Portela, a abolição provocou "fatos mais ou menos graves", mas que não comprometiam a ordem pública, pois eram ofensivos apenas à segurança individual. Talvez mais um eufemismo previdente: entre os indivíduos que tinham a segurança ameaçada estavam autoridades policiais, políticos e ex-senhores. Mediando o desespero de um subdelegado e a parcimônia do presidente da província tinham-se expectativas e atitudes diferentes diante dos acontecimentos. Um se preparava para a tempestade; outro apostava na calmaria. Mas Manoel Portela não se mostrou negligente diante dos apelos vindos principalmente do interior da Bahia. O Recôncavo baiano e o extremo sul da província foram as regiões que mais preocupações lhes trouxeram, daí o chefe de polícia ter sido enviado para várias localidades em missão de paz.[24]

Como era de se esperar, nas áreas onde ainda existia um grande número de escravos, as queixas e os temores se avolumavam. O Recôncavo baiano era a importante área açucareira até meados do século XIX, além de polo fumageiro, que ainda concentrava boa parte da população cativa da província em 1888. Barickman, analisando o impacto da abolição na economia açucareira, comparou Bahia e Pernambuco e referendou a ideia da gradualidade na mudança de mão de obra nos engenhos da zona da mata pernambucana. Ele considera que houve ali um empenho dos fazendeiros, já a partir de 1850, em substituir os escravos por trabalhadores livres, o que amenizou os danos econômicos da abolição na região. Já nos distritos canavieiros do Recôncavo a "lei áurea" garantiu a liberdade à grande parte dos trabalhadores. Na Bahia "foi uma mudança brusca, muito mais que a continuidade, que marcou o fim do regime servil e os anos que se seguiram à abolição", disse ele.[25]

É claro que a possibilidade da abolição irrestrita já fazia parte das previsões de muitos proprietários baianos. Do mesmo modo que nas áreas cafeeiras, foram corriqueiras as reuniões de fazendeiros para discutir os encaminhamentos da emancipação.[26] Em 1884, na cidade de Santo Amaro, cerca de quinhentos proprietários, agricultores e negociantes fundaram a União Agrícola e Comercial dos Emancipadores, uma espécie de fórum sobre a questão servil. As notícias que chegavam da Corte justificavam o alvoroço daquela aristocracia açucareira. Estavam todos sob o impacto do projeto Dantas, em discussão na Corte, que viria a culminar na lei de 1885, e tentavam arregimentar forças políticas para referendar a gradualidade da emancipação.[27] Pretendiam, assim, frear a ação abolicionista, cada vez mais ousada. Por isso encaminharam à Assembleia Provincial a chamada Representação de 8 de Julho, na qual defendiam que "a lei de 28 de setembro de 1871, confeccionada com a máxima sabedoria e providência, [continha] disposições capazes de por si só satisfazer a mais exagerada aspiração no problema do elemento servil, desde o emancipador moderado até o mais radical abolicionista".[28]

Durante o banquete do qual participaram senhores de muitas terras e escravos, a exemplo de Francisco Muniz Barreto de Aragão, visconde de Paraguassú, foram libertados gratuitamente onze escravos.[29] Com tal atitude, carregada de simbolismo, os integrantes da União Agrícola diziam contribuir para a substituição da mão de obra escrava pela livre, deixando implícito que esperavam impor, sem maiores interferências do Estado nem de abolicionistas, o ritmo paulatino da mudança. Ninguém se dizia escravocrata, ninguém contestava a "necessidade de reformas"; defendiam-se "os interesses da lavoura, comércio e indústria seriamente ameaçados".[30] Nessa perspectiva, quem estava à frente da economia açucareira na Bahia não diferia estrategicamente de quem controlava as promissoras lavouras de café do Sudeste. Como comenta Seymour Drescher, no Brasil os fazendeiros argumentavam com base nas necessidades econômicas, na ordem social e nas vantagens das mudanças graduais, em vez de defenderem a escravidão como "forma econômica, racial e social superior".[31] Entre os articulistas baianos desse movimento estava o barão de Vila Viçosa, que se mostrou perspicaz face às mudanças que corriam.[32] Em 1884, juntou-se aos que tentavam arrefecer a escalada abolicionista; em 1886 foi coautor com o barão de Guahy de um convite dirigido ao chefe de polícia para uma reunião na Associação Comercial com o fim de tratar da imigração europeia.[33] Para a Associação era flagrante a "necessidade da transformação do trabalho no Brasil" da melhor forma possível. Os fazendeiros diziam ser esse "o mais poderoso fator para a evolução da nossa indústria agrícola, por conter em si os germes não só da atividade inteligente como também da evolução moral".[34] Sem qualquer originalidade, os termos *evolução* e *imigração branca* se faziam coincidentes no discurso dos proprietários locais.

Às vésperas da abolição, a busca de alternativas ao trabalho escravo fazia-se então mais incisiva, mais direta. As expectativas dos barões — o de Vila Viçosa e o de Guahy — tiveram eco na presidência da província, João Capistrano Bandeira, que desde então não poupou esforços para impulsionar a imigração de europeus.

Em fevereiro de 1887, ele enviou a todas as Câmaras Municipais um questionário sobre as necessidades da agricultura e do comércio, a nacionalidade dos estrangeiros e as possibilidades de acomodarem-se imigrantes "laboriosos e civilizados". Ao responder a tão ansiada consulta, os políticos cachoeiranos lamentaram a situação da lavoura, informaram que portugueses, ingleses e italianos predominavam entre a população estrangeira, mas que todos se ocupavam do comércio "talvez porque lhes oferece uma vida mais cômoda".[35] Persistia assim o problema: como atrair europeus para a indústria açucareira?

A imigração europeia exigia recursos financeiros e políticos capazes de convencer os agenciadores da viabilidade econômica da lavoura baiana. Empreendimento nada fácil, pois se viviam dias de poucos lucros se comparados aos tempos coloniais e à primeira metade do século XIX.[36] Desde a década de 1850, epidemias, secas ou chuvas prolongadas consumiam com a mesma voracidade plantações e trabalhadores, numa antevisão do fim dos dias em que muitas sacas de açúcar compunham a paisagem dominante dos portos.[37] Apesar desse quadro, o barão de Guahy e outros políticos importantes da época, como Almeida Couto[38] e Antônio Carneiro da Rocha, vislumbraram uma saída a partir de um diagnóstico bem otimista, mas sem contar com a cultura açucareira. Para eles:

> A província da Bahia que das do Império é, atualmente, a primeira em produzir o fumo e o cacau, tem proporções e acha-se em condições agronômicas para tornar-se a primeira também na produção de café e algodão, quer em quantidade quer em qualidade, está assim convencida a Sociedade Baiana de Imigração de que tudo depende do povoamento do seu solo por uma boa e volumosa corrente imigratória.[39]

Em julho de 1888, Manoel Machado Portela, presidente da província e professor da faculdade de direito, referendou a resolução da Assembleia Provincial de criar o Serviço de Imigração Estrangeira em terras próprias ou cedidas por terceiros, assim como autorizou a publicação, na Europa, em diferentes idiomas, de um folheto informativo sobre a Bahia. Dele deveria constar a constituição física e política da província, o clima, as riquezas minerais, os usos e costumes da população e um mapa, tudo com o intuito de seduzir trabalhadores laboriosos para as lavouras locais.[40] Desnecessário dizer que a imigração europeia para a Bahia jamais foi volumosa, apesar dos repetidos esforços dos seus administradores.[41] A crise cada vez mais acentuada nas plantações de cana-de-açúcar, a escassez de investimentos, as disputas entre as elites regionais e mesmo o clima afastavam os imigrantes (exceto os africanos, como vimos no capítulo anterior) para longe dos portos baianos.

Por isso, para a maioria dos fazendeiros os "germes da tempestade" se avizinhavam com a mesma presteza com que se afastavam as possibilidades da imigração. Alguns, mais previdentes e mais bem informados, trataram de ampliar as concessões e alforrias aos escravos nos primeiros dias de maio, movidos pela esperança de que assim procedendo impediriam "a retirada em massa das propriedades para a capital". O barão de Moniz Aragão, descendente de uma afortunada família baiana, foi um deles.[42] Tendo sido presidente da Câmara Municipal da Vila de São Francisco do Conde, no dia 13 de maio ele declarou ao presidente da província que àquela altura havia ali apenas uns poucos proprietários de escravos, ele próprio no dia 7 de maio providenciou para que aos seus 346 escravos dos engenhos Cassarongo, Maracangalha e Mataripe, onde já vivia "considerável número de moradores e libertos", fossem entregues cartas de alforria.[43] Ao se antecipar a abolição, o barão, como tantos outros das grandes áreas escravistas do país, tentava manter

6. *Ato de concessão de alforria coletiva concedida por um senhor. A representação da benevolência do senhor era uma tentativa de manter a sua condição de mando às vésperas da abolição.*

os libertos nas suas propriedades e amortecer a influência dos abolicionistas mais radicais que chegaram a ponto de distribuir, no dia 12 de abril daquele ano, nas senzalas das fazendas dele, panfletos que conclamavam: "Fuja, fuja e você será livre".[44]

Somando o incentivo dos abolicionistas à percepção dos escravos acerca do definhamento do cativeiro, o artifício de antecipar-se ao decreto imperial foi vão. Conforme se revelou nos dias seguintes, ninguém foi surpreendido pela lei; antes do dia 13 de maio a abolição da escravidão já era uma certeza. Por isso, como disse o barão de Vila Viçosa, "tudo se anarquizou antes do tempo e tudo continua na maior confusão!!!".[45] Ele guardou impressões nada festivas daqueles dias:

Lutavam ainda os lavradores para vencerem a moagem da maior parte de sua safra com os grandes obstáculos produzidos pela perturbação geral do trabalho em consequência da desmoralização e da fuga cotidiana de escravos, da degeneração das canas, da quase impossibilidade do combustível em um verão tão chuvoso, como foi o passado [1887-8], quando o telégrafo anunciou-nos a passagem da lei de 13 de maio.[46]

Aprovada a lei, a expectativa do caos cresceu entre os proprietários. Paralisou-se a produção dos engenhos, estavam em suspeição as antigas relações sociais. Prevalecia a "desmoralização", ou seja, a perda da força moral dos proprietários. O próprio barão de Vila Viçosa mostrou-se desapontado com a atitude de um negro que o acompanhou no dia 12 de maio à cidade de Santo Amaro, mas que ao saber da abolição "tomou uma tal carraspana, que ainda no outro dia não podia mexer-se e só no dia seguinte apareceu de cara toda arrebentada para [dizer-lhe] que não queria mais ser [seu] criado e ia procurar um outro meio de vida". Desiludido e imaginativo, o barão tentou adivinhar o raciocínio dos libertos: "se quando nós éramos escravos estávamos sujeitos ao trabalho de todos os dias, agora que não somos escravos não devemos mais trabalhar". Restou ao proprietário pagar a alguns agregados pela conclusão da moagem da cana e encerrar a produção do engenho daquele ano.[47]

Também é certo que mesmo sendo evidente para os mais ferrenhos dos escravocratas que a extinção do trabalho servil não tardaria, muitos contavam com o empenho das representações políticas em garantir alguma indenização ou mecanismo de continuidade das relações escravistas, e não estavam dispostos a se desfazer dos escravos que lhes restavam sem essa garantia.[48] O coronel José de Teive e Argolo, por exemplo, segundo o barão de Moniz Aragão, só libertou os seus escravos quando a lei Áurea foi anunciada.[49] O coronel figurava entre as mais ricas e importantes famílias da aristocracia açucareira e aguardou até os últimos momentos para que se confirmassem os termos da abolição.[50] A expectativa dele era por normas que assegurassem antigos vínculos de dependência entre ex-proprietários e ex-escravos. A Associação Comercial da Bahia também tomou providências com esse fim ao endereçar uma carta à princesa Isabel pedindo meios eficazes para o controle dos libertos pelos donos de terras.[51] Como se sabe, sem nenhum sucesso.

A falência foi mesmo o destino de proprietários mais imprevidentes ou já empobrecidos.[52] A baronesa de Alenquer, por exemplo, herdeira de terras e escravos na cidade de Santo Amaro, declarou em seu testamento que a terça que havia reservado quando o seu marido morreu, em 1869, não tinha aumentado de valor, ao contrário; sofrera grande desfalque com a abolição.[53] Na interpretação carregada de piedade de Pedro Calmon, a "lei Áurea" foi um ato tão repentino que no dia posterior à sua publicação podia-se ver "damas fidalgas" fazendo as mais "rudes" tarefas.[54] Não se chegou a tanto. Para as rudes tarefas restaram os libertos que não viram vantagem ou meios para abandonar a sua rotina e arriscar relações de trabalho noutros lugares. O arroubo de piedade de Pedro Calmon fez eco aos sofrimentos de senhores como o barão de Vila Viçosa que, em 1889, ainda lamentava que mães de boas famílias tivessem que ir para as cozinhas, e senhoras octogenárias pedir esmolas, por conta da extinção da escravidão.[55] Para ele, um emancipacionista, os desdobramentos da lei pareciam mesmo mais trágicos do que se previu.

Já para alguns dos libertos, o fim do cativeiro trouxe a possibilidade de decidir sobre outros "meios de vida", tal como fez o ex-escravo do barão de Vila Viçosa.[56] No engenho Aratu, em Santo Amaro, os escravos anteciparam a abolição. Foi o próprio senhor quem explicou a situação numa carta ao *Diário da Bahia*. Proclamando-se filantropo, o sr. João Vaz de Carvalho Sodré pretendia conceder no dia 25 de abril de 1888 liberdade incondicional a todos os 67 escravos de seu engenho, mas a maioria deles abandonou a propriedade no dia 22, enquanto o proprietário fazia uma viagem à capital.[57] Restou ao senhor lamentar a precipitação que lhe furtou a oportunidade de presidir a solene entrega das cartas. A sua prerrogativa senhorial foi frustrada, a sua desmoralização era evidente.

Denominados de vadios no vocabulário policial, os que traduziram liberdade por mobilidade e autonomia foram alvos da desconfiança das autoridades.[58] Promovendo tumultos, festas e alterações da ordem, a população de cor revolvia antigas pendências com ex-proprietários e deixava claro que as consequências da lei poderiam ser bem diferentes das desejadas pelos proprietários e pelas autoridades, como bem o sabia o barão de Vila Viçosa.

Além dos prejuízos nas finanças, muitos donos de terras tiveram de enfrentar certos "abusos da liberdade", na denominação que o delegado Francisco Antonio de Castro conferiu às farras pelo dia 13 de maio. Ele se referia aos conflitos provocados "por indivíduos insubordinados, e auxiliados pelo grande número de recémlibertados, que abusam da liberdade, o que é natural; principalmente nos primeiros tempos". Para o apreensivo delegado, tais "abusos", além de previsíveis e "naturais", também eram perigosos por expor a fragilidade da polícia diante de uma multidão "insubordinada".[59] A sua avaliação estava afinada com as previsões do presidente da província, Manoel Portela: a situação nada tinha de caótica, mas exigia atenção. Entretanto, para a infelicidade do presidente, foram poucas as autoridades que viram os "abusos" com naturalidade. A inabilidade para lidar com a situação é notável nos inúmeros pedidos de instrução para os encaminhamentos da abolição. O *Jornal de Notícias* divertiu os seus leitores publicando o telegrama enviado pelo juiz de direito de Alcobaça ao chefe de polícia, com uma difícil questão: "Diante de ordem execução abolindo elemento servil, devemos consentir o aliciamento de libertos abandonando casas de ex-senhores a fazer demonstrações?".[60] O sentido do termo abolição não estava claro para o magistrado. O esclarecimento se fazia urgente. Nessa atmosfera de incertezas, se o clima de guerra civil que as autoridades descreviam era um tanto exagerado, sossego também não era palavra que se adequasse ao momento.

A POLÍCIA E A CRISE DE "FORÇA MORAL"

O risco da perda do controle sobre a população pobre e de cor, que há muito se mostrava pouco disposta a obedecer, foi motivo bastante para que o chefe de polícia da Bahia buscasse deslocar pequenos destacamentos para onde as vidas dos antigos senhores e das autoridades corressem mais perigo.[61] Por sua vez, inseguros diante da inquietação dos negros, e não apenas dos libertos, os proprietários culpavam a campanha abolicionista e a incompetência repressiva pela situação. A falta de estrutura da polícia para lidar com tantas demandas era a queixa mais corriqueira, mesmo de delegados.

As queixas não foram em vão. Ainda no mês de maio de 1888, dias antes da abolição, a Assembleia Provincial discutiu uma reforma estrutural na polícia. Era preciso redimensioná-la em seus fins e meios. Na verdade, segundo Iacy Maia Mata, o debate sobre o número do efetivo e sobre as funções da polícia esteve presente ao longo de todo o século XIX, especialmente nos momentos de crise social.[62] Com a progressiva perda de legitimidade da escravidão, essa discussão passou a ser central na correspondência entre autoridades administrativas e policiais.

Em 1883, por muitas sessões, a Assembleia Provincial ocupou-se da "falta de atributos morais" dos membros das corporações policiais. Os deputados queixavam-se de que, sendo "responsáveis por coibir e reprimir as práticas tidas por não civilizadas", em muitas ocasiões era a própria polícia quem as promovia. Na imprensa, esse tipo de denúncia também era corrente. "Segundo legisladores e jornalistas, mais valeria uma força pequena, mas com melhores atributos morais", concluiu Iacy Maia.[63] Se pudermos traduzir "atributos morais" por referências culturais e formas de conduta, fica óbvia a inferência de que, para o sucesso da estratégia dos legisladores, seria preciso que o recrutamento dos soldados não se desse, como de fato ocorria, entre a população pobre e de cor.[64] Maria Helena Machado também chama a atenção para o redimensionamento do papel da polícia nos anos 1880. Para a autora, a perda de legitimidade da escravidão aguçava "um senso de importância social" da força pública, ainda que não tenha existido um aparelhamento "compatível com o vulto da tarefa que dela se passa a exigir".[65] A mesma disritmia se fazia perceber na província da Bahia. Acumulavam-se as tarefas da polícia, mas minguavam os recursos para equipá-la.

A diminuição do corpo policial de 1200 para oitocentos homens, longe de melhorar os "atributos morais" dos integrantes, dificultou o desempenho da instituição.[66] Com as frequentes críticas às deficiências do policiamento na capital, uma nova estrutura foi formada em 1886. Criou-se a Companhia dos Permanentes, encarregada de patrulhar os distritos de Salvador. Para as demais cidades da província restou um efetivo de apenas seiscentos homens. Essa medida desagradou principalmente os delegados e subdelegados de pequenas cidades e vilas, que endereçaram ofícios ao chefe de polícia reclamando da falta de praças e contando sobre o crescimento da criminalidade num contexto de aumento da migração de libertos.

Os anos seguiam e, à medida que a crise do escravismo se

agravava, mais vexatória era a precariedade da polícia. Em 7 de maio de 1888, o chefe de polícia informava ao presidente da província que:

> Para o policiamento da capital é insuficiente o número de cento e setenta e seis praças de que se compõe a Companhia Permanente. Com menos de trezentos praças não se pode conseguir policiamento mais regular numa capital tão vasta como esta. Da mesma sorte é impossível que com seiscentos praças de que se compõe o Corpo de Polícia [...] se satisfaçam os reclames de força que as respectivas autoridades constantemente nos dirigem de todos os pontos da província.[67]

A reclamação do chefe de polícia estava assentada na ideia de que, para além da correção moral, a instituição sequer estava preparada para exercer o seu papel repressor. Como já vimos, essa preocupação não foi descabida; a abolição legou-lhe uma rotina ainda mais atribulada. No dia 12 de maio, quando a abolição já era certa, uma comissão formada por três deputados liberais apresentou na Assembleia Provincial um projeto de reforma da "força pública", como se dizia na época. Curiosamente propunha-se a diminuição do número de praças e a extinção da Companhia de Permanentes destinada ao policiamento da capital.[68] Dias depois da abolição, a proposta dos liberais foi repudiada com sarcasmo pelos conservadores. A oposição não se privou de acusar a comissão de ignorar o "fato traduzido na lei de 13 de maio", por si só suficiente para se pleitear o aumento do contingente policial e não a sua redução.[69] Depois de longos e calorosos debates, decidiu-se pela manutenção do número de policiais, embora fossem parcos os recursos para mantê-los.

Na perspectiva dos políticos conservadores e dos proprietários, a polícia deveria ser capaz de empreender uma política de coerção e vigilância dos limites da cidadania da população de cor. Insuficiente numericamente e ineficaz "moralmente", enquanto corriam os "dias de liberdade" evidenciava-se ainda mais o descrédito que a polícia inspirava. Faltava-lhe a "força moral", que ainda restava a alguns proprietários. O delegado de polícia de Santo Amaro admitiu a sua dificuldade em manter o controle da situação, ao sentir que "onde sempre [foi] acatado, não só pelo emprego policial como pela posição firmada há longos anos [...] vão decrescendo o respeito", fazendo prevalecer "ameaças insultuosas" a sua autoridade.[70] Outro delegado reclamava, em 1888, da indisposição da população para cooperar com a polícia; sem um bom pagamento, ninguém queria auxiliar na captura e guarda de criminosos.[71] Os delegados, como tantos outros, temiam as consequências da desmoralização da instituição e reagiam tentando reiterar suas posições de mando.

Também no distrito de Cachoeirinha, os policiais se diziam "desmoralizados para reger a paz" e conter as imprudências dos homens de cor.[72] Em locais onde "as correrias de bandidos" já eram comuns, ou seja, nos lugares em que a manutenção da ordem pública já era difícil, a presença dos libertos passou a ser "razão bastante para anarquia", e exigia medidas, como aumento de praças e limitação das "liberdades".[73] No dia 31 de maio daquele ano, na subdelegacia do distrito de Boa Vista, registrou-se um episódio que bem ilustra os apuros da polícia. Dois ex-escravos de fazendeiros da região invadiram uma propriedade, armados de pistola de dois canos, facão e faca de ponta. O subdelegado Felipe Alves da Paixão tentou, inutilmente, dar-lhes voz de prisão.

Segundo ele, diante da negociação fracassada, só restava enfrentá-los a mão armada e lamentar que após "o grito da liberdade, grupos de negros de diversas fazendas" passassem a cometer desatinos sem temer os embates com os fazendeiros e com a polícia.[74] O caso foi devidamente relatado ao presidente da província para que o "sossego das famílias" fosse restabelecido. Aos desatinos dos "grupos de negros", a autoridade policial contrapunha as "famílias desassossegadas", presumivelmente brancas. Assim estabelecidos os antagonistas na cena da abolição, a polícia e a imprensa contribuíam a seu modo para a racialização da repressão.

Não faltou quem dissesse que a sociedade brasileira estava sendo contagiada pelas "ideias perniciosas do comunismo", o que punha em risco a segurança pessoal e o direito à propriedade.[75] O fantasma da anarquia, da liberdade e do comunismo ganhava a imaginação das elites com facilidade. Proclamava-se que a preservação da propriedade e da condição senhorial iriam abaixo sob tal ameaça. O ministro, baiano e escravocrata, barão de Cotegipe, em seu discurso contra o projeto da lei de 13 de maio, prevenia a todos que daí a pouco "se [pediria] a divisão das terras", já que "a propriedade sobre a terra também não era um direito natural".[76] Desde 1884, quando se discutiu o projeto de lei elaborado por Rui Barbosa para a emancipação dos escravos, essas "ideias perniciosas" povoavam os medos de alguns proprietários de escravos. Naquela ocasião acusou-se Rui Barbosa de ser "comunista, incendiário, portador da bandeira vermelha".[77]

Na verdade, não era a improvável desapropriação das terras o que ameaçava os senhores. Temia-se pela completa subversão de normas de convívio social. Em 1889, para o aflito barão de Vila Viçosa, correspondente do barão de Cotegipe, a subversão era iminente, pois "de que meios dispõe a autoridade, nessa circunstância, para garantir contra intruso ou rebelde? Por hora ainda tem algum valimento a força moral de que gozava um ou outro proprietário, mas cessando este paradeiro a quem vamos recorrer, que surta efeito contra a vadiação e o crime?".[78]

O fato é que a população de cor, sem nenhum princípio comunista, estava ciente de que se vivia um momento de desestabilização social. Alguns cuidaram de assegurar bens e contestar regras saqueando fazendas, ameaçando ex-senhores, abandonando regras de deferência e tomando posse do que lhes parecesse de direito. De sua parte, os proprietários reagiam usando velhas estratégias de controle, próprias ao mundo escravista, mas tentando estabelecer novas formas de distinção social.

"CONSERVE-SE A PALAVRA SENHOR!"

Romão e Pedro, dois libertos pela lei, assim que souberam da notícia da abolição, passaram a arquitetar mudanças de vida. Eles aproveitaram a viagem do ex-senhor, Octavio de Souza Leite, à capital, aguardaram a madrugada de quinta-feira da última semana de maio e roubaram duas ovelhas. Em seguida seguiram o curso de um rio a caminho da província de Minas Gerais e por lá se estabeleceram. Localizá-los foi fácil, porque ambos mantiveram vínculos com outros ex-escravos do mesmo senhor que preferiram continuar nas redondezas. Assim, obteve-se informações precisas pelo menos sobre um dos procurados, Pedro. Quando foi preso, em novembro de 1888, ele tinha trinta anos e se casara havia um mês e oito dias. Pedro continuava a trabalhar alugado no serviço da lavoura e disse ter gastado o dinheiro da venda de uma das ovelhas para refazer a vida.

Refazer a vida usando para isso o dinheiro de uma das ovelhas roubadas não lhe parecia crime, talvez a recompensa por tanto trabalho sem paga, quiçá uma espécie de indenização.[79] O ex-escravo, que viveu até 1888 naquela fazenda, era filho de escravos do mesmo senhor e, até então, segundo a investigação do delegado, tinha "bons costumes". Não consegui apurar se Pedro tinha deixado mulher e filhos na fazenda ou como conseguiu se estabelecer e casar em tão pouco tempo, mas seu modo de refazer a vida trouxe insegurança para a ordem social. Não era apenas a possibilidade de ficar sem braços para a lavoura que afligia proprietários e autoridades policiais, eram certas decisões dos libertos o que mais preocupavam. A lealdade de quem tinha sido escravo de "bons costumes" estava longe de ser uma certeza.

Felizmente para Pedro, o seu ex-senhor resolveu encerrar o processo e perdoá-lo por "amor a Deus".[80] Mostrar-se benevolente era a atitude sensata àquela altura; melhor perder duas ovelhas do que suscitar descontentamento entre os outros pastores que ainda trabalhavam na fazenda. No mais, aquele foi mesmo um bom arremedo por fazer prevalecer, ainda que em condições adversas, a vontade do senhor. Feito desse modo, o recurso paternalista remediou a autoridade de um e garantiu a liberdade do outro.[81] Mas nem sempre o artifício da benevolência senhorial tinha bons resultados.

Na Vila de São Francisco do Conde, no Recôncavo, ainda no dia 16 de junho de 1888, o delegado pedia ajuda ao chefe de polícia para pôr fim a um lamentável "estado de coisas". O problema era os que não queriam se sujeitar ao trabalho, abandonando os engenhos, provocando desordens e se entregando aos sambas e às bebedeiras até altas horas da madrugada. No dia 26 de junho, a situação se agravou. O motivo foi a briga entre o tenente José Rodrigues de Cerveira e o liberto Latino, feitor do engenho Maracangalha. O tenente havia inquirido o feitor sobre a morte de reses pertencentes ao engenho Quibaca, e Latino se dizia ofendido diante da acusação de furto. Estabelecido o impasse, veio o conflito no qual Latino e outros "libertos pela lei" feriram José Rodrigues com um facão.[82]

Até o dia 29 de junho, nenhum dos agressores do engenho Maracangalha foi intimado a prestar depoimento porque se recusavam a receber o escrivão, que por pouco "não caiu vítima da ferocidade daquela gente". Pela descrição do delegado, o engenho estava sob controle dos libertos, que, "sem respeito às autoridades constituídas", não conheciam outra "lei senão a de sua própria vontade" e avisavam que não haveria quem os arredassem dali.[83] Os engenhos envolvidos, Maracangalha e Quibaca, pertenciam ao barão de Moniz Aragão, o presidente da Câmara Municipal da Vila de São Francisco do Conde — o mesmo que tentando manter os trabalhadores em sua propriedade os libertara antes do 13 de maio.

Na ocasião do conflito, o barão se encontrava no engenho Mataripe, de onde tentava administrar a pífia produção açucareira daquele ano e admitia que mesmo nas "propriedades mais moralizadas, em cuja conta tenho as do meu domínio, há o que qualifico de respeitosa inércia".[84] Naquele momento, o engenho Maracangalha não parecia moralizado nem inerte, como diria o barão. Sob a liderança do liberto Latino, os "insurgentes" não estavam dispostos a ouvir os conselhos do delegado, então orientado a incutir-lhes no espírito o respeito às leis e o amor que deveriam ter ao trabalho.[85] E foi só por "vontade própria" que onze libertos do engenho, algum tempo depois, se entregaram ao delegado de polícia de Santo Amaro para resolver a questão. Precavido, ele solicitou mais reforço policial para conter a rebeldia e prendeu os libertos.[86]

Walter Fraga Filho analisou os detalhes desse episódio no engenho Maracangalha e ressaltou o fato de, no inquérito policial instaurado pelo subdelegado Ernesto Alves Rigaud, as testemunhas fazerem muitas referências ao modo "injurioso", "atrevido" e "grosseiro" como o liberto tratou o tenente. O argumento consistia em demonstrar que o liberto Latino não se portava com subordinação diante de José Rodrigues de Cerveira. O que, a pouco mais de um mês da abolição, parecia absurdo aos senhores. O artifício de pontuar a grosseria e mesmo a "barbaridade" dos acusados também foi utilizado pelo juiz que, em janeiro de 1889, analisou o caso.[87] Os acusados, em seus depoimentos, procuravam convencer o subdelegado de que agiram em defesa das suas roças, constantemente invadidas pelo gado do engenho vizinho. Defendiam tam-

7. Multidão reunida em frente às sedes dos principais jornais cariocas para comemorar a abolição.

8. Registro da mobilização popular em virtude da abolição.

bém a sua condição de libertos, reiteradamente ignorada pelo tenente. Desobrigavam-se, portanto, das formas de deferência e subordinação próprias ao tempo da escravidão.

Não eram recentes as dificuldades que o barão enfrentava para fazer valer autoridade sobre seus subordinados. Walter Fraga menciona uma carta de Moniz Aragão endereçada ao barão de Cotegipe, na qual o primeiro se queixa "desta gente" isenta de "sentimento de gratidão para corresponder às provas de bondade que recebem dos seus ex-senhores", julgando-se "superiores aos proprietários".[88] O viajante alemão Julius Naeher, ao visitar engenhos da família Moniz de Aragão em 1877, comentou que desde que "passaram a existir tantos negros e mulatos livres que, diante dos brancos, se comportavam antes desafiadores que Corteses", o hábito de pedir a bênção limitava-se aos estabelecimentos agrícolas, "onde o senhor pune, severamente" quem não a pede.[89] É possível que Naeher tenha presenciado as atitudes de Moniz Aragão para reforçar a sua autoridade junto aos escravos e libertos que viviam em suas propriedades.

O fato é que àquela altura, mesmo nos engenhos, os senhores precisavam recorrer à punição para que lhes fossem garantidas a deferência que julgavam devida. Com a abolição, a fragilidade da autoridade dos senhores era ainda mais evidente. Parecia que os piores prognósticos ensaiados nas reuniões da União Agrícola e Comercial dos aristocratas baianos se concretizavam. Era a quebra da autoridade senhorial, que o barão e tantos outros esperavam ver preservada por mecanismos como a concessão de alforrias antes do ato formal da princesa Isabel. Fora do tempo da escravidão, os libertos lhes pareciam ingratos e com ares de superioridade.

Mas não eram apenas os ex-cativos vagando pelas estradas que preocupava; os que permaneciam nas propriedades de seus ex-senhores nem sempre estavam dispostos a abandonar a atitude de enfrentamento apreendida como escravo para demarcar o fim de antigos códigos hierárquicos.[90] Fase melindrosa — vaticinou o subdelegado Manoel Roriz Lima.[91] Com a legitimidade das velhas regras de deferência postas à prova, a certeza de que se experimentava um momento decisivo na redefinição das relações sociais parecia comum a todos os envolvidos.

A máxima de Rui Barbosa cabia perfeitamente: a hora exigia cautela, mesmo porque, à medida que corria o ano de 1888, a situação se mostrava ainda mais melindrosa, demandando mais cuidados. Se em alguns lugares se insinuava certa serenidade, noutros a "anarquia da liberdade" ou o "comunismo das ideias" ainda assustava. Mas aqueles eram dias de desatinos e não só por parte dos libertos, "desordeiros" ou "pretos sequazes". Desatinados também ficaram muitos senhores que resistiram à lei de 13 de maio, prendendo e espancando ex-escravos, inclusive no tronco, símbolo maior de sujeição escrava nas fazendas.[92]

O castigo físico como recurso disciplinador foi, ao longo do século XIX, criticado por abolicionistas e mesmo por proprietários e jurisconsultos, que pregavam o modelo do bom senhor para o governo do mundo escravista.[93] Como sinalizou Hebe Mattos, foi gradativo o "esgotamento do recurso da violência como forma de subordinação".[94] Entretanto, tais mecanismos de tortura foram insistentemente usados por ex-senhores dias depois da abolição, principalmente em lugares mais distantes do burburinho abolicionista.[95] As denúncias da imprensa foram fundamentais para a garantia da liberdade. Poucos dias depois da abolição, periódicos abolicionistas se colocavam à disposição dos libertos para publicar qualquer queixa contra ex-senhores que cerceassem a liberdade ou os tivessem castigado no dia 13 de maio.

Dessa maneira, diariamente se notificava a permanência de libertos em cativeiro. Foi assim que Secundina Maria da Conceição acusou, no dia 22 de maio de 1888, o seu ex-senhor Pinto Coelho de manter como escrava sua filha Maria Luiza.[96] Na edição de 23 de maio de 1888, o *Diário do Povo* denunciou que, na cidade de Entre Rios, no engenho Barravento ainda existiam escravos. Para mantê-los na propriedade o dono prometera que no Natal a liberdade seria de fato concedida. Com esse ardil, ele esperava garantir para si a gratidão pela alforria, além de mais uns meses de trabalho escravo. Mas seu plano malogrou quando uma escrava se declarou livre e anunciou que iria embora: era a "lei da própria vontade" prevalecendo.[97]

Até 1889, as notícias de proprietários que não aceitavam a "lei de ouro" ainda circulavam na documentação policial e na imprensa. A *Gazeta da Tarde*, por exemplo, pedia providências para o resgate de libertos mantidos no tronco no engenho Piedade, porque tinham se recusado a trabalhar nas condições impostas pelo administrador.[98] No engenho, na Vila de São Francisco, coube ao delegado retirar do tronco no engenho Pindobas três libertos acusados de roubar e matar reses.[99] Dias depois, pressionado pela imprensa, o administrador publicou uma nota esclarecendo que desde o dia 14 de maio de 1888, todos os trabalhadores da fazenda estavam sendo pagos e bem tratados.[100]

A insubordinação, dessa vez dos ex-senhores, também exigiu muita movimentação policial. O empenho do ex-senhor João Henrique de Azevedo Leal em capturar e pôr no tronco um ex--escravo, que preferiu ir embora da fazenda onde morava, ocupou bastante o delegado de polícia de Timbó, no sertão baiano. Claramente perturbado com as perdas contabilizadas com a abolição, em outubro de 1888 o fazendeiro arregimentou seus capangas com o firme propósito de prender o preto Honório assim que ele desembarcasse na estação ferroviária. Antes de chegar à estação, o ex-senhor foi à delegacia e avisou: "Trago comigo cem homens dispostos a matar e morrer". O delegado pediu ajuda ao presidente da província por temer um grande conflito, pois toda a população começara a "pegar em armas". Honório, talvez temendo a agressividade de João Leal, não retornou da cidade da Bahia na data esperada. Passados os dias, ainda pairava no ar a expectativa pelo ajuste de contas, o que só aumentava a fúria do fazendeiro e as precauções bélicas dos moradores.[101] No mais, a ausência de Honório não acalmou o ex-senhor, que passou a perseguir e chicotear outros ex-cativos residentes nas imediações.[102] Quando finalmente Honório retornou, foi chicoteado e teve a sua casa destruída.[103]

Escondidos, fugidos, os libertos viram-se reféns dos devaneios de João Leal, que esperava recompor a sua escravaria. Era a insistência do proprietário em fazer prevalecer a sua vontade. Informando-se sobre ele, o delegado descobriu que a notícia da abolição o prostrou, "por tristeza", durante dias no quarto principal de seu engenho. Ao sair do recolhimento doméstico, o ex--senhor, agora insano e mergulhado em apuros financeiros, tentou desesperadamente reimplantar a escravidão em sua fazenda, na certeza de que a sua condição senhorial estava preservada. Disseram alguns: insanidade plausível naquela situação.

O *Diário da Bahia* (vale lembrar, um jornal abolicionista) estava entre os que mais lamentaram tamanha insanidade. Em junho de 1888, sensibilizou os seus leitores comentando o quadro tristíssimo que a abolição causara. Segundo o periódico, depois de consumada a "grande obra humanitária", se podia ouvir "os gritos aterrorizadores d'aqueles [os senhores] que passaram a ser vítimas", que "arrancando os cabelos", "correndo loucos pelas estradas", cometiam os maiores desatinos por se verem sem recursos "para conservar a honra e o pudor das famílias".[104] As tragédias pessoais eram contadas à exaustão. O *Diário do Povo* compadeceu-se do "abastado" coronel Manoel José de Souza Lima que, "abalado pela abolição e por terem ido embora todos os quarenta libertos de sua fazenda", enforcou-se na entrada da sua propriedade, deixando seis órfãos e viúva.[105] Esse desfecho tão extremado da crise, obviamente, não foi a regra, mas não deixou de ser o sintoma da incerta situação que muitos ex-senhores experimentaram.

Encontrar formas de amparar as "vítimas" desatinadas pela lei de 1888 era uma demanda para os políticos locais e uma urgência para a imprensa. Essa mobilização tinha objetivos muito claros: assegurar que o governo imperial garantisse recursos para os endividados do Recôncavo baiano. Os políticos pleiteavam financiamento para a modernização dos engenhos e a contratação de imigrantes, alegando os prejuízos financeiros e morais dos ex-senhores com a abolição.[106] A imprensa, com alarde, buscava instituir o estado de alerta. A vigilância, a atenção a qualquer sinal de instabilidade, passou a ser a principal pauta dos periodistas.[107]

Por outro lado, com a mesma regularidade pedagógica com a qual denunciavam a desobediência à lei, alertava-se sobre a importância de dirimir rivalidades que, de algum modo, pudessem estimular os "ódios raciais", como havia muito alertara Rui Barbosa. A atenção estava voltada para os prejuízos nos canaviais, mas também, ou mesmo principalmente, para a crise nas políticas de domínio, para as formas de assegurar-se a estabilidade financeira, moral e até emocional dos ex-senhores. Explicitar-lhes a condição de cidadãos foi um desses recursos.

É o que nos sugere o *Jornal Independente* que circulava na cidade de Nazaré, no Recôncavo baiano, ao celebrar a abolição com o seguinte texto:

Surgiu o dia!
Surgiu enfim o tão almejado dia da redenção dos cativos! Já se

pode com a alma a transbordar de regozijo dizer: no Brasil não há mais escravos!

Desaparecerão por uma vez, desaparecerão para sempre essas relações absurdas de senhor para escravo e de escravo para senhor, tão criminosamente mantidas por tantos anos! Risque-se dos dicionários e nunca mais se profira a palavra escravo [...]. *Conserve-se a palavra senhor,* porque exprime um tratamento decente que se dá ao cidadão, e porque não havendo a palavra escravo, não podem os vindouros ter ideia dessas relações absurdas [...].[108]

O que não constava da perspectiva do jornalista era que os termos *escravo* e *senhor* eram relacionais, ganharam sentido contrapondo-se e, portanto, estavam preenchidos por séculos de uma história de subordinação. Parecia velado o empenho dos ex-senhores de escravos em não serem destituídos do "tratamento decente" reservado aos cidadãos e resguardarem o grau de distinção subjacente ao termo *senhor*. O prognóstico do articulista é emblemático. O debate sobre quem seriam os cidadãos plenos na sociedade brasileira predominou na agenda liberal ao longo do século XIX. Até 1888, os jurisconsultos foram paralisados pelo desafio de conferir direitos civis numa sociedade escravista. Para poucos, como Antônio Rebouças, a um só tempo liberal e escravista, não se poderia conceber as distinções de um mundo escravista entre os cidadãos.[109] Para vários outros, como Nabuco de Araújo, cidadania e escravidão constituíam realidades jurídicas irreconciliáveis.[110] Por isso, "enquanto houve escravidão não houve Código Civil no Brasil", como bem assinalou Keyla Grinberg.[111]

Passado o 13 de maio, a relação entre liberdade e direitos civis continuou a ocupar magistrados, jornalistas e políticos. O já nosso conhecido Moniz Aragão depois de informar, em correspondência reservada ao presidente da província, que havia mandado circular um edital com a lei de 13 de maio, confidenciou-lhes que "para infelicidade nossa, a maioria dos recém-libertos do município não se têm mostrado dignos da situação de cidadãos".[112] O barão se referia aos sambas e à vadiagem como evidências da impossibilidade de os libertos usufruírem da cidadania conferida aos homens livres.

Experimentava-se então o hiato entre 1888 e 1917, quando o Código Civil brasileiro finalmente ficou pronto. Como esclarece Hebe Mattos, esse vácuo é revelador, pois "uma vez abolida a escravidão, a codificação civil tardiamente realizada se fez a partir de um silêncio, ainda assim racializante, sobre o passado escravista".[113] Nesse ínterim, teve curso um duplo movimento: por um lado o questionamento, como já notamos na correspondência policial, sobre se a extinção do elemento servil realmente significava que cabia a todos o pleno exercício da liberdade e, por outro, o empenho em conservarem-se as prerrogativas senhoriais. Fazer transbordar para a sociedade pós-abolição as regras sociais do mundo escravista foi o principal empenho das elites. Entre as formas de salvar os ex-senhores do desatino estava a de garantir-lhes a exclusividade da condição de cidadão.

Dentro da arena dos juristas, o discurso liberal inviabilizava que o sentido do termo *senhor,* herdado da escravidão, fosse confundido com o de cidadão. Nada parecido com o Código Negro foi posto em pauta de modo enfático no Brasil.[114] Fora da zona jurídica, a racialização da sociedade garantia que as "relações absurdas", que tanto incomodavam o jornalista do *Independente,* fossem postas em termos mais "naturais". Naquele momento de comoção pelo ato da princesa, os desregramentos festivos, o abandono das fazendas, a insubordinação dos libertos passavam a ser "reconhecidos" pelas elites políticas como indícios da inca-

9. *A abolição retratada como uma aliança (etiqueta de tecido).*

pacidade supostamente inata dos negros de compartilhar os princípios do mundo dos livres e, consequentemente, de exercer a cidadania.[115] Afinal, se os negros se mostraram suscetíveis aos "-vícios e paixões mais desregradas", como denunciava o barão de Vila Viçosa,[116] como poderiam usufruir o "tratamento decente que se dá ao cidadão"?[117]

Por sua vez, com o Ministério da Agricultura a garantir que a "solução radical [abolição] de um problema tão urgente" não traria nenhuma perturbação à ordem pública, ao sugerir que "conserve-se a palavra senhor", o jornalista mais parecia dissimular um apelo que expressar uma certeza. Afinal, não havia mais senhores, os tempos eram outros.[118] Corria-se o risco de ver riscada da gramática das relações sociais, junto com a palavra *escravo*, a condição senhorial dos homens brancos, construída por séculos com tanta eficiência. Essa dubiedade entre a ruptura das relações escravistas e o empenho pela continuidade de hierarquias mesclava as atitudes e interpretações dos personagens dessa história, garantindo a complexidade de seu enredo.

Afinal, o fim da escravidão não representou apenas a perda de propriedade, mas das referências fundamentais na constituição da identidade dos proprietários de terras e escravos. A certeza de que o mundo social não podia mais ser definido pela oposição entre senhores e escravos comprometia vínculos pessoais e referências de autoridade — não só relações de trabalho. Não eram apenas os trabalhadores que os proprietários perdiam, mas a sua própria posição hierárquica estava em jogo. Um certo desespero deve mesmo ter sido partilhado por proprietários já empobrecidos, mas ainda dispostos a resguardar a posição senhorial. Ver-se destituído desse lugar subvertia toda a lógica que balizava a arquitetura social desde os tempos coloniais. Desse modo, enquanto comemorava-se a abolição estiveram em suspensão regras importantes no jogo do poder entre brancos senhores/negros subalternos.

OS CABOCLOS E O SENHOR DO BONFIM: AS COMEMORAÇÕES

> *No dia treze de maio*
> *fazendeiro chorô, chorô,*
> *condenado de nego acabou.*[119]

Nas principais cidades, as passeatas da abolição reuniram multidões.[120] O *Diário do Povo* noticiou a agitação que a abolição provocou entre os dias 11 e 18 de maio em Salvador: fogos, vivas à liberdade, sacadas enfeitadas com bandeiras, fechamento do comércio, cortejos, bailes e saraus. Já na véspera da assinatura da "lei de ouro", as ruas da capital foram tomadas pelo "regozijo popular". A animação foi garantida pela banda de música formada por ex-escravos da Chapadista. Sobre ela, saberemos um tanto mais no próximo capítulo.

Às oito horas da manhã do dia 13, o Fantoches da Euterpe, famoso clube recreativo da época, levou muita gente às ruas, abrindo espaço para sociedades abolicionistas, representantes da imprensa e outras agremiações carnavalescas, como os Filhos do Diabo.[121] Nas passeatas organizadas pelo *Diário da Bahia*, símbolos e representações abolicionistas foram predominantes. Os estandartes de associações emancipacionistas, os pelotões homenageando Joaquim Nabuco, Eduardo Carigé, Rui Barbosa e Castro Alves eram seguidos do "populacho" a se divertir ao som das bandas de música dos pelotões militares durante o dia e ao som dos tambores à noite.

As comemorações oficiais duraram uma semana; o ápice foi

o desfile dos libertos com o carro alegórico da Cabocla, uma figura indígena, um dos símbolos da independência nacional comemorada na Bahia anualmente no dia 2 de julho desde 1823. As festas do Dois de Julho com os caboclos se constituíram, ao longo do século XIX, como espaços de celebração da vitória popular sobre o domínio português. A celebração do fim da escravidão, mantendo a Cabocla como símbolo, revela alguns nexos simbólicos. A festa do Dois de Julho, por comemorar a constituição da nação brasileira, estava firmemente associada à Coroa e traduzia um senso de pertencimento nacional fundado no Império. Daí que muitos discursos abolicionistas ganhavam densidade relacionando a abolição à independência conquistada em 1822-3. A ideia de emancipação política que o Dois de Julho encarnava tinha forte apelo popular.

Os caboclos também fazem parte do panteão religioso de casas de candomblé. Eles representam os "donos da terra", os que já habitavam este território antes da chegada de europeus e africanos. Em torno do culto aos caboclos, adeptos do candomblé construiriam uma das encruzilhadas entre o legado africano e o pertencimento à nação brasileira. Nesse sentido, os caboclos personalizavam o *continuum* entre a independência nacional e a abolição, no qual a liberdade estava encarnada em entidades religiosas do "povo do santo". A interseção desses sentidos não escapou a Aristides Novis, senhor de engenho do Recôncavo baiano, que em carta endereçada ao barão de Cotegipe registrou que por conta da abolição, vivia-se em completo delírio: "todas as noites [havia] grande festas; carnaval, 2 de julho e festa abolição!". [122]

Essa profusão de festividades preocupava aos senhores e, como já vimos, a polícia. Naquele contexto, já distante dos dias em que rebeliões escravas eram tramadas em dias de festas de

10. Aspecto da festa do Dois de Julho em Salvador, começo do século XX. A participação popular garante a longevidade da festa que teve início com a independência nacional (1822-23).

brancos, os sambas, batuques e candomblés inspiravam mais atenção. A suspeição acerca da festa negra não foi diluída com o fim do cativeiro; ao contrário, fez-se mais aguda. E foi sob tal suspeição que as comemorações oficiais da abolição na capital baiana foram realizadas.

Os libertos solicitaram à intendência que levasse às ruas os dois carros emblemáticos: o Caboclo e a Cabocla. Entretanto, só o que conduz a imagem da índia foi liberado. Por certo mais uma atitude política cautelosa: a figura da cabocla estava revestida de um sentido conciliador, representa a lendária Catarina Paraguassú, a bela índia que encantou o aventureiro português Caramuru. Já o caboclo incorporava a altivez guerreira capaz de contagiar perigosamente a multidão.[123] Antes permitir que os "treze de maio" saudassem a índia sedutora que o índio guerreiro.

A imagem, como na festa do Dois de Julho, permaneceu exposta à veneração pública, num palanque na praça do palácio durante alguns dias. Só no dia 18 de maio recolocaram a Cabocla no pavilhão da Lapinha, sempre transportada pelos libertos e dessa vez seguida pelo esquadrão patriótico Joaquim Nabuco, pela Legião da Imprensa, pelo Clube Carnavalescos Fantoches, pelo Clube Abolicionista Carigé, e pelos carros de Luís Gama, do visconde do Rio Branco, do Clube Rui Barbosa, entre outros. A celebração de liberdade que anualmente era reeditada pela população local foi espetacularmente encarnada e atualizada no cortejo dos libertos em 1888. Ainda que representações dos abolicionistas também estivessem em destaque nas comemorações, o lugar de distinção garantido aos Caboclos imprimia um caráter de vitória popular, e mesmo negra, à abolição.

Ou seja: o fim da escravidão foi remetido a autores distintos, explicitando apropriações diferenciadas do sentido daquele episó-

11 e 12. Caboclos do Dois de Julho.

dio. Acadêmicos, jornalistas e políticos diziam celebrar a reforma necessária para o ingresso do país no mundo civilizado, o fim da instituição que maculava a imagem nacional. A população pobre e de cor, ao conduzir sobre os ombros a imagem da Cabocla, tomava para si a autoria daquele fato. Essa polissemia festiva não era meramente alegórica. Como veremos mais adiante, as divergências políticas entre liberais e conservadores demonstram que estavam sendo atribuídas a negros e a brancos conclusões divergentes sobre a abolição e seus desdobramentos.

Além da Cabocla, o Senhor do Bonfim também se fez presente na festa da abolição. O barão de Iguape, um dos grandes proprietários do Recôncavo que ficaram "desatinados" com a abolição, preferiu refugiar-se com toda a família em Salvador logo depois do 13 de maio. Ele possuía um solar nas imediações da igreja do Bonfim. Esse escravocrata convicto deve ter lastimado o espetáculo que desfilava diante de sua janela na sexta-feira, dia 18 de maio. Em sinal de agradecimento ao Senhor do Bonfim, o cortejo com banda de música, carros alegóricos, artistas circenses, filarmônicas, representantes abolicionistas e, é claro, a multidão negra, seguiu até a colina sagrada na parte baixa da cidade. Durante o trajeto, das sacadas enfeitadas, alguns saudavam os participantes; através delas se podia ver aquela procissão baianamente carnavalizada.

A concorrência àquele cortejo nada teve de surpreendente, porque, como rememora Xavier Marques, desde muito se "suspeitava do africanismo", ou seja, da predominância de referências afro-baianas nas homenagens ao Senhor do Bonfim.[124] Na Bahia oitocentista, o santo era comumente lembrado, em especial pela população de cor, sempre que se tinha algo a reivindicar ou a agradecer.[125] Nos dias a ele reservados, especialmente às sextas-feiras, notava-se, como ainda hoje, mudanças na rotina da cidade, mesmo quando as autoridades eclesiásticas passaram a julgar ser essa uma afeição desmedida e barulhenta.[126]

Sob a guarda do Senhor do Bonfim, foram os pequenos incidentes que deram visibilidade às diferentes apropriações da abolição na capital. O comerciante Francisco de Barros, por exemplo, queixou-se ao delegado que o crioulo Agostinho de Tal invadiu o seu estabelecimento e ameaçou assassiná-lo assim que tivesse oportunidade.[127] O fim da escravidão encorajara o crioulo a acertar contas com o comerciante, talvez por julgar que estaria mais "livre" das represálias da polícia. Os relatórios dos distritos centrais demonstram que se a "crioulada" embriagou-se e sambou por várias noites e os africanos divertiram-se "no coice do préstito, sem berreiro, nem matinada, embora sorridentes",[128] a intolerância policial, mesmo com um pequeno número de praças, foi a principal política. A conexão entre desordem, vadiagem e população de cor foi insistentemente acionada nos dias que sucederam o 13 de maio. Walter Fraga argumenta que na Bahia da segunda metade do século XIX "o termo vadiagem amplia seu significado passando a englobar comporta-

13. *Missa campal no adro da igreja do Bonfim em ação de graças pela abolição, 18 de maio de 1888. A celebração coube ao padre Arsênio Pereira da Fonseca, deputado provincial e capelão da Libertadora Baiana. O ato foi promovido por Eduardo Carigé, abolicionista baiano.*

mentos populares".[129] Nas comemorações da abolição, a categoria "vadio" parecia bem cunhada para designar negro. Sob as vistas de proprietários e autoridades, as celebrações não oficiais do evento se revertiam numa exaltação à lógica do não-trabalho, evidenciando a sobreposição entre liberto/negro/vadio.

Lendo os jornais locais, um leitor desavisado poderia julgar que sambas e candomblés representavam uma novidade no universo cultural da época, diante do número de queixas e pedidos de instrução de delegados ao chefe de polícia para reprimi-los.[130] Por vezes, quando os tambores fizeram parte das comemorações pela abolição, temeu-se pela reedição de levantes, pelo revide negro. Uma dessas celebrações, a festa do bembé em Santo Amaro, que permanece até hoje, surpreendeu as autoridades.

Guarda a memória popular que foi João de Obá, famoso líder religioso local, quem a criou. Ele teria reunido algumas filhas de santo para "bater um bembé" em celebração à abolição na via pública, diante do mercado público.[131] O pesquisador Nelson de Araújo considera que a palavra bembé era "uma das expressões correntes" na cidade para significar as festas religiosas afro-brasileiras.[132] Além disso, os iorubás também denominam assim a um tipo de tambor.[133] João de Obá, ao que parece, era um contumaz festeiro. Outro cronista, Herundino da Rocha Leal, disse ter "perfeita reminiscência" sobre o maculelê promovido pelos "pretos Barão e João de Obá" em Santo Amaro.[134] Nos dias que se seguiram à abolição, o medo do que diziam esses tambores ganhou súbito ânimo. Autoridades acostumadas a tolerá-los ou proibi-los a partir dos seus próprios critérios e conveniências passaram, insistentemente, a solicitar instruções do chefe de polícia para acabar com as "algazarras dos pretos".[135] Nas festas da abolição, a capacidade dos tambores de espalhar o medo parecia latente.

Vadiar, sambar e embriagar-se durante todo um mês, assim o barão de Vila Viçosa definiu qual tinha sido a ideia de liberdade dos negros. Por isso preocupava-o a propagação dos "hábitos da indolência", "as sugestões aos vícios e às paixões mais desregradas" que a abolição havia despertado.[136] Suas aflições, que extrapolavam a consternação pela paralisia da produção canavieira, diziam respeito ao próprio estatuto de cidadania que caberia àquela "pobre gente" propensa ao vício. Vício, desordem e vadiagem também foram a tônica das queixas dos fazendeiros ao sul da província.

Se em Salvador celebrava-se aos pés do Senhor do Bonfim e da Cabocla, no distante sul da Bahia os conflitos e as festas mobili-

14. A visita à igreja do Senhor do Bonfim às sextas-feiras é tradição na Bahia desde o século XIX e foi o principal destino dos libertos que celebraram a abolição.

zaram o reforço de treze praças e o chefe de polícia, com o fim de minorar as tensões. Dessa vez, um episódio no qual até são Benedito foi acusado de favorecer os "abusos da liberdade".

O PADRE, OS LIBERTOS E SÃO BENEDITO NO SUL DA PROVÍNCIA

> *São Benedito tenha pena de mim, tenha dó, tenha dó, a roda do mundo é grande, o poder de Deus é maior.*[137]

Para além do Recôncavo, no sul e no sertão, o clima tenso e festivo justificou os cuidados e atenções do chefe de polícia. Em Canavieiras, os senhores diziam ter as terras ameaçadas de invasão e as lavouras queimadas por "treze de maio", como se convencionou designar os libertos naquela ocasião.[138] O próprio presidente da província relatou que a situação em Amargosa não era tranquila: além da invasão de fazendas, também se registraram incêndios de canaviais e estupros. Tratava-se de um grupo que, meses após a abolição, especializou-se em cometer "crueldades" contra propriedades e empregados de ex-senhores.[139] Ao que parece, a lei Áurea potencializou nesses lugares antigas rivalidades políticas e partidárias. Em Vila Viçosa e em Caravelas a situação tomou proporções mais desastrosas.

O chefe de polícia informou que, em Vila Viçosa, "desordeiros e libertos", muitos deles ex-empregados nas fazendas da colônia Leopoldina — que era de origem suíço-alemã — ameaçaram invadir a casa do delegado.[140] Na verdade, os "excessos" já eram visíveis no dia 10 de maio de 1888, quando correu o boato de que a escravidão havia sido extinta. Uma precipitação que garantiu três dias a mais de "orgias" e "insultos às autoridades locais" para quem ainda era escravo, mas já se considerava livre. Na opinião do delegado, o responsável por tamanha desordem era o padre Geraldo, republicano, liberal e alguém muito bem informado sobre os encaminhamentos que estavam sendo dados à questão servil na Corte.[141] A festa foi ainda maior quando a notícia se confirmou dias depois. Os "desregramentos" assustavam as "famílias" e os "homens de bem". Contou o delegado que durante noites, após reunirem-se numa "república" improvisada na casa de uma prostituta, os pretos armados de cacetes, facas e garruchas percorriam as ruas a tocar uma "música infernal" e a insultar as autoridades.[142] Foram madrugadas ruidosas.[143]

A tensão da ocasião não foi nada súbita. O padre Geraldo havia muito vinha sendo acusado de incitar a rebeldia de escravos e de afrontar os representantes do Partido Conservador. Tinha ao seu lado importantes figuras locais, como o suplente da delegacia e o presidente da Câmara de Vila Viçosa, que dirigiam a reunião dos "pretos da república". Nessas ocasiões, se podia ouvir o seguinte: "vai o samba acima, hoje se acaba com tudo, viva o padre Geraldo, viva os liberais, morram os conservadores". Enquanto o samba ia acima, caía por terra a autoridade policial. É evidente que as disputas políticas locais andavam bastante aguerridas e que muitos brancos e negros tinham tomado partido (não necessariamente opostos) bem antes do 13 de maio.[144] Contudo, o delegado julgava que a abolição era a razão do destempero daqueles "pretos sequazes", ou seja, os seguidores do padre liberal.[145]

O mais interessante é que em meio a essa empreitada nada pacífica, o padre e os libertos convocaram para as suas peregrinações ninguém menos que são Benedito. O popular santo negro foi carregado a "missionar as turbas", formadas por cerca de quinhentos libertos dispostos a contagiar fervorosamente os demais pretos do lugar. Nas palavras bem católicas e escravistas do subdelegado, o padre Geraldo parecia estar a serviço do demônio por pregar a discórdia e a desobediência. O santo teria sido usado pelo sacerdote para semear o ódio aos brancos, relatava o subdelegado em tom inquisitorial. Não constava das considerações da autoridade nenhuma autoria da população de cor naquele incidente; coube ao padre toda a culpa.

Certamente, não era essa a interpretação dos partidários do padre e do santo. E nem foram eles os únicos a seguir são Benedito durante as comemorações do 13 de maio.[146] Robson Martins comentou o fervor devocional por são Benedito que tomou conta dos libertos na província do Espírito Santo em 1888.[147] Fervor que só traduzia a importância que lhe foi atribuída no universo religioso do Brasil oitocentista. Na Corte, quando a cidade estava febril, conforme Sidney Chalhoub, acreditava-se que são Benedito tinha força suficiente tanto para punir os incrédulos com epidemias, como para curar.[148] As demandas do santo no Brasil não foram nada modestas, principalmente em tempo de grandes flagelos. Apesar de não ter encontrado informações sobre o culto a são Benedito na década de 1880, é irresistível creditar-lhe força simbólica suficiente para recrutar não só os "treze de maio", como grande parte dos homens de cor.[149]

O cronista João da Silva Campos descreveu com minúcias a

15. *Devotos celebrando Nossa Senhora do Rosário em outubro de 1888 em Uberaba, Minas Gerais.*

procissão em louvor ao santo que acontecia no século XIX em Salvador, durante a Páscoa. Ele considera que a popularidade de são Benedito era maior entre os crioulos do que entre os africanos, segundo ele mais afeitos a santa Bárbara, são Jorge e santo Antônio. De qualquer modo, a procissão de são Benedito contava sempre com a presença das irmandades de homens de cor da cidade. Mas foram as imagens das crioulas "faustosamente trajadas, espaventosamente adornadas de ouro" a seguirem o cortejo que mais fortemente marcaram a sua memória.[150] Segundo ele, nem os pretos nem as "vistosas" crioulas se eximiam de cumprir todo o roteiro da festa, incluindo uma visita à Sociedade Protetora dos Desvalidos no cruzeiro de São Francisco, na vizinhança do convento de São Francisco, que sediava a Irmandade de são Benedito, quando se podia comer e beber sem comedimento. Para João da Silva Campos, nos últimos anos do século XIX esta procissão ainda mobilizava multidões, tendo sido justamente as de 1888 e

1889 mais esplendorosas, algo mensurável pelo número de 28 andores a acompanhar o santo homenageado sob um foguetório ensurdecedor.[151]

No sul da província, para o desespero do subdelegado, o padre denunciava os castigos sofridos pelos libertos e os aconselhava a se vingar dos ex-senhores abandonando as propriedades, pois a "vingança é a prova do sentimento".[152] A militância do padre e a fé em são Bendito devem ter sido fundamentais para os desdobramentos do 13 de maio na região. Na análise do memorialista Braz do Amaral, a abolição foi fatal para essa colônia, já que "não se deu ali o fato dos antigos escravos permanecerem ligados a terra".[153] Essa não era avaliação do presidente da província que, ao comentar o sucesso do chefe de polícia naquela missão, chegou a transcrever uma nota de agradecimento a ele publicada no *Diário da Bahia*. Os autores eram os estrangeiros proprietários de terras na colônia Leopoldina, felicitando-o pelo fim das turbulências e oferecendo suas propriedades para instalar imigrantes. Desse modo, amenizavam o impacto da investida dos libertos. A esperança das autoridades e dos proprietários era que são Benedito tivesse inspirado seus seguidores a ficar em sossego por ali mesmo ou a retirar-se sem mais alarde. Mas, mesmo depois de um ano da abolição, a tensão persistia na colônia Leopoldina. Conforme o próprio delegado, o "termo ainda estava sobremodo revolto" em julho de 1889 em virtude da concentração de cerca de 2 mil libertos da lei de 13 de maio.[154]

Nas procissões em louvor a são Benedito, santa Ifigênia era uma das que não podiam faltar, e ela também não foi esquecida em maio de 1888. Em Caravelas, também extremo sul, as festas foram prolongadas até o dia 19, quando a filarmônica Guarani animou a passeata que seguiu em direção à igreja de Santa Ifigênia. Tudo transcorria tranquilamente até que outro grupo, tendo à frente o capitão Antônio Jacinto empunhando uma bandeira, provavelmente com alusão à República, reuniu-se para sambar na mesma rua. Ao notar que a farra era promovida por liberais, o grupo que seguia para a igreja resolveu dar vivas ao Partido Conservador e à princesa bem diante dos sambistas. O saldo do conflito foi dois libertos mortos e um longo processo sem conclusões claras sobre a autoria dos assassinatos.[155] Por fim, a intermediação da santa não abrandou os católicos mobilizados pela "lei Áurea" e por rivalidades políticas. A questão não era mesmo religiosa. Para o delegado tudo se justificava pela insubordinação negra que a abolição havia propiciado, negligenciando a tensão que disputas partidárias provocavam naquele contexto. Ao "preferir" creditar à lei os motivos do tumulto, o delegado seguia a regra: vislumbrava na abolição o risco de subversão da ordem social, que até então reservava aos brancos de quaisquer filiações partidárias a exclusividade nas decisões políticas.

Entretanto, cessados os excessos celebrativos e extintos os sambas dos "treze de maio", persistia a ausência de imigrantes, a pobreza da lavoura, a predominância da população de cor, a crise do Império e as disputas políticas locais.[156] Findo o tumultuado ano de 1888, o acirramento da tensão social enaltecia a máxima de Rui Barbosa: era preciso atenção à lição daquela hora. O jurista e político baiano expunha a sua avaliação a partir do centro da cena política da época: a Corte. Em meio à tempestade que intentava "arrastar as instituições", o seu papel político e a nossa atenção ao desenrolar dos fatos farão de Rui Barbosa o nosso principal interlocutor no próximo capítulo. Ao mesmo tempo, vale não perdermos de vista a seguinte quadrinha que desde muito vem sendo cantada em sambas baianos:

Sai sumana, entra sumana,
nego não larga trabaio,
passa má, morre de fome...
e cadê treze de maio?[157]

3. Divergências políticas, diferenças raciais: Rui Barbosa e a Guarda Negra

A iniquidade do cativeiro, uma vez ferida, não se sustenta mais, senão a poder de reformas que constante e progressivamente a eliminem. É um edifício a que se removeu o fastígio e cujos alicerces vacilam [...]. A imobilidade é a ruína; a reforma é a transição, não sem contratempos e dissabores, mas, ao menos, sem catástrofes, misérias e desmoronamentos.

Rui Barbosa

Rui Barbosa conseguiu acumular uma significativa coleção de cartas durante sua vida pública; era um inveterado missivista. Numa breve excursão pelo acervo disponível, é impossível não se surpreender com a quantidade de bilhetes rabiscados, denúncias de corrupção, confissões amorosas, pedidos de auxílio, ofertas de préstimos, e, principalmente, confidências partidárias que lhes foram endereçadas.[1] O jurista baiano se tornou republicano tardiamente em relação a outros abolicionistas importantes da época, como o seu amigo Castro Alves.[2] Entretanto, a filiação tardia não o impediu de assumir papel relevante na conturbada transferência de poder do debilitado Pedro II para os militares convertidos ao republicanismo.

A sua importância política no desfecho do Império o fez destinatário de uma série de cartas que contavam sobre adesões e dissensões aos ideais republicanos e concepções de cidadania e raça. Em meio a elas, uma chamou a atenção do jurista em junho de 1889. Tratava-se da denúncia de tumultos que os debates em torno do fim do Império estavam provocando na Bahia. Era uma carta anônima, cujo autor intitulou-se "velho pela idade e pelo trabalho", alarmado com a mobilização dos defensores da Coroa real. Narrou-se a investida da qual fora vítima Silva Jardim, liderança republicana, na ocasião em que se pretendia promover um ato na Faculdade de Medicina em Salvador.[3] O engajamento de Rui nas fileiras republicanas era visceral na época e, por isso mesmo, o jurista não se eximiu de opinar sobre a articulação dos monarquistas na província da Bahia. Rui Barbosa não deve ter se surpreendido com a reação popular antirrepublicana ali revelada. Morador da Corte e redator-chefe do *Diário de Notícias,* ele bem podia ver e avaliar como os principais debates da ocasião ultrapassavam os gabinetes palacianos e os salões da boa sociedade. Em meio à crise, Rui Barbosa, líderes políticos e capoeiras assumiram partidos e causas nas quais raça e cidadania foram quesitos importantes.

Neste capítulo, arrisco percorrer o labirinto de ideias e ações que configurou a tensão entre republicanos e monarquistas na Bahia, tendo como principal trilha, além da documentação policial, os discursos, os artigos e a correspondência pessoal de Rui Barbosa. A escolha deste novelo é facilmente explicável. Rui Barbosa foi referência ímpar, tornando-se citação obrigatória para qualquer principiante que se aventurasse a explicitar quão forte era o seu envolvimento com as reformas da época, a abolição e a república. Por sua vez, a destacada posição política que assumiu na cena nacional impulsionava o engajamento de jovens estudantes, como os da Faculdade de Medicina da Bahia na luta emancipacionista e republicana. Por isso, os interlocutores de Rui têm um papel crucial neste texto: serão eles os principais informantes dos episódios que discuto a seguir. O primeiro deles refere-se justamente ao autor anônimo da carta/denúncia.

O "MASSACRE DO TABOÃO": A GUARDA NEGRA NA BAHIA

Às nove horas da manhã do dia 15 de junho de 1889, era indisfarçável a tensão na cidade. Nosso informante havia pouco saíra de casa com a firme intenção de convencer os três filhos a retornar o mais cedo possível. Ele queria afastá-los da recepção a Silva Jardim, o mais radical propagandista do Partido Republicano que, vindo da Corte, estava prestes a aportar na Bahia.[4] A determinação do anônimo protagonista estava fundada na certeza de que os "pretos da cidade" planejavam investir contra os republicanos. Como agravante, o conde d'Eu e Silva Jardim eram passageiros no mesmo vapor nacional *Alagoas* desde o Rio de Janeiro até a Baía de Todos os Santos. Não se tratava de simples coincidência. Enquanto um buscava articular as bases do que seria o Terceiro Reinado, o outro incentivava o crescimento do movimento republicano.[5] A crise que ameaçava a monarquia ganhou terreno com novos arranjos e dissensões políticas que a abolição engendrou, principalmente na Corte. Daí que visitar as demais províncias servia tanto para perscrutar o alcance dos estragos quanto para remediá-los, se possível, julgou o consorte da princesa.[6]

16. *Charge na qual Silva Jardim segue o conde d'Eu em suas viagens pelas províncias.*

Inevitavelmente, coube aos monarquistas, aos republicanos e às autoridades locais recepcionar os viajantes. Previdentes, Virgílio Damásio[7] — professor da Faculdade de Medicina e principal líder republicano local — e Almeida Couto — também médico, presidente da província e monarquista — acordaram que os dois ilustres visitantes desembarcariam em pontos diferentes: o conde d'Eu no arsenal da Marinha; Silva Jardim, na ponte da Companhia de Navegação.[8] "Assim cumpriu-se tudo", mas o recurso não foi suficiente para evitar o encontro desastroso no porto.[9]

Ao subir a ladeira do Taboão, uma das vias de ligação entre as partes alta e baixa da cidade, o autor da carta a Rui pôde ouvir uma "gritalhada infernal, gemidos, ais e vozes", que diziam: "mata, mata, mata republicanos, mata Silva Jardim, viva a Monarquia, viva o coronel Santos Marques, viva o partido liberal". A partir de

17. Ponte de atracação da Companhia de Navegação Baiana, onde se notava a expressiva presença de trabalhadores negros.

então, disse ele, foi tal o "fecha-fecha" e o "apertucho", que precisou se abrigar na casa de uns pretos africanos.[10]

Nesse ponto, as memórias de Silva Jardim, as informações da polícia e os debates partidários são fundamentais para imaginarmos a densidade daquela situação. Inicialmente, é preciso considerar que as dissensões entre os liberais baianos eram cada vez maiores, por isso as alianças eram tão frágeis quanto tensas.[11] Isso significa que existiam liberais de diferentes matizes havia pouco irmanados em torno da questão servil, mas agora divergentes sobre os rumos da nação. A fidelidade à Coroa os dividia.[12] Importantes líderes abolicionistas, como o conselheiro Dantas, Silva Marques e André Rebouças, se mantiveram leais à família imperial até o último suspiro da monarquia. Enquanto Eduardo Carigé, que o leitor conheceu no capítulo anterior, denunciava que o governo imperial pretendia dividir as raças e, portanto, todos precisavam se abrigar na sombra da bandeira republicana, Silva Marques arregimentava libertos para compor a Guarda Negra na Bahia. Antes da abolição, ambos militavam juntos na Libertadora Baiana, a mais combativa associação abolicionista da província. O fim da escravidão e a campanha pelo terceiro reinado reconfigurou a cena política.

Nesse contexto, a vinda de Silva Jardim, liderança do movimento republicano, foi cercada de expectativa e apreensão. Ele próprio relatou a sua chegada e toda a hostilidade que enfrentou ao tentar desembarcar na principal "cidade ao norte do Império". Como em Minas Gerais, não pôde ver Salvador "senão através da tempestade de agressões". Assistindo ao desembarque tranquilo do conde d'Eu e notando a quantidade de "povo" concentrado no cais, vislumbrou as dificuldades que enfrentaria.[13]

Quando um eufórico grupo de oitenta estudantes de medicina incumbidos de recepcioná-lo no vapor substituiu, no barco que os transportava, a bandeira do Império pelo estandarte republicano, a situação tornou-se incontrolável. Tamanha imprudência teve o seu preço. Uma explosão de vivas ao Império e à princesa por parte da multidão reunida no cais e dos saveiristas ali aportados se fez ouvir. Enquanto isso, uma banda de música emprestava o pálido ar festivo ao desembarque de Silva Jardim e sua comitiva.[14] Assim que puseram os pés em solo baiano, a multidão monarquista os recebeu com vaias, enquanto um tal Silvino, carregador no cais, destruía o estandarte pivô da discórdia.[15] No livro de memórias de Silva Jardim ficou anotado que "fora rude o conflito sofrido", patrocinado por "'capadócios', ferozes 'homens de cor'".[16]

Num raro e feliz acidente nos arquivos, os registros sobre esse fato foram muitos, embora quase que exclusivamente pela pena dos republicanos. Nos periódicos, memórias da época, discussões parlamentares, registros policiais e mesmo na correspondência entre pessoas anônimas e personalidades políticas existem referências ao episódio com uma forte sintonia entre os relatos. Como se verá, ao serem cotejados, eles sugerem a tentadora (e enganosa) condição de *voyeur* de uma situação pitoresca. Nesses registros, os conflitos do dia 15 de junho de 1889 foram tratados como uma ação dos pretos/monarquistas/pobres contra os brancos/republicanos/de boa família. Para o *Diário do Povo*, por exemplo, aquela foi uma "luta contra os brancos", arquitetada pela Coroa e levada a cabo pela "Guarda Negra" baiana,[17] numa reedição da articulação de libertos fiéis à Coroa no Rio de Janeiro. Eduardo Carigé avaliava que depois da conquista da liberdade dos negros, agora a Coroa tentava colocá-los contra a liberdade dos brancos.[18]

Para Carlos Eugênio Soares, a Guarda Negra na Corte foi uma organização dos capoeiras que havia muito estavam envolvidos com eminentes personagens do Partido Conservador. Instituindo o terror entre os republicanos e sempre guarnecidos por figuras importantes, as "maltas" partidárias do governo imperial transformaram os *meetings* republicanos em cenários para correrias e agressões.[19] É provável que a Guarda Negra tenha surgido em 1888 na Confederação Abolicionista, com o franco apoio de José do Patrocínio, que abandonou a causa republicana depois da abolição. Patrocínio avaliava que em 1889 estavam entre os republicanos aqueles, os ex-senhores, que "não queriam e não querem ainda agora se conformar com a igualdade de todos os brasileiros. Contra os homens de cor são vulcânicas as explosões de ódio".[20]

Na Corte, o "batismo de fogo" da Guarda Negra foi justamente num comício de Silva Jardim, em dezembro de 1888. A ação daquela "milícia de navalhistas e capoeiras" enfurecia críticos mordazes, como Rui Barbosa, que se viu ameaçado pela ação violenta dos partidários da Coroa. O jurista republicano recebeu, nesse período, diversas cartas de amigos e correligionários, alertando-o para o perigo de emboscadas e venenos, com os quais "a gente ignorante e supersticiosa da pseudo Redentora" podia se valer.[21] Pode-se imaginar que a associação entre os capadócios baianos e os capoeiras cariocas por si já seria suficiente para deixar em sobressalto a população e os políticos avessos à ideia do Terceiro Reinado.[22]

No mais, a articulação da Guarda Negra na Bahia demonstrava que o propósito de espalhar-se, e não só pelo interior da província do Rio de Janeiro, uma "muralha de corações unidos" em defesa da ordem imperial estava sendo levado adiante.[23] Há notícias de vários grupos de resistência ao movimento republicano também em São Paulo, Espírito Santo, Minas Gerais e na Bahia articulados à Guarda Negra na Corte.[24] A popularidade de José do Patrocínio e a imagem de Redentora, que a princesa Isabel passou a ostentar depois do 13 de maio, corroboraram para a organização da população de cor com o propósito de cercear a qualquer custo a propaganda republicana.[25]

Obviamente republicanos e monarquistas não foram partidos demarcados com tamanha rigidez sócio-racial. Havia brancos apoiando a monarquia e gente de cor descontente com a condição de súditos. Os abolicionistas brancos Pamphilio de Santa Cruz e Silva Marques foram apontados como os principais articuladores da Guarda Negra na Bahia. Um foi o proprietário e redator da *Gazeta da Tarde*[26] e, tendo sido republicano, passou a apoiar a Coroa depois de 1888. O outro foi o chefe político liberal da freguesia de Brotas e, sendo proprietário de uma roça nos arredores da cidade, costumava acoitar escravos fugidos que lhe eram encaminhados da *Gazeta da Tarde*.[27] Por outro lado, entre os republicanos, em sua maioria estudantes da Faculdade de Medicina, também se podia notar uns "tipos amulatados", uma ou outra carapinha. Houve mesmo quem, já naquela época, mensurasse que 50% dos estudantes da Escola de Medicina eram incontestavelmente mulatos.[28]

Enquanto isso, grupos de libertos prestaram solidariedade

aos acadêmicos e se diziam assombrados com o fato de "seus irmãos" ainda defenderem a monarquia, que "sempre foi contra a raça preta".[29] A predominância dos discursos que creditavam o "massacre do Taboão" a diferenças raciais não pode ser lida como mera coincidência. O empenho dos republicanos em racializar o conflito servia para desqualificar a monarquia e seus defensores. Essa estratégia também estava sendo útil na revanche jornalística contra a Guarda Negra no Rio de Janeiro.[30] A imagem depreciativa atribuída aos partidários da monarquia na Corte tornou-se voz corrente em todo o Império. A partir do modelo jornalístico carioca, depreciar os negros que defendessem o governo de d. Pedro II era tarefa simples. Insuflando o medo das consequências da "adoração" às majestades imperiais, os republicanos imprimiam uma condição de barbárie aos súditos reais e à própria monarquia. Rui Barbosa, como veremos adiante, utilizou-se repetidamente desse artifício. Por isso, os republicanos contemporâneos seus escandalizavam-se com a existência da Guarda Negra baiana, uma "ralé movida por uma ira tigrina".[31]

Ralé que se empenhou em arquitetar tudo previamente, segundo a denúncia do correspondente anônimo de Rui Barbosa. Ele contou que a passeata dos republicanos mal se distanciara da ponte da Companhia de Navegação e já recebia vaias e ameaças. Na ladeira do Taboão, rumo à Faculdade de Medicina da Bahia, no Terreiro de Jesus, ocorreram mais agressões. Nesse local, estavam carroças carregadas com lenha que serviu de munição contra os estudantes e professores que se aventuraram a participar do cortejo. Segundo o cronista Dantas Júnior, coube aos músicos contratados para animar a chegada dos republicanos dar o primeiro sinal de ataque, gritando: "Aqui, minha gente. Acudam! Venham matar Silva Jardim".[32] Durante as investigações sobre o episódio, o jornal *Diário do Povo* acusou a polícia de conivência com os monarquistas, pois os tais músicos seriam também guardas do 16º Batalhão, e provavelmente gente de cor. Dias depois, o comandante Frederico Cristiano Buys defendeu-se: "a música que recebeu os republicanos, foi a conhecida pelo nome de chapada, [era] mestre dela João Augusto de Figueiredo, que fizera parte daquele batalhão, mas já havia sido excluído, assim como Lúcio Lino dos Santos e Querino Bispo de Araújo, ex-integrantes de outro batalhão policial".[33]

A despeito das explicações de Frederico Buys, não era excepcional se João, Lino e Querino ainda integrassem corporações da polícia. Afinal, as bandas de música dos batalhões eram as principais atrações das festividades públicas e dos eventos solenes no século XIX, e muitos dos seus integrantes também pertenciam a outros grupos musicais, inclusive carnavalescos. O curioso dessa história é o fato de eles serem reconhecidos como membros da banda de música da chapada, a mesma que animou as festas pela abolição em Salvador. Esse grupo era assim denominado por reunir escravos de Raimunda Porcina de Jesus, conhecida como a Chapadista, uma mulher singular que, apesar de falecida desde 1887, era muito comentada em 1889.

Os que a descreveram assinalam o fausto em que vivia: "era uma senhora idosa, muito rica, dona do maior palacete do largo do Desterro".[34] No seu testamento constam muitos bens e fontes de renda, e boa parte da fortuna foi distribuída entre os seus ex-escravos.[35] A história dela é um tanto lendária. Conta o memorialista João Varela que a Chapadista teria fugido das lavras diamantinas para a capital da província, levando consigo muitos escravos depois da morte de seu marido, um rico comerciante de pedras preciosas, por medo da ira e ganância dos parentes.[36] Teodoro Sampaio, comenta que numa atitude caridosa, a Chapadista teria libertado todos os escravos que lhe fizeram a fortuna, e o historiador Jailton Brito a reconheceu nas fileiras abolicionistas.[37] Mas,

18. *Retrato da Chapadista, óleo sobre tela.*

como já observou João José Reis, ela também demonstrou ser muito hábil na administração de relações escravistas.[38]

Em 1879, Raimunda Porcina de Jesus solicitou à junta da fazenda provincial isenção de impostos cobrados para nove escravos. Era um tributo que incidia sobre todos que exerciam ofícios mecânicos. O argumento da Chapadista foi posto do seguinte modo: "É público que a suplicante tem uma banda de música denominada — música da chapada — composta de muitas figuras, que se emprega em festas nesta cidade e fora dela, à qual pertencem todos os quais possuía, que apenas quando não estão ocupados neste serviço, eles são empregados no serviço de serventes em obras, em trabalhos domésticos e numa pequena lavoura que a suplicante tem". Desse modo, arrematava a requerente, seus escravos não podiam ser tributados por uma atividade secundária; o ofício deles era mesmo a música.

Ela ainda informou que já não os empregava no serviço de ganhadores, e que todos os seus quarenta escravos "principiam a aprender a ler música desde menino e não têm tempo para aprender outro ofício".[39] A Chapadista devia exigir dos escravos muito afinco nos estudos, pois mesmo depois de sua morte encontramos a banda animando quermesses e passeatas organizadas pelos abolicionistas do Recôncavo. O sucesso da banda garantia público certo aos eventos.[40] Mas naquele dia de junho, a função dos músicos da chapada foi bem outra: incitar o conflito e defender a Coroa, apesar de terem sido contratados pelos republicanos. Sinal dado e pedras foram lançadas contra os visitantes e seus partidários.

E, no meio dessa multidão ainda inebriada pela chegada do conde d'Eu, Silva Jardim certificou-se do perigo que corria ao ser abordado por um negro a lhe inquirir: "Onde está este Silva Jardim que eu quero matá-lo?". Ao encarar quem lhe dirigia a pergunta, o republicano viu um "capadócio, homem grande e reforçado, cor de mulato, narinas dilatadas, olhos grandes injetados de sangue, fisio-

19. Ladeira do Taboão onde Silva Jardim e os demais republicanos foram perseguidos e se esconderam.

nomia decomposta, cabelos encarapinhados, trajando apenas calça e camisa, e brandindo uma grande faca, espécie de punhal". Silva Jardim armou-se de uma duvidosa altivez heroica e, "serenamente", recusou "negar-se a si mesmo", para em seguida avaliar que seria um sacrifício estúpido entregar-se.[41] Então, ficou em silêncio por tempo suficiente para que o homem fosse embora, "como um tufão", em sua busca. Os adjetivos usados para descrever o mulato demonstram o quanto aquele encontro foi ameaçador para o branco. Entretanto, diante das características bestiais de um, a "inteligência heroica" do outro teve valia; prevaleceu a altivez sobre a selvageria.

No dia seguinte, o *Diário do Povo* enfatizaria o risco ao qual Silva Jardim esteve exposto, pois o capadócio era Macaco Beleza, um famoso "desordeiro", presença constante na crônica policial e jornalística. Ele foi mesmo um personagem importante nessa história. Macaco Beleza era Manoel Benício dos Passos, "mulato alto, beiçola, tipo de rua, ignorante e inculto, porém bastante inteligente e de uma verbosidade notável", de acordo com a descrição de João Pinto Dantas Júnior.[42] Para Braz do Amaral ele era "um homem cor de bronze, estatura hercúlea, disposto à luta corporal, liberto e sem instrução".[43] Conhecido como célebre gatuno e desordeiro, Macaco Beleza foi acusado pelos estudantes de medicina de ter liderado, repetidas vezes, "uma malta de homens de cor, sujos, descalços, sem chapéus, rotos e ferozes", defensores da monarquia — a Guarda Negra.[44] Uma delas ocorreu num *meeting* dos republicanos, poucos dias antes da chegada de Silva Jardim, e resultou no apedrejamento da sede do jornal *República Federal*.[45] A imprensa insistentemente solicitou uma atitude mais enérgica da polícia em relação ao incômodo capadócio. Mas o alívio dos republicanos só chegou em 1898, quando o jornal *A Coisa* noticiou que "morreu, mas desta vez definitivamente, o famigerado Manoel Benício dos Passos, o Macaco Beleza, [...] um dos mais imorais tipos de rua da cidade".[46]

Macaco Beleza também se fez famoso por sua lealdade à Coroa e ao abolicionismo. Teodoro Sampaio, nas suas crônicas sobre a abolição, registrou que Macaco Beleza, ao saber que a escravidão havia sido abolida, emudeceu e

> No meio do entusiasmo dos moços, das exclamações estrepitosas que de todos os ângulos da cidade e dos bairros, dos subúrbios, enormes falanges de cidadãos, de todas as classes, e de todos que acabavam de ser emancipados; quando todos vinham saudar a *Gazeta da Tarde* e a Libertadora Bahiana, Manoel Benício chorou por longo tempo.[47]

Macaco Beleza foi um dos que personificaram na figura de Isabel e no ato de assinatura da lei da abolição o fim do cativeiro. E embora desagradasse aos acadêmicos, o empenho do célebre capadócio na defesa do Império contava com alianças entre chefes políticos e líderes populares negros, construídas em meio à campanha abolicionista. Os vínculos de Macaco Beleza com importantes figuras da política local eram explícitos, o que lhe resguardava de punições por parte da polícia. Ele foi vendedor da *Gazeta da Tarde*, relevante órgão do movimento abolicionista, cujo proprietário era o liberal Pamphilio de Santa Cruz, aquele que era "monarquista de 14 de maio"; ou seja, renunciou ao movimento republicano depois da abolição. Portanto, a lealdade do Macaco Beleza à família imperial era extensiva aos chefes políticos que, na contramão do discurso reformista mais radical, eram monarquistas. Braz do Amaral informa que depois de proclamada a república, esse capadócio "por vezes ajoelhava-se na multidão e praguejava contra o novo regime, vendo-se o governo do Estado na contingência de ordenar a sua deportação" para Fernando de Noronha, o mesmo destino dos capoeiras da Corte.[48]

No mais, como bem disse Manoel Querino, o capoeira fora

sempre figura indispensável nas disputas eleitorais, "fazendo valer a vontade de seus correligionários".[49] Rui Barbosa conhecia Macaco Beleza de perto; estiveram juntos em reuniões de liberais. No entanto, quando comentou sobre a Guarda Negra na Bahia, não poupou críticas ao "paladino", que expressaria "a grosseria da estirpe" dos agentes da monarquia.[50] Enquanto essa fidelidade à princesa o desagradava sobremaneira, por José do Patrocínio deve ter sido bem recebida. Fazendo proveito da sua fama, Macaco Beleza garantiu à "malta" baiana a feição de terror da já conhecida homônima no Rio de Janeiro.[51] Como se via na Corte, a popularidade da família imperial crescia na mesma medida em que o Império agonizava, e o apoio de líderes populares foi uma tentativa frustrada de garantir a ordem monárquica. Assim como d. Obá no Rio de Janeiro, Macaco Beleza parece ter sido um daqueles personagens que tiveram como marca a conquista de destaque social a partir da estreita vinculação entre a fidelidade à monarquia e o prestígio na comunidade negra.[52] Eles simbolizavam uma espécie de pacto entre a população de cor e o poder imperial, no qual a valorização de vínculos afetivos e pessoais era reafirmada através de concessões e deferências.

Daí que naquele fatídico dia de junho, o fervor monarquista da "malta" de Macaco Beleza não dava sinais de arrefecimento. Acuados, Silva Jardim, Virgílio Damásio e mais dois republicanos sulistas tiveram que se proteger da fúria popular na casa de nº 24 da ladeira do Taboão, na qual funcionava a quitanda de um africano. O mesmo recurso salvador do qual se valeu o nosso autor anônimo, também resguardado da confusão num cubículo habitado por africanos. Antônio Vianna, um cronista baiano da primeira metade do século XX, registrou nos seus apontamentos o termo "quintal de nagô" como sinônimo de casa suja e desarrumada. A designação se devia à confusão de fins nas casas de africanos, nas quais facilmente "se escandalizaria um visitante desacostumado", pois "ficava na incerteza da definição de trapiche ou domicílio". Era corriqueiro morarem nessas casas "dezenas de criaturas, acomodadas em bancos, caixões, tábuas desmontáveis [...] tamboretes e giraus de varas e palha", e ainda funcionar nelas quitandas e botequins. Nas residências/quitandas, a higiene pública sempre andava "farejando focos de imundices", quando o medo das epidemias se agravava.[53]

A crônica de Antônio Vianna e a correspondência policial nos informam sobre os preconceitos que cercavam a vida dos africanos. As incursões policiais em suas casas com pretextos higiênicos garantiam-lhes presença assídua nos jornais locais. Em 1881, o africano Crispiniano, morador dessa mesma ladeira do Taboão, recebeu a visita dos funcionários da higiene pública. Os modos dos inspetores devem ter desagradado o africano, que agrediu a um dos guardas com bofetadas. Os funcionários, por sua vez, informaram que Crispiniano, "vagabundo" e "sem meios lícitos de vida", respondeu-lhes mal.[54] É bem possível que do mesmo modo que os inspetores da higiene, os ilustres refugiados nas casas dos africanos se encontrassem em "quintais de nagô".[55]

Contando apenas com a claridade de um fósforo, Virgílio Damásio examinou o ambiente pelos critérios higiênicos dos doutores. A visão daquele lugar, misto de casa e quitanda, deve ter dado tons ainda mais fortes a suas convicções políticas. Alguns meses antes desse incidente, ele havia ensaiado alguns versos contra os monarquistas. Virgílio Damásio designou os republicanos de "raça pura" de "homens livres que sabem querer". Em contrapartida reservou aos monarquistas os versos que seguem:

> *Numa pira de escudos partidos,*
> *queimaremos o manto real.*
> *Esmagar o palanque dos bravos,*
> *quem pretende? quem ousa? Quem é?*

Abissínios e hordas d'escravos?
Mercenários sem brios, sem fé?[56]

Assim como muitos outros, o líder republicano e abolicionista parecia ainda não ter assimilado que ao substantivo negro não cabia mais o adjetivo escravo, e interpretava a ação política como uma nova cruzada, dessa vez dos "homens livres" de "raça pura" contra os "vassalos" "abissínios". Sob a luz de um fósforo, na casa de um africano, Virgílio Damásio devia reeditar certezas sobre o critério racial que julgava distinguir republicanos e monarquistas. Refugiados em lugares próximos, ele e o missivista anônimo se enchiam de temores dos pretos "corpulentos e de olhos injetados de sangue" que, com achas de madeira e acrobacias de capoeira, defendiam o reinado da princesa. Os abrigos disponíveis deviam mesmo incomodá-los. A "raça pura" à qual julgavam pertencer corria perigo naquela cidade infestada de "abissínios".

É inevitável imaginar o inusitado que a presença de homens brancos bem vestidos e amedrontados causou dentro de um pequeno cômodo onde funcionava uma quitanda africana. Depois de algum tempo asilados naquele cubículo, Silva Jardim concluiu que se ficassem ali, "seriam mortos como ratos" diante daquele preto que, sem saber quem eram eles, se empenhou em protegê-los. Proteção reforçada, conta a versão policial, por dois oficiais que guarneciam a casa pelo lado de fora.[57] Atento à gritaria das ruas, o grupo de fugitivos percebeu que em pouco tempo seriam descobertos, pois os capadócios começavam a inspecionar os casebres. O missivista anônimo acompanhava de seu esconderijo na mesma rua os acontecimentos com igual apreensão; os africanos tentavam impedir a entrada dos monarquistas enfurecidos, fazendo o sinal da cruz e reforçando a proteção da porta com o próprio corpo. Nas suas contas, o tumulto ainda se prolongaria por meia hora, quando a polícia aos poucos conseguiu conter os mais exaltados.

Nesse intervalo, os republicanos trataram de fugir para o primeiro andar do sobrado mais próximo. Eles chegaram então à casa de umas "raparigas de má vida" que, embora assustadas, se dispuseram a ajudá-los. Virgílio Damásio e Silva Jardim ficaram estarrecidos. Depois dos capadócios e do africano, agora era preciso escapar das meretrizes! Por serem responsabilizadas pela corrupção dos corpos e espíritos dos cidadãos, as prostitutas foram alvos preferenciais da política higienista dos doutores.[58] Na avaliação de Silva Jardim, permanecer ali era ir do "terrível para o ridículo". Fugindo da multidão e do ridículo, a excursão forçosa pela vizinhança os levou à "honesta habitação de algumas lavadeiras", que os receberam benzendo-se. A descrição que Silva Jardim fez delas se assemelha àquelas encontradas na literatura que caricaturou a estética afro-baiana:

> Eram gordas mulatas, que usavam na cabeça um toucado feito por uma rodilha de pano branco. Vestiam saia de chita, via-se-lhes o busto coberto da camisa de linho branco, alvíssima, asseada, coberta de labores, de rendas custosas, feitas na terra. Os braços e o colo ficavam nus, apenas cingidos por pulseiras e colares ricos. Calçavam chinelas que deixavam ver os pés despidos.[59]

Aqui, como nos discursos dos viajantes oitocentistas e dos escritores modernistas do século XX, a estética feminina afro-baiana foi acentuada em seu exotismo, riqueza e sensualidade. Aquela foi a primeira visita do líder republicano à Bahia, mas ele certamente já estava familiarizado com as imagens em torno da feminilidade negra também em circulação na capital do Império. Tiago de Melo Gomes analisou a convergência dos termos mulata e baiana nos discursos dos intelectuais cariocas da época. Na opinião do autor, os dois tipos se tornaram indistinguíveis e passaram a reiterar a ênfase na sensualidade do corpo da mulher afro-brasileira.[60] Animalizando a negritude dos pretos de "narinas dilatadas" e adocicando a das pretas de "colo nu", Silva Jardim lançou mão da lógica racial efetivamente legitimada depois da abolição. Escondidos na casa de lavadeiras descritas com tamanha licença poética, os republicanos sentiram-se livres da sanha dos capadócios e da licenciosidade das meretrizes, enquanto aguardavam que fosse seguro sair e procurar a proteção do chefe de polícia, Manoel Caetano.

Diante de tamanha confusão, só restava a Silva Jardim e sua comitiva desistir do ato planejado pelo Partido Republicano e regressar ao vapor, rumo a Recife. Ainda assim a tensão não se dissipara. Durante a escolta dos republicanos até a residência de Virgílio Damásio, onde ficariam até a hora do embarque, o chefe de polícia soube que novo conflito se formara na Faculdade de Medicina. O autor anônimo nos fornece, mais uma vez, detalhes sobre o episódio. Disse ele que, ao sair da casa dos africanos por volta do meio-dia, viu o chefe de polícia, o delegado e praças tentando conter "um grupo de pessoas de cor, muito malvestidas, armadas de cacetes e com os olhos injetados de sangue". Parecendo já ter desistido do resgate dos filhos e mais preocupado com a própria sorte, o nosso informante voltava para casa quando foi agredido por um mulato alto que o segurou pelas barbas e disse: "Seu velho de uma figa diga já — viva o Partido Liberal, viva o conde d'Eu, viva a monarquia, morram os republicanos".[61] Situação semelhante foi noticiada por um periódico carioca em janeiro de 1889 quando do ataque da Guarda Negra:

> Diversos grupos de indivíduos de cor e mal trajados percorreram as ruas até alta noite, dando vivas à Monarquia e à Guarda Negra. Estes grupos acercavam-se das pessoas que desconfiavam serem republicanas, obrigando-as a dar vivas à Monarquia e ao Ministério, espancando-as se elas se negassem.[62]

20. Os postais com imagens de mulheres baianas produzidas em estúdio tiveram grande circulação na segunda metade do século XIX.

* * *

Bem, se a propaganda republicana articulava-se em todo o país, a investida monarquista não era acanhada, nem disforme. O homem teve que obedecer ao eufórico monarquista para escapar da agressão e seguiu adiante. Convencido da impossibilidade do resgate planejado, ele se perguntava: "Quem meteu na cabeça destes rapazes [seus filhos], a República?".[63]

A Faculdade de Medicina era o principal centro de propaganda republicana na Bahia.[64] Mesmo que os jovens em questão não fossem estudantes — eram oficiais mecânicos —, por certo frequentavam as calorosas reuniões promovidas pelos aspirantes ao título de doutor. Nos encontros republicanos comumente estavam presentes professores, médicos, caixeiros, comerciantes e estudantes. O missivista fez questão de contar a Rui Barbosa as fontes de inspiração das ideias "perigosas" de seus filhos, descobertas numa inspeção feita às escondidas no quarto deles: um livrinho intitulado *República no Brasil*, de autoria de Silva Jardim, e um exemplar do jornal *A República Federal*. O periódico era a publicação do Partido Republicano, com acesso restrito.[65] Certo da subversão dos filhos, o pai ainda tentou dissuadi-los dessas ideias, para logo se convencer do quão inútil era tal esforço.

Àquela altura, os três filhos rebeldes estavam entre os que protestavam contra o chefe de polícia, por julgarem que houvera negligência policial no desembarque dos republicanos. Foi para lá que se encaminharam todos os que tentaram receber, sem êxito, a comitiva de Silva Jardim. Entrincheirados dentro da faculdade, como "ovelhas perseguidas à procura de abrigo", os estudantes se vingavam gritando "morras" ao Partido Liberal e ao conde d'Eu que, naquela mesma hora, não longe dali, era recepcionado pelo presidente da província, Almeida Couto, e pelo chefe de polícia. Proporcional aos gritos dos estudantes era a multidão que se fazia notar diante do prédio da faculdade. O Terreiro de Jesus ia sendo inundado pelos que estavam dispostos a prolongar a confusão, fossem "pretos/monarquistas" ou "brancos/republicanos". Ao constatarem que começava o apedrejamento e corria-se o risco de invasão do prédio da faculdade, os estudantes retribuíram com vaias e ameaças de contra-ataque munidos de substâncias químicas "fulminantes" e instrumentos de anatomia contaminados em cadáveres putrefatos.[66] "Basta triscar, diziam os médicos, morte certa."[67] A cena era emblemática: de um lado líquidos e instrumentos médicos; do outro, pedras e paus. Era a civilização *versus* a barbárie.

O clima de tensão na cidade só serenou quando chegaram ao Terreiro de Jesus o chefe de polícia Manoel Caetano e o coronel Silva Marques — os mesmos que foram acusados de articular e proteger a Guarda Negra. A partir de então, a polícia garantiu a segurança dos estudantes e professores que, aos poucos, ocuparam os bondes, abandonando o campo da batalha. À noite, Silva Jardim embarcou com destino ao Recife, onde a recepção foi tranquila e calorosa por parte dos acadêmicos da Faculdade de Direito, muitos deles baianos.[68] O desfecho daquele dia trouxe alívio ao correspondente anônimo de Rui Barbosa, que, finalmente, conseguiu retornar para casa e reencontrar seus recalcitrantes filhos. O destinatário da carta não experimentou o mesmo lenitivo. Abolicionistas e republicanos, como Rui Barbosa, afinaram as críticas: acusavam a família real de seduzir e iludir a "ignóbil" gente de cor. A intenção era delatar os ardis do governo imperial, mas no meio do caminho ideias sobre diferenças raciais iam sendo inventariadas. Por isso, o episódio ganhou repercussão e denunciava como a questão racial estava subjacente às ações políticas da época.

Num manifesto dos homens de cor do Rio de Janeiro em apoio aos republicanos baianos, o argumento era que o mérito da abolição de modo algum cabia à princesa. Em tom acusatório, 45 signatários diziam ser os que "foram sacrificados pela monarquia brasileira durante três séculos", os que "a mando da Redentora foram espingardeados na Serra de Cubatão", os que foram castigados impiedosamente como "um animal feroz a ser domado" e ainda, os que eram "vítimas de especuladores inteligentes que [queriam] estabelecer uma questão de raça, coisa impossível de dar-se". Na verdade, afirmava-se a impossibilidade daquela "questão de raça" lançando mão de um argumento explicitamente racializado: "sendo tão contra a raça preta e contra os abolicionistas, ainda quer [a família imperial] que os pretos vão escorar o seu trono basqueante?". Paradoxalmente, proclamava-se pela solidariedade entre os homens da "raça preta" para fazer frente ao "ódio de raças que se [queria] instituir".[69]

Por fim, a hostilidade entre os populares partidários da monarquia e os estudantes de medicina era mesmo uma insólita ironia. Muitos dos que agora se agrediam tinham estado engajados conjuntamente, ainda que com interesses específicos, na campanha abolicionista. Dilton Oliveira de Araújo considera que "o republicanismo na Bahia foi francamente favorável ao fim do regime escravo".[70] Portanto, estavam agora em lados opostos os mesmos que ainda festejavam o 13 de maio. Mas, naquele contexto, para além das predileções partidárias, o que demarcava a fronteira entre a "raça pura" e a "raça preta" na Bahia?

OS "BÁRBAROS CORAÇÕES ILUDIDOS" DA GUARDA NEGRA: CAPADÓCIOS, CARREGADORES, GANHADORES

Se fixarmos nossa atenção na exaltada multidão a ameaçar os estudantes de medicina, nos veremos diante desta "raça preta". O historiador Mário Augusto da Silva Santos considera que havia ali certos grupos populares, como magarefes do matadouro do

Retiro, cortadores de baleia de Itapuã e carregadores do cais.[71] Para Braz do Amaral, era a "gente suja de roupa grossa, com aparência de moradores dos arredores da cidade atraídos para aquela tarefa".[72] Aos olhos de contemporâneos como Rui Barbosa, tratava-se de "bárbaros corações iludidos", a "canalha", que tomou as ruas com o beneplácito da princesa e do conde d'Eu.[73] Segundo o correspondente de Rui Barbosa, muitos deles sequer eram da cidade, pois por vários dias correu a notícia de que chegariam de Cachoeira cem homens pagos pelo coronel Santos Marques para vaiar os republicanos e matar Silva Jardim. Teria sido a presença deles na multidão um agravante, garantia o missivista.

Ainda na sua versão, fora assegurado aos capadócios de Cachoeira o prêmio de dois contos de réis, bebida e emprego na alfândega pelo sucesso da operação. Aos que delatassem o plano restava o exílio permanente em Fernando de Noronha, para onde estavam sendo enviados muitos libertos julgados incorrigíveis pela polícia de diversas províncias.[74] Não foi possível saber se entre os manifestantes do "massacre do Taboão" estavam pessoas de outros lugares, porque se o inquérito policial sobre o caso existiu, não tive a sorte de encontrá-lo. Entretanto, o *Diário do Povo* denunciou em janeiro de 1889 a existência da Guarda Negra em Cachoeira.[75] No mais, o trânsito da gente de cor entre a capital e as cidades do Recôncavo sempre fora intenso, principalmente depois de 1888. Uma extensa malha de comunicação e colaboração funcionava com eficiência em meio à circulação de mercadorias e pessoas. Também devemos lembrar dos músicos da chapada, a quem coube o sinal para o ataque, que costumavam apresentar-se regularmente nas cidades do Recôncavo, apesar de residentes em Salvador.

Antônio Fernão Muniz de Aragão, em *A Bahia e seus governadores na república*, definiu os acontecimentos de 15 de junho como tumultos promovidos por "arruaceiros insuflados, aos quais se uniram pobres libertos iludidos".[76] É possível que alguns deles fossem "treze de maio", mas o fato é que o fim do Império e o enfraquecimento político de certos líderes parecia ser lido pela população de cor como o risco de perda de determinados direitos, de conquistas já consolidadas. Sabe-se que boatos corriam de que após a República seria vedado à população de cor o acesso aos empregos públicos, civis e militares.[77] Magarefes, carregadores e cortadores de baleia poderiam estar movidos pelo esforço de assegurar o controle do comércio de alguns produtos, como a carne de baleia, de isentar-se de impostos e taxas, de garantir a manutenção da sua rotina de trabalho e, mais ainda, pela esperança de usufruir certas prerrogativas de cidadania.

Talvez muitos deles estivessem apostando nos propósitos das agremiações, como a Sociedade Baiana 13 de Maio, que tinha por finalidade garantir, junto ao governo imperial, que os libertos e seus descendentes "quebrariam para sempre os grilhões do cativeiro", através da instrução pública. Para tanto solicitavam que a própria princesa se intitulasse protetora da Sociedade e possibilitasse que fossem "retirados da ignorância nossos infelizes cidadãos".[78] Entre os fundadores estavam o conselheiro Manoel do Nascimento Machado Portela, presidente da província em 1888, Pamphilio de Santa Cruz e Luís Anselmo, políticos liberais acusados de aliciar os capadócios contra os propagandistas da república.

No mais, a abolição àquele tempo ganhava espaço na memória popular como uma dádiva da família real. Conta a memória popular que, desde "o tempo da princesa", se encena em Acupe, um pequeno distrito do Recôncavo, o "nego fugido". Trata-se de uma encenação da conquista da liberdade na qual cartas de alforria são entregues aos "negos fugidos" pelo "imperador" depois que a princesa Isabel intercede a favor deles.[79] Além disso, o medo da revogação da "lei de ouro" fazia parte dos pesadelos de uma população já habituada a vivenciar situações em que a perda da liberdade podia ser apenas uma questão de habilidade jurídica ou força de antigos ou pretensos senhores. Essa não é uma interpretação original. Autores como Sidney Chalhoub e Flávio Gomes já a fizeram quando trataram da Guarda Negra no Rio de Janeiro.[80] Como bem disse Flávio Gomes, "o discurso da indenização muitas vezes cheirava a reescravização", pois a oposição de muitos senhores à abolição incondicional criou suspeição entre os libertos.[81]

Alheios às razões dos monarquistas de cor, acadêmicos, jornalistas e políticos republicanos e mesmo conservadores, além de responsabilizarem as autoridades pelo episódio, submeteram os protagonistas do conflito no Taboão a uma sistemática depreciação. Se Almeida Couto e seu grupo político foram acusados de utilizarem-se da "capangagem aliciada", a Guarda Negra não ficou isenta de ácida crítica dos jornalistas republicanos. O *Diário do Povo* publicou protestos, denúncias e sátiras cujo tema era o fatídico "massacre". O jornal era propriedade de Aristides de Santana, também abolicionista e amigo de Rui Barbosa. Sob o título de "Musa popular" publicou-se uma série de pilhérias nas quais se caricaturava os que ainda viviam numa "infância moral". Apesar de longos, vale a pena transcrever os principais versos de um dos poemas chistosos:

Eu fui a um batizado domingo,
a convite de um certo amigalhão
que me aplaude o talento
e acha bom tudo o que faço.

Era o pai da criança um cabra enorme,
de grande cavanhaque
e com uma grande tosse
que já cambaleava.

[...]

Recebeu-nos na porta com a maneira mais amiga,
mais chan, mais pitoresca.
E a bater-me no ombro, disse franco:
—"Doutor, ponha-se à fresca."

Nisto surge do fundo da caserna gorda mulata,
assim da cor dos milhos,
e o tal de cavanhaque apresentou-a:
—"A mãe de nossos filhos."

Este nossos me foi aos gorgomilos!
Eu, contudo, curvei-me o mais que pude,
e disse com raríssima elegância:
— "Vai bem a saúde?"

A frase fez furor.
Ela me disse com ar de infelicidade:
— "Nem por isso yoyô,
ando sentindo certas ventosidades."

[…]

Enfim o meu amigo se acercou,
e pondo o mulatão em frente a mim,
cuspiu entre nós dois e começou
me apresentando assim:

— "Fulano, eu lhe apresento o poeta sicrano,
que tão novo faz todo dia,
a musa popular do 'Diário do Povo'."

[...]

então ele entrou pela casa,
porém quando voltou, ó santo Deus!
Brandiu um pau que trouxe da cozinha!

[...]

— *"Sae para fora daqui republicano!"* [82]

O senso de humor do poeta podia ser duvidoso, já o seu propósito foi explícito. A escolha do batizado como cenário para o desastroso encontro entre o cabra, a gorda mulata e o jovem poeta republicano por si só insinua uma situação ridícula. Sabe-se das críticas dos intelectuais da época ao clericalismo do Estado monárquico. O excessivo apego da princesa Isabel aos ditames da Igreja católica era motivo de galhofa para os opositores da Coroa.[83] Nesse sentido, um trivial e domingueiro batizado era o palco perfeito para o tom jocoso que se procurou emprestar ao episódio.

Aos anfitriões o autor reservou a descrição mais caricata possível: um cabra enorme, mulatão, de cavanhaque, tossindo e cambaleante, tendo como par uma gorda mulata cheia de dores e ventosidades. Definidos os personagens doentios, restava fazê-los monarquistas, a ponto de o "talentoso" jornalista correr o risco de ter a cabeça ferida por uma paulada certeira. Também nada sutil foi a alusão à gorda e queixosa mulata como "a mãe dos nossos filhos". Tal assertiva deixou-o engasgado, ficou-lhe nos gorgomilos, repugnou o republicano. Distintamente daquelas formosas mulatas lavadeiras de Silva Jardim, essa retratava as mazelas da população pobre, grotesca e fisicamente debilitada.

Os desdobramentos da abolição também não passaram despercebidos aos jornalistas. A série de crônicas e chistes continuou a ser noticiada nos periódicos locais, tendo a diferença racial como principal mote. No *Diário do Povo* de julho daquele ano insistia-se na galhofa com os seguintes versos:

Como eu vos tenho medo,
ó capadócios, em cuja proteção el-rei estriba,
sanhudos capadócios
que sabeis empunhar uma beriba.

[...]

Filhos de [Pamphilio] Santa Cruz,
vós, no entanto, sentes o meu orgulho
daquele bruto domador de cobras
que puxastes n'um carro ao 2 de julho.

É deste orgulho marcial, indígena,
é que eu tremo, que eu fujo e tenho medo,
porque para virar de cambalhotas,
basta um empurrão de vosso dedo.

Ontem estavas no cais, em agrupamento,
ao redor de um balaio,
como se ali tivesse havido alguma coisa
que lembrasse o feliz treze de maio.

Acerquei-me para ver... como era horresco!
Que nojentos patifes!
Comiam manta de baleia,
como os vis republicanos comem bifes!

Então pus-me a pensar si estes tratantes,
que tanto apetite asselvajado,
pudesse certa vez meter o dente
num lombinho deste criado!

[...]

Por isso em vós receio, ó capadócios,
Ó capadócios que comeis baleia!
Tenham-vos sempre Deus longe de mim
pelo menos — légua e meia![84]

O historiador Onildo Reis David, ao pesquisar sobre epidemias no século XIX na Bahia, deteve-se na análise da proibição ao comércio de carne de baleia em 1855. Ele comenta que os libertos africanos, principais negociantes do produto, e os escravos, os maiores consumidores, foram alvos de vigilância e punições da higiene pública e da Câmara Municipal. Desde então, pesava sobre os comedores de baleia a pecha da imundície. O acento bárbaro atribuído àquela reunião no cais servia para demarcar a fronteira entre os comedores de baleia e os apreciadores de bifes.[85] Subliminar ao chiste estava uma constatação de que nada havia mudado, apesar do "feliz 13 de maio". Os egressos da escravidão continuavam com o "apetite asselvajado", devorando carne "imunda". Ao seu modo, o jornalista republicano afirmava que a lei Áurea não retirara os homens de cor da condição de miséria na qual viveram enquanto cativos. O passado escravo era, desse modo, o estigma indissociável da condição social daqueles homens. A menção ao "bruto domador de cobras" é óbvia. É uma referência ao caboclo que ocupa lugar central nas comemorações pela independência conquistada em 1823 na Bahia. Devo lembrá-los de que os libertos comemoraram a abolição levando às ruas os caboclos.

Essa insistência popular em instituir os caboclos como representação nacional irritava os que se opunham à ordem monárquica. Por outro lado, ao simbolizar a conquista da soberania nacional com figuras indígenas, sobressaía-se uma ideia de primitivo irreconciliável com os ideais de progresso e civilização tão em moda na época.[86] Portanto, quando o articulista relaciona os capadócios que empunhavam a beriba,[87] comiam carne de baleia e puxavam o carro dos caboclos, insinuava-se o quanto tais símbolos de liberdade e a própria festa do Dois de Julho, tão associados ao poder imperial, os incomodavam.

Quando o conde d'Eu retornava à Corte depois da longa viagem às províncias do Norte, novamente aportou na Bahia. Entre as muitas homenagens que recebeu, sem que os republicanos lhes causassem quaisquer transtornos, uma foi especialmente registrada por Manoel Querino. O cronista contou que quando a comitiva real caminhava pela ladeira de São Bento, o conde e o conselheiro Almeida Couto foram, subitamente, interpelados por Roque Jacinto (ao qual o leitor já foi apresentado no primeiro capítulo). Esse sapateiro e "orador do povo" das fileiras liberais aproveitou a oportunidade para comunicar ao consorte da princesa a criação do batalhão patriótico da festa do Dois de Julho com o nome dela. Era uma prova de gratidão dos "filhos da raça" que ela, com "a pena de ouro, libertou".[88] A despeito da antipatia popular que o conde d'Eu inspirava, a idealização de Isabel tinha largo campo simbólico na Bahia.[89]

Também não era por acaso que essa série de poemas se referia à zona portuária e adjacências. Era lá que, desde os tempos da colônia, se podia constatar o quanto a população de cor era numericamente expressiva na capital da província. No bairro comercial que margeava a baía, os "bárbaros corações iludidos" também eram os braços úteis para o transporte, fossem dos pesados fardos que saíam e chegavam ao porto ou dos delicados pacotes adquiridos nas lojas de produtos importados. Segundo Antônio Vianna, eram homens de "músculos retesados, suarentos, atléticos e joviais" que vez por outra enfrentavam a polícia com cabeçadas e jogo de pernas.[90] Do mesmo modo, não se pode esquecer que foi no cais que o ataque aos republicanos teve início.

Já o Terreiro de Jesus, onde ficava a Faculdade de Medicina, era o mais frequente campo de luta dos capoeiras, conforme os registros de Querino.[91] Eram corriqueiras as queixas como a de um subdelegado, então às voltas com a "reunião de capadócios", tipos "turbulentos", dispostos "a fazer valer a força sobre a própria lei", que diariamente acontecia no cais do ouro.[92] Essa regularidade não escapou a um republicano que satirizava o cotidiano dos artesãos da freguesia da Conceição da Praia, ao escrever:

> *Adoro o capoeira petulante,*
> *o caipora debochado,*
> *o terror do batuque, o desordeiro,*
> *que anda sempre de compasso ao lado.*

> [...]

> *Eu ontem fui ao cais.*
> *Vi certo capadócio ocupadíssimo e*
> *Cheio de desvelo.*
> *De agulha em punho, suarento,*
> *aflito, consertando um chinelo.*

> *Parei e pus-me a contemplar o artista*
> *com o maior interesse,*
> *(porém veja o leitor o demo como as tece).*

Ele ao ver-me parado, sustentando um riso
muito franco, disse-me assim
com um ar de pouco amigo:
— "Afomente-se branco!" [93]

A rispidez no tratamento e a tarefa rudimentar do capadócio levaram o republicano a deduzir que estava diante do "desordeiro", do "terror do batuque". É bem possível que o autor estivesse fazendo menção direta a Roque Jacinto, o sapateiro que declarava publicamente a sua gratidão à princesa e a admiração a José do Patrocínio. Mas o "branco" também estava rindo à custa da rotina de trabalho de um carregador qualquer que, enquanto aguardava quem contratasse os seus serviços, se ocupava, "de agulha em punho", cena comum da paisagem urbana daquele tempo e lugar.

A concentração de trabalhadores em ruas e praças da cidade permitia, a quem precisasse, contratar carregadores de cestos, tinas, barris, caixas de açúcar, entre tantos outros produtos. Segundo João José Reis, na Bahia escravista esses trabalhadores constituíam os cantos, um espaço etnicamente demarcado na geografia urbana pela reunião de homens cativos ou libertos. Em 1889, o cotidiano dos carregadores satirizado pelo poeta republicano em quase nada havia mudado, apesar do "feliz treze de maio". Vivendo do estafante transporte de cargas e consumindo alimentos de qualidade duvidosa, para quem se empregava no ganho a abolição estava longe de ter significado qualquer redenção. Era dessa permanência que o poeta tripudiava.

Por sua vez, as condições de vida, a organização do trabalho, a vigilância da polícia e as críticas da imprensa garantiam a continuidade de uma longa história de embates e acordos entre autoridades e carregadores, que de modo algum teve início com o "massacre do Taboão". Reis, em suas pesquisas sobre o universo social desses tra-

21. Foto de estúdio representando a capoeira, reproduzida em cartão postal exaltando o exotismo das práticas culturais negras.

balhadores na Bahia, concluiu que os ganhadores africanos ocupados com o transporte de mercadorias e pessoas foram os principais protagonistas da revolta tramada pelos malês.[94] Desde então, diversas medidas de controle seriam arquitetadas tendo os cantos como alvo. Duas décadas depois, a greve de 1857 teria paralisado "quase que completamente" o transporte de cargas na capital. "Não se achava quem se prestasse a conduzir objeto nenhum", dizia o *Jornal da Bahia*, no primeiro dia em que "os pretos" ocupados nesse serviço "ocultaram-se".[95] Aos poucos, o movimento foi arregimentando aliados entre os que se viram prejudicados em sua rotina e negócios, diante da impossibilidade de ter a cômoda presteza dos negros empregados no ganho. Depois de uma semana com a rua "quase deserta de pretos" e muita discussão na Câmara Municipal, o serviço foi restabelecido sem a obrigação de se pagar pela matrícula.

Em março de 1871, a discussão sobre regras que definissem o sistema de transporte foi novamente posta em pauta. A iniciativa coube então a Francisco Gonçalves Martins, o visconde de São Lourenço, então presidente da província. Tratava-se do obstinado antiafricanista e dileto membro do Partido Conservador que havia chefiado a polícia em 1835 e presidido a província em 1850, ocasião em que se proibiu aos africanos saveiristas a ocupação no descarrego de mercadorias no porto.[96] Em 1871, ele almejava que somente a homens livres e nacionais fosse permitido transportar mercadorias da alfândega até as casas comerciais, uma atividade muito disputada na cidade francamente comercial e portuária. O abolicionista Luís Anselmo da Fonseca incluiu o episódio no rol das investidas antiescravistas do visconde de São Lourenço, mas há outra perspectiva pelas quais se podem capturar os seus planos.

A pretexto de atender à reivindicação de "vários cidadãos pobres" (muitos deles "voluntários da pátria" na guerra contra o Paraguai), o visconde e seu filho, comendador José Gonçalves Martins, criaram a Companhia União e Indústria de Trabalhadores

Livres.[97] Numa carta encaminhada à Associação Comercial explicava-se a finalidade da instituição, qual seja, desencorajar o trabalho escravo. Tratava-se de uma espécie de compaixão pelos "cidadãos pobres", porque os carregadores livres queixavam-se da "repugnância que encontram em algumas pessoas do comércio que lhes negam o emprego [...] e algumas vezes as maltratam de palavras".[98]

Sempre afirmando que falavam em nome dos remadores de saveiros do cais de São João e de outras estações, os Gonçalves Martins ansiavam convencer os comerciantes a só contratar os serviços dos associados da União e Indústria, que "os fariam melhor e mais barato". Nessa cruzada, eles alertavam para a necessidade de "destruir antigas prevenções acerca de certos gêneros de serviço que estiveram nas mãos de servis, enobrecendo-as, por assim dizer, elevando seus novos executores no seu próprio conceito e no da população".[99] Muito diferentes eram aqueles tempos da época da revolta malê, e o visconde de São Lourenço bem o sabia.

Estando já instaurado o desmonte do escravismo e a nação enternecida com o retorno dos soldados brasileiros dos campos paraguaios, a criação da companhia foi interpretada como o resultado de "lutas, esforços e despesas" para a causa da emancipação e da liberdade civil.[100] Ainda favorecia ao visconde, como ele mesmo acentuou, a possível "falta de pessoal aplicado a este ramo da indústria", por ser "repelida por braços livres e exclusivamente entregue a africanos, cujo número se extingue, ou a escravos que podem e devem ter outro destino".[101] Mais do que em 1835 e 1850, os seus propósitos pareciam ter tempo e lugar oportunos. Por isso, era preciso aproveitar "o momento de realizar certos melhoramentos policiais que em outros tempos seriam de execução odiosa", previa, em sua contabilidade de velhos fracassos e antevisão da suposta redenção. E assim envolvido pela certeza de que havia chegado a época das melhorias, o visconde reeditou alguns pontos do projeto de regulamento de 1857, como o que estabelecia a

> [divisão] em distritos do litoral comercial, dando a cada um seu chefe ou capataz, alistando-se para o respectivo serviço todos os homens livres que o quisessem, os quais serão numerados e usarão uma chapa no peito, variando esta de cor segundo os distritos, sendo a Associação responsável por qualquer extravio praticado por alguns dos seus membros.[102]

A estrutura pensada na década de 1850 foi sofisticada em 1870; existiria a companhia (dirigida pelo comendador José Gonçalves Martins), responsável pelos capatazes, que por sua vez seriam responsáveis pelos carregadores. Também se insistiu nas chapas presas ao peito, antigo motivo de desagrado dos ganhadores.[103] O presidente da província parecia ignorar velhos incidentes, preferindo apostar na mudança dos tempos e num projeto social que conservasse fronteiras sociais em tempo de crise do escravismo.

Astucioso, Gonçalves Martins promoveu a inauguração da Companhia União e Indústria com grande festividade. Num dia de dezembro, os "operários" se reuniram na cidade baixa e em marcha se dirigiram à praça do palácio, na parte alta. Levavam consigo um "carro de transportar fardos, ornado de bandeiras e flores, sobre o qual vinha uma pipa". O cortejo atraiu "uma multidão de expectadores" e a imprensa, que assistiu ao discurso do presidente da província "ungido de patriotismo e doutrinando aos operários o amor do trabalho e do progresso".[104] A atmosfera, inebriada de patriotismo pós-guerra do Paraguai, contagiava os festeiros. Para o *Diário da Bahia*, o evento em muito contribuía para a extinção do elemento servil, na medida em que se tratava de companhia "formada por brasileiros no intuito de se encarregarem na condução de gêneros, trabalho feito na mor parte por africanos e escravos, que não poderia ter jamais nas suas relações os hábitos de urbanidade".[105]

A ideia de que hábitos e formas de conduta próprias ao mundo do trabalho livre eram inacessíveis aos africanos de qualquer condição jurídica também seduzia os editores do jornal liberal e abolicionista.[106] Na verdade, de muitas maneiras havia afinidade entre o discurso do conservador visconde de São Lourenço e os princípios liberais sobre a questão servil. O visconde defendia a tutela sobre os libertos, a adoção imediata de medidas emancipacionistas e uma maior ingerência do Estado nas relações escravistas, pois "o estadista deve ter coragem para resolver e vontade para executar o que as circunstâncias imperiosas exigem". Com a extinção da escravatura, viriam braços europeus para o trabalho, se instruiria o trabalhador nacional e o "melhoramento da raça viria com o tempo".[107] A crença na "marcha natural das coisas" o guiava.

Mas se havia consenso acerca da limitação advinda da condição de africano, não faltou desacordo quanto à segregação pela força patrocinada pela Companhia União e Indústria. Denunciava-se que a Companhia se impunha com violência: "saiam os africanos, e entremos nós, temos o direito da força". E o recurso à violência era inaceitável para comerciantes preocupados com a paz necessária para a prosperidade dos negócios. Então, foi a vez de a Associação Comercial resistir à ingerência governamental, argumentando que o ato da presidência feria "o princípio da livre indústria e o direito à propriedade".[108] Em documento assinado por 62 comerciantes, eles expuseram as razões da discórdia. Primeiro, muitos deles tinham "seus condutores e carros destinados a fazerem chegar da alfândega aos seus escritórios as fazendas e mercadorias que despacham com o maior cuidado". Além disso, "a limitação de classe ou número de indivíduos na indústria do transporte [...] alterava o preço da condução, o que é outro prejuízo para o comércio". Por último, julgavam que a intervenção da polícia "na regulamentação e ordenação desse serviço [era] um vexame, uma fonte de conflitos".[109]

Pelo que se nota, as ações das autoridades, jornalistas e comerciantes nem sempre sinalizavam para a mesma direção, embora a preocupação com o controle e as convicções ideológicas fossem compartilhadas. Tendo os interesses do comércio preponderado, a regulamentação não teve sucesso. Embora tempo e lugar parecessem propícios, os planos do visconde de São Lourenço não prosperaram. Mas para além do resultado desse empreendimento, cabe pensar sobre o seu significado. O antiafricanismo de Francisco Gonçalves Martins, chefe de polícia da Bahia em 1835, estava assentado em antigas suspeitas sobre "revoltosos potenciais": os carregadores africanos. Ele comandava a polícia quando se temeu que os pretos impusessem o fim da escravidão à moda haitiana. Por outro lado, ele também estava empenhado em transferir africanos livres de Salvador para as plantações de cana-de-açúcar e fumo no Recôncavo.

Em 1887, um regulamento para o trabalho dos carregadores estava novamente em discussão. Dessa vez o chefe de polícia, J. A. Vianna, solicitou ajuda ao chefe de polícia da Corte. Julgava Vianna que no Rio de Janeiro vigorava uma legislação nos moldes que desejava e pedia que, "com brevidade", lhe fosse enviado "um exemplar ou cópia do regulamento, ou outra qualquer disposição que sirva para a boa ordem e serviço de ganhadores nesta Corte", porque pretendendo regularizá-lo na província da Bahia queria "harmonizar, no que fosse possível, as disposições que [iria] expedir com a marcha aí seguida".[110] Não se tem notícia de que tivesse existido no Rio de Janeiro o tal regulamento ou dispositivo solicitado por Vianna.[111] Talvez Vianna estivesse mal informado ao supor que na Corte, centro político do país, a urgência em se regulamentar as relações de trabalho não ficasse restrita às lavouras.

Como se pretendeu em 1870, o regulamento dizia respeito ao sistema de transporte de mercadorias no bairro comercial, mas excetuava os "trabalhadores internos da alfândega, da Companhia Baiana, de trapiches, de depósitos ou de qualquer outro armazém ou casa comercial".[112] Decerto a regulamentação significou a vitória havia tanto adiada do governo provincial, mas outras concessões também tiveram que ser feitas. O referendo à estrutura tradicional dos cantos foi a principal delas. Tal consentimento não foi gratuito. Os trabalhadores ali estabelecidos participavam do jogo político, tentando desarticular ações públicas ou associando-se a quem lhes pudesse garantir algum benefício ou proteção. A autonomia dos trabalhadores para se organizar estava preservada, a despeito da vigilância policial mais estreita à qual foram submetidos.

Seguindo o previsto no regulamento, realizou-se uma extensa matrícula, na qual informações como procedência, idade, condição jurídica e descrição física permitem conhecer a composição social dos cantos de trabalho. Analisando matrícula e regulamento, Reis traçou o perfil desses trabalhadores. Eram majoritariamente libertos e migrantes, fossem da África, de outras províncias ou de cidades vizinhas a Salvador, inclusive Cachoeira.[113] O livro de matrícula dos cantos de 1880 teria decepcionado o visconde de São Lourenço.[114] O número de africanos não era desprezível: eram 822 homens, 49% do total de matriculados.[115] E, quando misturados aos crioulos, geralmente exerciam o cargo de capitães do canto, uma espécie de administrador da rotina do trabalho e da conduta. Posição importante numa comunidade com vínculos hierárquicos fortes.

Mas, como já analisamos no capítulo anterior, não eram os velhos africanos que consumiam as atenções das autoridades naquela época. As brigas, roubos, desordens, desrespeito à moral, sambas e candomblés nos quais se envolviam os trabalhadores nacionais enchiam os relatórios das delegacias.[116] Era cada vez mais recorrente a ênfase num discurso que os associava a comporta-

22. *Carregadores transportando fardos.*

mentos "inadequados", próprios ao tempo da escravidão, "perigosos à ordem pública", o que justificava a necessidade do controle e reiterava que, mesmo sendo libertos e nacionais, eles guardavam a predisposição, quiçá inata, para a subversão. E, como se viu durante as investidas da Guarda Negra, tal "atributo", por vezes, bem que podia ser benéfico a certos chefes políticos.

Reis assinalou que "a grande maioria de ganhadores foi matriculada, ou teve suas matrículas atualizadas, em 1887". O autor especula que as motivações para a maior procura do registro a um ano da abolição teriam sido "o reordenamento dos cantos pela polícia, a maior exigência no registro, a criação de novos cantos, ou uma combinação de tudo isso".[117] Sem dúvida, a atuação policial mais ampla e efetiva às vésperas e imediatamente após a abolição revelava a expectativa pelo "caos social" que a desarticulação do escravismo inspirava e que se fazia sentir principalmente nas delegacias policiais, como já analisei no capítulo anterior. Naquele contexto, delimitando os territórios sociais e culturais na geografia da cidade, a imprensa e as autoridades administrativas e policiais não só tentavam ter o controle do universo desses trabalhadores, como o constituíam a seu modo. Ou seja, ao identificar através de nome, endereço, características físicas, comportamentos e zonas de convívio, reconheciam-se os grupos sociais, demarcando as supostas fronteiras raciais que os separavam. Essencializar, considerar que existia uma natureza inerente e compartilhada pelos homens de cor, foi um exercício político importante para se assegurar hierarquias sociais naquele momento, tal como faziam os republicanos ao caracterizar os monarquistas sempre como pertencentes à zona portuária.

Além dessas, outras ilusões guiavam as ações dos republicanos. Quando analisamos a leitura racializada de diferenças políticas que os acadêmicos empreenderam, parece inevitável também creditá-la ao processo de reconstrução das teorias raciais no Brasil apresentado por Lilia Moritz Schwarcz em *O espetáculo das raças*.[118] A autora demonstra como conceitos, teorias e ideias inspiradas no darwinismo social e no evolucionismo foram criativamente apropriadas no Brasil, entre o final do século XIX e começo do XX, pelos "homens de ciência". Nesse exercício, instituições como a Faculdade de Medicina da Bahia foram os laboratórios nos quais os cientistas se debruçavam sobre as teses raciais. Vivia-se um tempo em que "era a partir da ciência que se reconheciam diferenças e se determinavam inferioridades".[119] A ideia de que o progresso humano estava intrinsecamente relacionado com a escala evolutiva fundamentava as certezas daqueles republicanos acerca do lugar que os monarquistas de cor ocupavam na sociedade.

Por isso os poemas satíricos que desqualificavam os carregadores do cais correspondiam às tentativas de preservação de hierarquias sociais que eram respaldadas pelo estatuto da ciência.

Nesse sentido, as tais "ideias novas" estavam compondo um movimento de reafirmação de critérios diferenciados de cidadania para negros e brancos, como sugere Lilia Schwarcz.[120] Mas era essa a posição política que deveria ser sutilmente posta e habilmente dissimulada. Rui Barbosa, um dos homens da ciência, bem o sabia.

RUI BARBOSA: A "RAÇA EMANCIPADORA" E A "RAÇA EMANCIPADA"

Logo que tomou conhecimento do "massacre do Taboão", Rui Barbosa articulou-se com os republicanos baianos, embora tenha recusado advogar a favor deles contra o presidente da província, Almeida Couto.[121] Os vínculos de Rui com os opositores da Coroa na Bahia eram cada vez mais firmes, principalmente depois que ele se afastou da tutela política do conselheiro Dantas.[122] Aprovada a lei de 13 de maio, parecia não haver mais o que o ligasse ao grupo político ao qual sempre pertenceu no Partido Liberal. Em maio de 1889, a sua dissensão foi explicitada numa carta ao conselheiro Dantas, na qual o informava: "da República disto apenas uma linha. Já disse a V. Exª que só a sua amizade me tem detido".[123] A amizade não o deteve por muito tempo. Os primeiros meses de 1889 foram de muita agitação política, e Rui Barbosa assumiu a bandeira do fim da monarquia com a mesma obstinação com que defendeu o fim da escravidão. Quando soube dos conflitos na Bahia acirrou o ataque à monarquia, principalmente nas páginas do *Diário de Notícias*. A estratégia era imputar a responsabilidade pelos atentados diretamente à Coroa, para desestabilizar a adesão popular à ideia do Terceiro Reinado, mas nem por isso ele se esquivou de dar as suas impressões sobre o envolvimento dos libertos naquela querela.

Na sua versão, a Coroa inebriou "com seus ardis" os recém-emancipados para uma causa perdida como lhe parecia ser, e realmente o foi, o Terceiro Reinado no Brasil, pois "a desordem brotou sob os pés do príncipe ao primeiro contato com o solo do Norte".[124] Teria sido a manipulação da "ingenuidade pública" a principal razão do conflito, mas existiam outros agravantes. O que se presenciava, acreditava Rui Barbosa, era a expressão do "feiticismo da idolatria áulica", própria à "gente d'África" a quem não se poderia imputar nenhuma "responsabilidade moral".[125] E, prosseguia, a "captura" dos homens de cor para a causa monarquista se explicava pela "pobreza de espírito da classe que saiu do cativeiro em estado de infância mental".[126] A ideia da incapacidade política da "raça emancipada" aqui é claramente posta. Tal interpretação articulava-se com os ideais de cidadania de Rui, segundo os quais eram incapazes de deliberar os que não tivessem vivido em plena liberdade. A análise do ataque da Guarda Negra explicita tal convicção.

Em março de 1889, o *Diário de Notícias* publicou o seguinte texto de Rui Barbosa:

> Ao manipanço grotesco das senzalas, próprio para a gente d'África, sucedia o feiticismo da idolatria áulica, digna de uma nação de libertos inconscientes. E para que ninguém ousasse deturpar o sossego desses ritos, imaginou-se estender em volta da Coroa um exército de corações iludidos. Deste pensamento perverso contra a raça emancipadora e a raça emancipada nasceu o artifício de organizar em batalhões da princesa, os homens de cor.[127]

Rui Barbosa procurou caracterizar os aliados da Coroa com o que julgava mais "grotesco": o fetichismo. Na sua opinião, para aquela "gente d'África", absorta no "sossego dos seus ritos", transpor a idolatria da senzala para a Guarda Negra foi um mero exercício de associação fetichista. Eram corações iludidos, presos a crenças próprias aos "inconscientes". A "perversidade" residia em quem os manipulava. Quando dos confrontos entre republicanos e a Guarda Negra no Rio de Janeiro, Rui muito se ocupou desse tema. A leitura do autor do que julgava ser "ilusão dos corações" deixa antever suas convicções sobre a escravidão e aqueles a quem comumente chamava de "raça libertada", nos dias em que a questão se fazia empolgante. A principal delas é que se a escravidão foi a grande mazela brasileira, os ex-escravizados continuavam a ser meras peças manipuláveis, do mecanismo que alimentou as relações escravistas.

Movidos pela propensão ao fetichismo, os homens de cor, mesmo libertos, pareciam sempre à mercê da ilusão. E essa "ingenuidade" lhe parecia perigosa, porque estava firmada sobre o grotesco das senzalas, e não no exercício da liberdade. A experiência do cativeiro não podia mesmo ser lida uniformemente por protagonistas tão distintos dessa trama. Se para Rui Barbosa a senzala era o lugar da ignorância, para os ex-cativos também foi o terreno sobre o qual se construíram compreensões e atitudes frente aos jogos e negócios do cotidiano. Do mesmo modo, a ideia de liberdade de Rui, como a de tantos outros abolicionistas, não pode ser confundida com a dos libertos. Sem dúvida, liberdade era (e continua a ser) um termo com significados múltiplos e polivalentes. Na própria correspondência do jurista se encontram bons exemplos de noções de cidadania e liberdade dos homens de cor.

Em abril daquele ano, a Comissão de Libertos" de Paty de Alferes, em Vassouras, interior da província do Rio de Janeiro, lhe enviou uma carta. Eram sete signatários, e ao lado do nome de um dos remetentes foi acrescentada a palavra *preto*, como um adjetivo a reforçar a condição de liberto. A Comissão tinha um duplo propósito: declarar apoio aos republicanos e pedir a ingerência de quem "tanto influiu na emancipação" para o cumprimento pelo governo imperial do que estava previsto na lei de 1871 — educação e instrução aos filhos dos libertos.[128] A negligência com tal determinação legal os indignava. Vejam como eles justificaram a reivindicação:

> Nossos filhos jazem imersos em profundas trevas. É preciso esclarecê-los e guiá-los por meio da instrução. A escravidão foi sempre o sustentáculo do trono neste vasto e querido país; agora que a lei de 13 de maio de 1888 aboliu-a, querem os ministros da "Rainha" [princesa Isabel] fazerem dos libertos, nossos inconscientes companheiros, base para o levantamento do terceiro reinado. [...] O governo continua a cobrar o imposto de 5% adicionais, justo é que este imposto decretado para o Fundo de Emancipação dos escravos reverta para a educação dos libertos. *Compreendemos perfeitamente que a liberdade partiu do povo* que forçou a Coroa e o Parlamento a decretá-la [...] e por isso não levantaremos nossas armas contra os nossos irmãos, embora aconselhados pelos áulicos do Paço, outrora nossos maiores algozes.
>
> Para fugir do grande perigo em que corremos por falta de instrução, *vimos pedi-la para nossos filhos e para que eles não ergam mão assassina para abater aqueles que querem a República, que é a liberdade, igualdade e fraternidade.*[129]

A escolha do destinatário realmente não foi aleatória. Rui presidia, desde 1880, a Comissão de Instrução Pública da Câmara dos Deputados, foi autor de vários projetos sobre o assunto e, em 1884, debateu pessoalmente com Pedro II sobre a educação no país.[130] Ele podia, de fato, influenciar o imperador a tal respeito. Mas também havia motivos políticos relevantes em jogo. A Comissão de Libertos pôs diante do jurista/abolicionista uma outra perspectiva: a Guarda Negra derivava da falta de instrução provocada pelo descumprimento da lei de 1871. Os pretos do Paty de Alferes relacionavam, sem meneios, o perigo que corriam os republicanos ao débito a ser liquidado com os egressos do cativeiro. Onde Rui viu adoração feiticista, os libertos viram o resultado do descaso do Estado alicerçado na escravidão.

A clareza que tinham do seu papel político não poderia ser alcançada por Rui, que não interpretava a abolição como conquista dos libertos. Muito pelo contrário, para ele a "raça emancipada" devia à "raça emancipadora" a liberdade; logo, esses não podiam "manchar no ódio a gratidão devida".[131] Tampouco admitia que o debate sobre a república coubesse aos homens de cor. Pois, depois de conquistada a liberdade dos negros, restava fazer a liberdade dos brancos — a república. Para ele, a abolição e a república eram tarefas políticas a serem conduzidas pelos únicos protagonistas. Mas a possibilidade de que a "questão racial" pudesse extrapolar as controvérsias partidárias também fazia parte das suas preocupações. Ao considerar que só a educação seria capaz de resgatá-los, os libertos buscavam comprometer diretamente não o governo imperial num momento de flagrante falência, mas principalmente o próprio Rui Barbosa, líder republicano. Insinuavam uma barganha, acordo cujo único termo era o de que fosse assegurado, aos que estavam "imersos em profundas trevas", a luz da educação. Será que a exigência desses libertos sensibilizou o nosso entusiasta da instrução pública?

Rui Barbosa, dizem seus biógrafos, foi um liberal de rígida formação humanística e religiosa. Ainda na infância, por meio da rotineira pregação doméstica, familiarizou-se, a um só tempo, com a "história sagrada" e os debates políticos entre os idealistas da Sabinada.[132] Rui Barbosa se formara politicamente dentro do debate social e jurídico sobre a abolição, o mais longo e polêmico do país. A ideia de liberdade de sua geração foi informada pelos escritores liberais ingleses e franceses tão lidos pela "geração de ideias novas".[133] Na biblioteca de Rui não faltavam títulos como *A história da criação*, de Haeckel, importante fonte de inspiração darwinista dos eruditos brasileiros.[134]

João Felipe Ferreira Gonçalves avaliou que no ambiente acadêmico da Faculdade de Direito de São Paulo, onde Rui completou a sua formação, os estudantes já "chegavam embebidos de ideais de igualdade política, aprendidos anteriormente na literatura e nos meios familiares".[135] Há também quem considere que eles estavam firmes no propósito de universalizar a cidadania civil.[136] Se for certo que intelectuais, a exemplo de Rui Barbosa e Joaquim Nabuco, foram propagandistas de novas ideias como a abolição, deve-se ponderar que determinadas hierarquias lhes eram tão preciosas quanto aos seus pais: as restrições à cidadania negra seria a principal delas.[137] Não sei se Rui respondeu ou o que disse aos libertos de Vassouras, mas é certo que com a república ele se dedicou muito mais às questões fazendárias do que à educação dos brasileiros.

No mais, sequer haviam serenado os ânimos baianos e Rui Barbosa já publicava outro artigo com um calculado tom de alarme, na medida para assustar os brancos monarquistas. Com uma fina retórica, ele expunha mais uma vez a sua percepção sobre a interferência da "raça emancipada" na questão republicana. Para ele, os que semeavam os "apetites selvagens" deveriam ser mais prudentes, pois "hão de sentir o amargor do mal que espalham". Com esse recurso, o jurista dizia que aquela gente, em sua ingenuidade e selvageria, representava perigo para todos os brancos, independentemente de filiação partidária. "O amargor do mal que os monarquistas espalhavam" era o grande trunfo de Rui, já que o medo era fácil de ser alimentado, por estar latente nos corações nada iludidos dos brancos.[138] Alertando os organizadores da Guarda Negra para as amargas consequências de partidarismos racializados, Rui Barbosa insinuava o quanto a politização das desigualdades entre negros e brancos poderia ser perigosa para a

23. Rui Barbosa (o segundo da esquerda para a direita) com colegas da Faculdade de Direito de São Paulo em 1870.

ordem social. A possibilidade de que os tais "ódios raciais" se espalhassem para além das trincheiras partidárias, como sugeriram os libertos de Vassouras, estava no centro do seu argumento. Daí a importância do discurso por uma paz racial que reinasse acima das divergências dos brancos.

Molhando sua pena no tinteiro da ironia, como era seu costume, o republicano seguia tentando dissimular o conteúdo racial naquela contenda. No entanto, ele deixava antever uma interpretação da realidade brasileira que considerava a experiência do cativeiro como determinante na posição de subalternidade da Guarda Negra frente à família imperial, porque lá estavam os que

> nasceram justamente para a condição de servir, e passaram satisfeitos da servidão do cafezal para à servidão da polícia. Mas não esqueçam os aliciadores dos novos janízaros que a bandeira desses fâmulos armados do sultão é a marmita; que os chefes das companhias se honram com a divisa de mestres cozinheiros, e que o primeiro oficial alardeia o título de mordomo distribuidor de sopa.[139]

Somava-se à vocação feiticista da "gente d'África" aliciada pela Coroa, outra propensão, evidentemente escravista: a de servir. Tendo a marmita como bandeira, a distinção de cozinheiro e o título de mordomo, os libertos que gravitavam em torno da família real também representavam os que persistiam no servilismo, ostentando com orgulho o lugar de subalternos. A condição de existência deles era a "dos que nasceram para servir". Assim reiterava-se o argumento de que não eram eles responsáveis por suas atitudes; apenas cumpriam o papel já posto, quiçá pela natureza. Na perspectiva do conceituado jurista, cabia apenas aos "aliciadores de corações ingênuos" usar de suas prerrogativas senhoriais, fazendo cessar a investida armada dos navalhistas.

Os ataques de Rui à Guarda Negra findaram junto com a chegada da república.[140] Falido o Império, as suas preocupações foram direcionadas para a Constituição republicana e para a gestão das finanças do país. Entretanto, a sua compreensão acerca da escravidão continuava a fundamentar as interpretações sobre as relações entre negros e brancos. À medida que a carreira política de Rui Barbosa se solidificava e suas ideias ganhavam relevância na construção de memórias da escravidão no Brasil. Corria o ano de 1892, quando Rui Barbosa recebeu mais uma carta vinda da Bahia, na qual o autor defendia o seguinte ponto de vista:

> Penso que a escravidão em nada contribuiu para estragar-nos [...] O que nos estragou foi a convivência com o negro. Isto sim! A desgraça consistiu em introduzi-los no Brasil. Peço a V.Sa. que medite a tal respeito. Os norte-americanos, matando-os em praça pública, sentem que o elemento negro é incompatível com a grandeza e a civilização de uma nação tão adiantada.[141]

O resoluto autor dessa avaliação sobre a presença negra e a escravidão foi Francisco Moniz Barreto de Aragão, o visconde de Paraguassú. Trata-se do mesmo senhor de engenho — conhecido no capítulo anterior — que, em 1884, libertou num ato público onze escravos. Ele era herdeiro de tradicional estirpe baiana e irmão do barão de Moniz Aragão, cronista da crise provocada pela abolição no Recôncavo baiano, e a quem o leitor também foi apresentado. No currículo do visconde de Paraguassú constava o título de doutor em ciências jurídicas e sociais pela Universidade de Heidelberg, na Alemanha — instituição cujos mais afortunados preferiam —, e o cargo de cônsul-geral do Brasil na cidade de Hamburgo.[142] Como entusiasta da modernização na fabricação do açúcar, ele escreveu um manual que trazia 31 litogravuras de máquinas alemãs, que prometiam aumento de produção com menor emprego de mão de obra.[143]

A carta se referia a um discurso de Rui Barbosa publicado num periódico, em 1892; era a réplica do velho escravista baiano a seu eminente conterrâneo. Foi do engenho Paraguassú, onde os jornais já chegavam envelhecidos, mas eram avidamente consumidos pelo desolado escravocrata, que ele endereçou sua missiva a Rui Barbosa. Com o seu libelo francamente racista pretendia promover o diálogo sobre os males nacionais, os estragos da escravidão e da afrodescendência.

Já ia longe o tempo em que o sucesso dos negócios com o açúcar era garantido pela mão de obra escrava.[144] Mas o visconde provavelmente ainda servia-se do trabalho de homens de cor para manter a sua propriedade. Conquanto lamentasse não sermos uma civilização tão adiantada quanto a americana para exterminar publicamente "a causa do estrago brasileiro", Francisco de Aragão remoía uma confortante certeza: julgava que a escravidão não fez dos proprietários seres piores do que "quando foram criados por Deus Nosso Senhor", ou seja, a condição senhorial não lhes corrompera a alma. O Deus do visconde em nada se opunha à existência de senhores, talvez até abençoasse a perpetuação da escravidão. E, assim embevecido por tais convicções, o visconde de Paraguassú sugeria a Rui Barbosa que meditasse sobre isso.

Embora não tenha sido possível descobrir exatamente a qual discurso de Rui Barbosa se referia Francisco de Aragão, ele próprio nos informou ter sido sobre o caráter do brasileiro. Revisitando os discursos de um, é possível especular sobre o que o outro teria lido. Mas desde logo é preciso dizer que em 1892, ano da carta, Rui Barbosa estava por demais ocupado com as perturbações políticas do governo Floriano Peixoto, ocasião em que foram deportados vários oposicionistas ao governo, entre eles José do Patrocínio, seu antigo adversário nos episódios relativos à Guarda Negra.[145] Em 1892, os discursos de Rui Barbosa versavam sobre a urgência da revogação da punição imposta aos degredados e a instalação de uma república realmente constitucional. Os males da escravidão não moviam a sua pena com a mesma frequência da época da campanha abolicionista.

Para o visconde de Paraguassú, que dividia seu tempo entre a Europa e o Recôncavo baiano, entre a profusão de notícias sobre os rumos da questão racial na América do Norte e a convivência com trabalhadores negros, o problema nacional parecia passar ao largo das questões políticas. Era o negro que persistia em incomodá-lo. Logo, diante das preocupações políticas de Rui naquele momento e a fixação do visconde de Paraguassú na questão racial, as observações da carta sobre os males herdados da escravidão devem ter sido pinçadas num texto de teor mais abrangente.

As preocupações de Rui Barbosa e do visconde de Paraguassú apontavam para direções opostas. Caso Rui Barbosa tenha se dado ao trabalho de responder a carta de seu colega, em meio aos embates com o presidente Floriano Peixoto, deve ter reafirmado a sua interpretação da escravidão como instituição que, por basear-se na propriedade de um homem sobre outro, contradizia os princípios elementares do mundo civilizado e liberal, impedia, a uma só vez, o progresso moral e o econômico. Nas palavras dele a escravidão era "a ignomínia que barbariza e desumaniza o escravo [...] explica todos os defeitos do caráter nacional, toda a indolência do nosso progresso, todas as lepras de nossa política, todas as decepções de nossas reformas, todas as sombras de nosso horizonte".[146] E, por certo, ao contrário do visconde de Paraguassú, a triste política de segregação racial então vigente nos Estados Unidos em nada o agradava.

O que se mostra evidente é que, se para o jurista de formação alemã a presença dos homens de cor estava na raiz da dificuldade de inserção do Brasil no rol dos países civilizados, para o jurista da escola de direito do Recife e de São Paulo, a abolição foi um importante capítulo da reforma em direção ao Estado constitucional por ele sonhado. Com isso quero dizer que na veia abolicionista de Rui Barbosa corria, sobretudo, a aspiração de um projeto nacional para o qual a escravidão era um empecilho, entulho de uma sociedade com vícios incompatíveis com o exercício da cidadania.[147] A escravidão seria o grande flagelo, cujas vítimas seriam a população de cor e principalmente a nação, ainda "contaminada" por relações políticas e sociais difíceis de serem ajustadas a uma ordem jurídica moderna. Para Rui Barbosa, a escravidão representou a corrupção moral e a aberração jurídica que àquela altura ainda distribuía seus tristes efeitos na sociedade brasileira.

Mas, como ficou evidente nos episódios envolvendo a Guarda Negra, isso não quer dizer que Rui Barbosa não cultivou uma interpretação da realidade bem mais racializada. O que se nota na lógica ruiana é que se os males da escravidão não podiam ser atribuídos à presença negra no Brasil, e sim à escravidão; o que se herdou da sociedade escravocrata e monárquica era mais patente nas posições políticas e costumes da população de cor. Isso significa que, por serem herdeiros diretos desse passado, a "raça emancipada" experimentava as limitações para exercer plenamente a sua cidadania.

Talvez fosse a sutileza dessa estratégia argumentativa que o visconde de Paraguassú não havia conseguido entender ou aceitar, quatro anos depois da abolição. A sua escolha era pelo "ódio racial" que se institucionalizava na América do Norte e que tanto incomodava Rui Barbosa, pelos perigos que representava numa sociedade recém-egressa da escravidão.[148] Portanto, o que aproximava o líder abolicionista do escravocrata convicto eram as diferenças raciais que ambos — cada um a seu modo — acreditavam existir entre negros e brancos. Nessa perspectiva, o visconde de Paraguassú e Rui Barbosa, e não só eles, caminhavam juntos sobre o movediço campo do racismo nos fins do século XIX.

4. Esperanças de boas venturas: as áfricas recriadas na Bahia

> *Eu, Esperança de São Boaventura, achando-me em meu perfeito juízo resolvi de minha livre vontade fazer o meu testamento pela seguinte forma. Declaro que sou natural da Costa d'África não sabendo minha idade e filiação por que fui uma das vítimas de horrível crime que se chama escravidão e por muitos anos envergonhou este Brasil.*[1]

Em 1906, passados quase vinte anos do fim da escravidão, Esperança interpretou a imprecisão acerca da sua procedência como parte de uma tragédia brasileira. Foi sabendo-se estrangeira no Brasil, cativa em Santo Amaro e sem informações sobre a sua filiação na genérica costa da África, que ela conheceu e compôs imagens do seu lugar de origem. Lembranças do cativeiro e áfricas recriadas delineavam, como num caleidoscópio, a avaliação que a africana chamada Esperança, e mais ainda, da Boaventura, fez de sua condição social.[2]

A tragédia da escravidão não impossibilitou os africanos de conhecer ou adotar signos de pertencimento que, se não eram tão precisos em termos geográficos e mesmo culturais, garantiam laços mais firmes com a África e com os seus, dispersos nos dois lados do Atlântico, como já discuti no primeiro capítulo. Ao longo de toda a segunda metade do século XIX os africanos registraram em testamentos formas de constituir vínculos e estabelecer distinções sociais. Francisca Sallé lançou mão de dois importantes recursos identitários. Disse ser natural da costa da África e ex-escrava do inglês Nicre, de quem comprara sua alforria.[3]

Usando o mesmo artifício de mencionar procedência ou o antigo proprietário, Constança Teixeira distribuiu os seus bens entre africanos de nação "galinha".[4] Francisca e Constança não estavam inovando ao reconhecer a si mesmas e aos outros a partir dessas referências. Entretanto, se pensarmos que se trata das últimas décadas do século XIX, vale analisar os sentidos de denominar-se jeje, galinha, nagô ou mesmo africano.

Os africanos formavam um grupo cada vez mais reduzido em Salvador naquela época. Nas contas de Nina Rodrigues, em 1896 eles eram cerca de 2 mil. Via-se "verdadeira extinção a passo rápido da colônia africana", escreveu ele.[5] Entretanto, a condição de estrangeiros estava longe da extinção. Eles sabiam bem que o fato de terem nascido na África, mesmo quando trazidos ainda bem pequenos, fazia muita diferença dentro da intricada malha de hierarquias sociais na qual se assentava a sociedade pós-escravista.

Benvindo da Fonseca Galvão estava ciente dessa condição ao esclarecer em seu testamento que possuía duas casas registradas em nome dos seus filhos, "em razão da proibição das leis provinciais que se opunha aos africanos adquirirem bens de raiz".[6] Como demonstrei no primeiro capítulo, africano podia ser um adjetivo que realçava a condição de ex-cativo e de negro num país que inventou engenhosas maneiras de conceder alforrias e distinguir socialmente a partir da cor da pele, da procedência, das conquistas pessoais e posições de prestígio.[7]

Neste capítulo, veremos as versões da África apresentadas nos desfiles carnavalescos dos primeiros anos do pós-abolição na Bahia. Esses desfiles eram textos inteligíveis e legitimados por aqueles que estavam nas margens; analisá-los é uma tentativa de abordar os arranjos culturais e políticos, em construção pela população de cor, assentados em pressupostos raciais, que tinham a África como fundante. Tenho como ponto de partida a ideia de que memórias da África então construídas e confrontadas expunham reelaborações identitárias, arranjos socioculturais e, principalmente, noções de raça. A proposta é de nos deixarmos guiar pela indignação de Esperança da Boaventura com as consequências do exílio forçoso dos africanos no Brasil, e pelo seu autorreconhecimento como elemento de uma comunidade dispersa em vários territórios geográficos e simbólicos.

Essa África tão mítica quanto explícita na capital baiana perturbava o sono e os planos das elites políticas e suscitava diálogos, nem sempre cordiais, entre intelectuais contemporâneos como Nina Rodrigues, Manoel Querino e Xavier Marques. Eles serão aqui nossos interlocutores porque enquanto assistiam à passagem dos préstitos carnavalescos, remoíam o passado escravista e as expectativas para o futuro da Bahia pós-abolição e republicana.

EMBAIXADA AFRICANA: QUANDO UM REI ETÍOPE FOI À BAHIA

> *É devido à macacada que todos vós me ledes, vereis este ano negros e diabos, diabos e negros, negros diabos, diabos negros, pois que todos os clubes vêm do inferno ou da África.*[8]

Era o que dizia um grupo de "foliões bem vestidos" na madrugada de terça-feira no carnaval de 1900. Pelo menos em relação a muitos clubes da época, parte dessa assertiva tinha algum cabimento. O clube Diabos em Folia — que em 1888 animou a festa da abolição na capital — parecia se incluir na categoria de "diabos negros" ao anunciar que era formado por "doze africanos originários da Guiné".[9] O número de clubes, troças e máscaras que faziam alguma menção à África no carnaval era muito maior do que os de arlequins e pierrôs. Os Congos da África, Nagôs em Folia, Chegados da África, Filhos d'África, Lembranças da África, Guerreiros da África, entre outros, foram as atrações mais comuns na festa de Momo entre 1895 e 1910. O que não significa que houvesse nessa recorrência qualquer exclusivismo dos baianos. Maria Clementina Pereira Cunha assinala a mesma frequência com que grupos se remetiam a etnias e origens africanas no carnaval carioca.[10] Essa profusão de "africanos" na Bahia e no Rio de Janeiro pode ser explicada se levarmos em conta dinâmicas culturais locais, específicas, mas é preciso considerar também a convergência para memórias compartilhadas e postas em circulação na época. No mais, "fantasiar-se de africano" para muitos parecia ser o jeito mais divertido de participar do carnaval.[11]

Certamente, os que assim se definiam na festa exibiam uma forma de pertencimento diferenciada daquela explicitada por Esperança da Boaventura em seu testamento. Ela, ao se reconhecer africana, marcava o seu lugar de expatriada e vítima da escravidão com o peso da proximidade da morte; os carnavalescos enfatizavam e subvertiam o lugar de marginalidade que lhes cabia na sociedade do período, ao mesmo tempo que atualizavam vínculos comunitários. Os negros que se "africanizavam" poderiam não estar negando, talvez até reafirmassem, uma identidade brasileira e baiana. Nesse jogo de contrastes, compreensões distintas de lugares sociais, eles se insinuavam na disputa por uma "cidadania carnavalesca", como bem disse Peter Fry, Sérgio Carrara e Ana Luíza Mendonça.[12]

Essas áfricas imaginadas suscitavam interpretações e reações diferenciadas. Os batuques e as máscaras avulsas eram alvos de crítica por parte da imprensa, e mais ostensivamente coibidos pela polícia. As troças e batuques a perambular pelas ruas sem qualquer disfarce, sem nenhuma fantasia, não eram tolerados. Ainda que os clubes carnavalescos fossem igualmente identificados às cerimônias dos candomblés que se faziam ouvir por toda a cidade, a imprensa e a polícia, em certa medida, viam com bons olhos os grupos "fantasiados" de africanos. Embora pareça contraditório, havia lógica nesta distinção. Para a polícia era a possibilidade do controle que fazia a diferença. Como assinala Jocélio Teles dos Santos, os batuques ou "divertimentos estrondosos" sempre foram vigiados pelas autoridades baianas.[13] Eram as conjunturas políticas e as tensões sociais que aguçavam ou relaxavam as ações da polícia contra os batuques, como vimos nas comemorações da abolição.[14]

Para a maioria dos jornalistas, nas décadas de 1880 e 1890, a principal justificativa para a proibição aos batuques era a inadequação deles ao modelo carnavalesco.[15] Nas idealizações do carnaval não cabiam tambores; almejava-se uma nova estética de festejo público, sem as marcas da presença africana. Propósito frustrado, como veremos na análise dos clubes negros. Os ajuntamentos da população de cor a tocar pandeiros, beber e circular livremente pela cidade continuou a incomodar os carnavalescos mais "refinados". Mesmo porque já não havia senhores para lançar mão de sanções e castigos, e a polícia estava longe de ser eficiente na demarcação dos limites da liberdade da população de cor.[16] Batuques, sambas e candomblés, tidos como perigosos, incivilizados e difíceis de ser controlados, eram africanismos — como costumava qualificar a imprensa — a pôr em risco a ordem, o sossego e os costumes.

Fry, Carrara e Martins-Costa, autores de um dos mais importantes textos sobre o tema, analisaram as atitudes das elites da época em relação aos batuques e aos clubes carnavalescos negros. Eles concluíram que os clubes, "ainda que se opusessem aos brancos", traduziam a estratégia "conformista", a perspectiva do "branqueamento social", o simbolismo do "negro de alma branca". Sendo assim, à medida que incorporavam o formato do carnaval que se pretendia europeu sob o sol da Bahia, essas agremiações inauguravam a integração social da população de cor a partir de critérios estritamente brancos. Enquanto isso, os batuques exaltariam a "resistência" do negro pouco afeito à atitude de "humildade e subserviência". Desse modo, sugerem os autores, os batuques "se constituíram em um problema público" porque não encerravam os mesmos fins civilizatórios dos clubes.[17]

Estou apostando aqui noutra perspectiva. Proponho que não capturemos as performances da Embaixada Africana e dos Pândegos d'África a partir da lógica do ajuste ou do desalinho ao modelo carnavalesco de inspiração francesa. A minha sugestão é de movermos a nossa curiosidade da assimilação/resistência para as mensagens cifradas que, oportunamente, eram traduzidas no interior da própria comunidade da gente de cor. É por esse viés que sugiro pensar sobre como o passado africano estava compondo a experiência daqueles que lidavam com os estigmas do escravismo e com os limites da cidadania negra. Quanto aos batuques, prefiro abordá-los mais adiante, quando me ocuparei, sucintamente, dos candomblés.

Por ora, vejamos os preparativos para o carnaval de 1897, quando o desfile do clube Embaixada Africana foi o mais comentado.

Essa agremiação começou a aparecer na imprensa em 1895, sempre referida por atrair uma compacta massa popular, atenta e seduzida pela exibição dos instrumentos e das danças. O tom de pilhéria dos embaixadores enchia as páginas dos jornais locais. Em 1897, o *Correio de Notícias* deteve-se num longo e espirituoso manifesto enviado pelo clube, no qual explicou a razão da sua presença no carnaval: provar que o papelório não é privilégio desta terra das palmeiras, [pois] um possante animal carregará o arquivo africano, no qual virão todos os documentos concernentes à missão que tem a cumprir a embaixada.[18]

Embaixada africana na Bahia àquela época, só mesmo sendo carnavalesca. Apenas se tem notícia da vinda de algumas comissões de diplomatas africanos no período colonial quando, enviados pelos reis de Daomé e Lagos, tentaram estabelecer acordos de exclusividade comercial com o império português.[19] Não era bem essa a incumbência dos "emissários" de 1897. O texto, esclarecia o jornal, era uma nota de "pândega e verdadeira troça carnavalesca", pois a Embaixada reclamava o ressarcimento dos "prejuízos para o reino da Zululândia [território da África do Sul] na ocasião do levantamento dos malês". O clube dizia-se representante de uma patriótica colônia africana e justificava seu manifesto com o argumento de "não haver razão de justiça" para o açoitamento de africanos em praça pública por ocasião da revolta.

A informação sobre o "papelório" que teria atravessado o Atlântico reforçava o absurdo daquela comitiva. Pelo visto, a chegada de africanos na "terra das palmeiras", além de motivo de preocupação para os magistrados do Conselho de Estado, como discuti, também era um bom mote carnavalesco. Por outro lado, a inabilidade da polícia para decifrar a escrita árabe em 1835 — "os papéis malês" — ainda era motivo de zombaria em 1897. Afinal, achincalhar a burocracia, o "papelório" dos poderes públicos sempre rende alguma diversão.

Para exigir do governo local a astronômica "indenização em jardas de algodão riscado", a Embaixada organizaria um préstito tendo como arautos dois feiticeiros a prevenir contra o micróbio da febre amarela, seguidos de banda de música formada pela "colônia africana da cidade vestida à moda algeriana e abissínia". A cavalaria seria composta por guerreiros reais cafre-zulos. Para animar o préstito, o embaixador Manikus, acompanhado dos seus secretários, Chaca e Muzilla, conclamaria a "toda colônia" para acompanhar a comitiva ao som de marimbas e instrumentos de sopro "trazidos do centro da África pelo maestro Abédé".[20] O manifesto da Embaixada Africana foi mesmo muito espirituoso. Tratou com ambígua jocosidade dois grandes temores daquele século: a revolta malê e a febre amarela.[21]

Tornando risível o que já havia sido trágico, dava-se por encerrado o medo das rebeliões africanas, embora não se possa negligenciar a importância de a revolta de 1835 ter sido tematizada.[22] A escolha do tema só reafirmava a sua relevância na memória social da época, na qual a comunidade malê ainda contava com adeptos empenhados em guardar e manter segredos litúrgicos, a exemplo do africano que em seu testamento identificou-se da seguinte forma: "Eu, Antonio dos Santos Lima, como mulçumano que sou e em qual religião, nasci criei-me e conservo-me esperando morrer deliberei fazer meu testamento. Sou natural de Lagos, Costa d'África e, solteiro 'segundo as leis do Brasil'".[23] Ele ainda declarava que "é do meu gosto que após a morte o meu corpo fosse envolvido de acordo com meu rito". O seu enterro deveria ser revestido de toda modéstia como foi sua vida, mas cabia ao seu testamenteiro e sobrinho cumprir o que estava registrado em testamento e "mais ainda o que lhe recomendei em segredo".[24]

Nas suas pesquisas, Nina Rodrigues avaliou que no final do século XIX, "pelo menos um bom terço dos velhos africanos sobreviventes na Bahia [era] muçulmi ou malê, [mantendo] o culto perfeitamente organizado". Não era difícil, segundo ele, encontrar sacerdotes haussás e nagôs muçulmanos residindo e exercendo a sua fé no Pelourinho, no Taboão e no Carmo, reservadamente, já que os crioulos preferiam se entregar ao "culto fetichista dos iorubanos ou à conversão católica, a perseverar na fé dos seus maiores".[25] Ao entrevistar um nagô, então principal autoridade do culto, o pesquisador avaliou que havia nele um medo do "ridículo, do desprezo ou mesmo das violências da população crioula" que, "por ignorância", os confundia com os adeptos do candomblé.[26] A zombaria que levou a Embaixada Africana a reivindicar a indenização pelos mortos na Revolta dos Malês com dois feiticeiros de Bungueira como arautos e um "poderoso desmancha feitiço" certamente não agradaria o entrevistado. Parece que a discrição do culto e mesmo o fortalecimento do candomblé como a autêntica religião negra concorriam para certo desprestígio do Islã. O próprio Nina Rodrigues chegou a essa avaliação ao notar que

> o maometismo não fez prosélitos entre os negros crioulos e mestiços. Se ainda não desapareceu de todo, circunscrito como está aos últimos africanos, o islamismo na Bahia se extinguirá com eles. É que o islamismo como o cristianismo são credos impostos aos negros, hoje ainda muito superiores à capacidade religiosa deles.[27]

Isso fazia o pesquisador lamentar a extinção da herança africana decorrente do "alto grau de desenvolvimento civilizatório". A revolta de 1835 foi, para ele, mais que "um brutal levante de senzalas, uma simples insubordinação de escravos, mas um empreendimento de homens de certo valor. Admirável a coragem, a nobre lealdade com que se portaram os mais influentes".[28] A admiração dele pelos africanos adeptos do islamismo fica evidente — essa predileção será discutida mais adiante. Por enquanto, vale notar que se a maioria crioula não tinha "capacidade" para compreender os ensinamentos do Islã, isso não os impedia de avaliar ser a revolta um episódio capaz de mobilizar festivamente adeptos de outros cultos. Cabe lembrá-los sobre o chefe de polícia/abolicionista que lhes apresentei no primeiro capítulo. Para ele, a lei de 1835 foi útil para impedir o desembarque de africanos no porto da Bahia em 1877; anos depois a revolta malê foi oportuna para teatralizar a imunização da cidade da temível febre amarela por feiticeiros. Imaginemos os sentidos e a repercussão daquela exibição.

Para as autoridades políticas e médicas, epidemias e feiticeiros eram flagelos tão perigosos quanto imbatíveis; proliferavam ano após ano. Os primeiros registros de epidemia de febre amarela na Bahia datam de 1849.[29] A explicação mais corrente na época para o fato de a doença ter se disseminado na capital foi a chegada do brigue *Brasil*, de Nova Orleans, onde a "bicha", como era popularmente chamada, já fazia suas vítimas. O *Brasil* foi acusado de ter infestado a Bahia. Desde então, sempre no verão, o número de infectados variava, e às vezes até diminuía, mas não se conseguia dar cabo da doença que àquela altura já alcançava todo o Recôncavo. Como também se observou no Rio de Janeiro, a maioria dos acometidos pela febre amarela era estrangeira. Segundo Ana Amélia Vieira Nascimento, em 1854 não havia nenhum brasileiro entre os internados no hospital Monte Serrat.[30] E este era o principal infortúnio que o vômito negro trazia para as autoridades baianas: a vitimização de europeus.

Na década de 1850, outra epidemia, a cólera, ceifou em maior número a vida dos baianos.[31] Para combater a endemia e a epidemia, as autoridades provinciais seguiram os mesmos diagnósticos e prescrições dos médicos da Corte e atribuíram às condições sanitárias da cidade a causa dos flagelos. Por isso, a salubridade das casas, o comércio de alimentos, a circulação de pessoas e mesmo a moderação e regularidade dos hábitos passaram a ser auscultados, avaliados e julgados pelas autoridades públicas. Eram os famosos miasmas a razão de tamanho estado de coisas. Ora, numa cidade em que os recursos públicos — necessários para implementação de políticas higiênicas — minguavam à medida que corria o século, doutores e administradores públicos tentavam em vão minimizar os danos e o medo das doenças.

Onildo Reis David comenta sobre a "cumplicidade do sigilo" entre os que conheciam bem o número de vítimas, mas também os limites das finanças e da medicina para o controle das moléstias.[32] Estando a ciência impotente, pode-se supor com que recorrência a população buscou curas para os males daquele mundo em quem dizia ter acesso a poderes de um outro mundo. As epidemias oitocentistas evidenciavam como as origens dos flagelos humanos eram atribuídas ao sobrenatural.[33] Orixás, voduns e caboclos eram sistematicamente invocados em busca de proteção contra as doenças, principalmente quando elas escapavam do combate dos doutores da Faculdade de Medicina. Afinal, foi a farta e diversa clientela de feiticeiros como Antão Teixeira que provocou a sua deportação.

Naquele cortejo de 1897, a Embaixada Africana exibia o que se pretendia velado. Os feiticeiros encarregados de afugentar o micróbio da febre amarela expunham, a um só tempo, o medo e a crença. Doença e revolta em foco, o clube surpreenderia ainda mais.

Depois da expectativa propalada pelos jornais em torno do desfile daquele ano, o destaque da Embaixada Africana não foi o levante malê. A África então trazida à cena carnavalesca tinha como personagem principal uma caricatura do rei etíope Menelik. Referido como o "vitorioso negus dos negus", o retrato dele passou então a circular em panfleto distribuído pelo clube no qual também se lia o seguinte verso:

O sol que do Saara infindo
Torna de fogo as áreas,
[ilegível] agora em nossas veias
E nos duplica o fervor.
Coa a nossa tez denegrida

Contrastando uma alma indigente,
Do africano continente,
provamos gosto e valor.[34]

Enquanto a revolta malê invocaria a vultosa indenização a ser paga à Embaixada Africana, a representação do rei "abissínio" servia para demonstrar o "gosto e valor" do continente africano. De fato, Menelik já era notícia frequente na época. Em 1895, o jornal *A Bahia,* sob o título de "Generosidades de Menelik", informava acerca do modo como o soberano perdoou a dois subordinados que o traíram. Segundo o periódico, uma cerimônia foi organizada para que o ato do imperador pudesse ser assistido pelo bispo, por prelados, por altos dignitários do Império e por representantes diplomáticos da Itália, França e Rússia.[35]

O *Correio de Notícias* publicou, alguns anos depois, uma longa matéria ironizando a soberania de Menelik. O periódico o apresentava como déspota africano excêntrico, que planejava visitar Paris. Informado pelo alemão Cleveland Moffet, o jornal tecia comentários jocosos sobre os meios pelos quais o soberano exercia o poder na África. Contou-se que fazia parte da sua rotina rondas diárias, com a intenção de flagrar a população em qualquer pequeno delito. Além disso, a cada domingo promovia-se um farto jantar real ao ar livre, no qual todos os generais do governo, proibidos de olharem para o soberano enquanto ele comia, se posicionavam na mesa de modo a garantir que o rei também não fosse visto pela plateia popular.[36] O exótico, risível e bizarro era assim associado à imagem do soberano africano que no desfile de 1897 ressuscitava, com honras festivas, os mortos na revolta de 1835. Por isso, fazendo jus à caricatura imponente e negra de Menelik no carnaval de 1897, o "seu trono era bem alto e ao abojo de um grande chapéu de sol".[37]

24. *Menelik comandando soldados etíopes.*

Não era bem essa imagem que os italianos derrotados em Adwa (território da Abissínia), no ano de 1896, tinham do rei Menelik II (note que é apenas um ano antes de a Embaixada Africana tematizá--lo no carnaval). Na opinião de Harold G. Marcus, Menelik se firmou como o principal obstáculo aos propósitos imperialistas europeus na África, e ao mesmo tempo investiu na expansão das fronteiras do seu império. Graças a muita habilidade diplomática e perspicácia, ele conseguiu manter a Etiópia sob seu governo até 1913.[38]

A vitória etíope sobre os italianos não foi apenas bélica, já que admitir a derrota para homens de "raça inferior" significava pôr em risco convicções imperialistas e raciais que se pretendiam sólidas, e então mediadoras das relações entre os "ocidentais" e o resto do mundo. Buscando preservá-las, os europeus passaram a descrever os etíopes como brancos, atribuindo-lhes qualidades e características dos grandes impérios do Ocidente. Na literatura europeia, Menelik podia ser representado como herói romântico ou grande estadista, como na comparação de Skinner entre o rei etíope e Bismarck, para ele dois brilhantes estadistas de igual inteligência.[39]

Confrontando os europeus, o rei assegurou o domínio sobre o seu território e ameaçou as certezas sobre a superioridade branca e europeia, mas nada podia fazer em relação às manipulações de sua imagem. Como diria Mary Louise Pratt, tratava-se de um empreendimento de anticonquista, na medida em que os europeus naturalizavam as diferenças e estabeleciam semelhanças culturais a partir de seus objetivos expansionistas, elaborando e divulgando convenientes representações do *outro* flagrado pelas lentes de viajantes, literatos, diplomatas e jornalistas.[40] Vale aqui lembrar o alemão que, passando-se por isento observador, deu a conhecer aos leitores do *Correio de Notícias* as suas impressões sobre Menelik como um déspota ridículo.

Menelik transformou-se num personagem histórico cercado de controvérsias. Ainda nas primeiras décadas do século XX, persistiam no Brasil as referências a ele, e não só na cena festiva.[41] Coube-lhe intitular a um jornal "noticioso, literário e crítico dedicado aos homens de cor". No primeiro número, a homenagem foi justificada do seguinte modo: "Fundou-se então este jornal o qual buscou adquirir um nome que, não deveria, mas era, esquecido dos homens de cor, é esse nome o de Menelik II, o grande rei da raça preta".[42] O jornal foi criado em São Paulo, no ano de 1915, portanto, dois anos depois da morte do soberano etíope e em meio à atmosfera de denúncias e reivindicações da imprensa negra na capital paulista. Sem dúvida, um contexto bem distinto do da sociedade baiana do final do XIX, constatação que não esvazia a importância de pensarmos sobre os paralelismos dessas apropriações da figura de Menelik. Por enquanto, algumas questões são pertinentes: quais os sentidos políticos e culturais subjacentes às representações de reis e reinos africanos nos préstitos dos clubes negros? Que leituras da África a imagem do poderoso rei etíope

25. *Menelik retratado em seu trono em 1906.*

suscitou na plateia predominantemente negra? E por fim, de que maneiras as ideias de diferença/identidade racial estavam sendo criadas?

Segundo Edison Carneiro, a Embaixada Africana foi fundada por Marcos Carpinteiro, um axogum — importante cargo hierárquico, cujo ocupante executa o sacrifício ritual dos animais a serem ofertados aos deuses — de um terreiro de candomblé situado no Engenho Velho.[43] Rastreando nas páginas do jornal *O Alabama* as denúncias contra candomblés na segunda metade do século XIX, o pesquisador Nicolau Pares localizou diversas indicações sobre os terreiros daquela localidade. Zona periférica e semiurbana, ali foram instalados, nas últimas décadas do século XIX, casas de culto jeje e nagô a funcionar como matrizes de tradições religiosas negras na Bahia.[44] Outros autores já ressaltaram que os vínculos entre terreiros de candomblé e determinadas agremiações carnavalescas sempre foram muito fortes.[45]

A relevância desses vínculos está no trânsito de concepções e perspectivas traçadas dentro da comunidade negra depois de extinta a escravidão. Naquela conjuntura, mais do que espaços de preservação de tradições, os terreiros de candomblé foram territórios de criação e redefinição de símbolos, a partir de uma seleção de informações sobre a África e sobre os africanos no Brasil.[46] Longe de preservar sobrevivências, nas casas de cultos adequavam-se/selecionavam-se referências, como já assinalou Beatriz Góis Dantas.[47] Sendo axogum e carnavalesco, Marcos Carpinteiro contribuiu para a exibição dessa África fragmentada e inclusiva, na qual cabia da Revolta dos Malês ao rei Menelik. Tratava-se de uma "nação" traçada a partir da experiência no cativeiro, mas que a transcendia carnavalescamente. Passado e presente se confundiam na extravagância dos reinos e na lealdade da "colônia africana".

Na busca por mais informações sobre os integrantes da Embaixada Africana, recorri aos seus testamentos e inventários. Desse modo, localizei Saturnino Gomes, conselheiro do clube carnavalesco em 1902. A concorrida disputa entre o sobrinho, seu assistente nos negócios, e dois filhos ilegítimos pela herança desse próspero comerciante de materiais de construção me permitiu conhecer um pouco da sua condição social. Saturnino Gomes era proprietário de uma casa denominada "O 23" (provavelmente uma homenagem às lutas pela independência na Bahia), localizada, desde os últimos anos do século XIX, na avenida mais importante da cidade, a Sete de Setembro. Suas propriedades estavam todas localizadas nos distritos centrais de São Pedro e Vitória.

Até os primeiros anos do século XX, época agitada por reformas urbanas, o comerciante conseguiu acumular muitos bens, entre eles um piano alemão avaliado em três contos de réis, além de certos luxos como uma vitrola, 64 discos, uma mobília de sala com 23 peças e uma "novíssima" máquina de escrever. Preocupado em não ser prejudicado na partilha dos bens e em manter a casa comercial em funcionamento, o sobrinho de Saturnino Gomes fez questão de inserir no inventário uma minuciosa lista de contas a serem pagas.[48] Segundo o relatório do sobrinho/inventariante, o comerciante fizera grandes negócios no Rio de Janeiro, contraindo débitos que ainda não tinham sido liquidados devido às grandes somas envolvidas. As idas e vindas para a capital federal podem ter contribuído para o empenho do comerciante na farra momesca, visto que naquela cidade os investimentos no carnaval já não eram desprezíveis.[49]

Também compunham a diretoria indivíduos pouco afluentes, a exemplo de Esterico da Conceição, artista, registrado no inventário dos seus parcos bens como pardo, e Quintiliano Macário, também pardo e artista, que além de funcionário público era proprietário de uma rocinha com casa de morada às margens do rio Camurujipe, no Candeal Pequeno. Ambos eram moradores do distrito de Brotas, que englobava áreas mais distantes do centro comercial da cidade, local de antigos engenhos e vários candomblés.[50] Segundo Nina Rodrigues, ainda que os poucos e derradeiros africanos estivessem dispersos por toda a cidade nos últimos anos do século XIX, o distrito de Brotas reunia uma boa parte deles,[51] gente como Cornélio de Pedroso, proprietário de um pequeno sítio num lugar chamado Pomar, cujos vizinhos eram outros africanos.[52]

A recorrente e imprecisa categoria de artista não ajuda muito a descobrir do que Esterico e Quintiliano se ocupavam especificamente, mas é provável que fossem os encarregados de conceber e construir os carros alegóricos, porque podiam ser artistas os pedreiros, marceneiros, sapateiros, ferreiros e tantos outros artífices.[53] É comum encontrarmos homens de cor nessas funções na documentação do período. Em geral, estavam instalados em pequenas tendas e oficinas espalhadas pelas ruas centrais da cidade, ou reunidos nos cantos de trabalhadores, ainda existentes.[54] Assim organizados, a viabilidade do ofício estava garantida, pois facilitava o contato com quem precisasse de seus serviços.

Reis considera a possibilidade de os cantos configurarem, no fim do século XIX, "a identidade nagô na Bahia de então, a qual se manifestava através de rituais religiosos, inclusive, talvez, de rituais feitos nos âmbitos dos cantos".[55] Seria precipitado afirmar que os componentes da Embaixada integrassem algum dos cantos, mas também não é absurdo imaginar que eles circulassem nesses espaços buscando quem se interessasse por seus préstimos. Construíam-se, assim, zonas de circulação das imagens da África — terreiros, cantos, distritos periféricos — que, ao serem exibidas no carnaval, ganhavam em formas, polifonias e sentidos. Nessas zonas a "colônia africana" na Bahia era alegoricamente constituída.

No carnaval de 1898, o clube enviou à redação do *Correio de Notícias* um telegrama assinado por Manikus, informando a chegada de um vapor com a Embaixada e convocando a "colônia africana" para receber aos "seus ilustres representantes no cais de São João". O telegrama seguia informando que, para reiterar o "apreço" dos africanos da cidade aos seus patrícios recém-chegados, "mandaram fabricar na França um lindo carro de madrepérola para transportá-los".[56] A piada era muito óbvia: recepcionar um soberano africano com sofisticação francesa. Devo lembrar que havia apenas um ano o *Correio de Notícias* contara em tom de pilhéria uma provável viagem de Menelik à França. Produtos e costumes franceses eram as grandes aspirações das elites locais; o contraponto às pretensões de afrancesamento estava justamente nos indesejáveis "africanismos" tão à mostra na zona portuária, local em que se podiam ver estivadores, vendedoras com seus balaios e bandejas, carregadores de toda espécie de carga, moleques em pequenas compras, todos a exibir trajes, vocabulário e comportamentos nada "civilizados".[57] Assim, carnavalizava-se a África pondo-a em contraste com as idealizações culturais construídas a partir das sociedades europeias, especialmente a francesa. Mais do que isso: a França e os baianos afrancesados.

Nessas novas configurações geográficas, a África mitificada de Menelik fazia fronteira, nas ruas da Bahia, com regiões que estavam longe da experiência escravista brasileira. No ano seguinte, 1899, a Embaixada Africana escolheu outro soberano para tematizar seu préstito. Dessa vez era um faraó quem carregava o estandarte do clube.[58]

O clube Expedição ao Transvaal foi considerado, em 1900, um dos mais numerosos e animados. O tema daquele ano era a guerra dos boers, que aconteceu na África do Sul entre 1899 e 1902. Foi em Transvaal que se concentrou a população boer ou africâner, e também onde se descobriram, em 1886, valiosas jazidas de ouro.

Na avaliação do historiador Godfrey N. Uzoigwe, aquela foi a última grande empreitada da Inglaterra em território africano, encerrada com a assinatura do tratado de Vereeniging, que, de certo modo, só reiterava a supremacia inglesa na África do Sul.[59] A Expedição distribuiu o manifesto de Sua Majestade, O Poder, ironizando a investida inglesa:

> Eloquência é o canhão, a bala é o verbo. [...]. Os papa-bifes da África, em nome de uma fantasmagoria, a que denominam liberdade não cessam de abater e dizimar as levas de Johns [...]. Diante desta afirmação aflitiva vendo começar a enfraquecer o hercúleo pulso da invicta Albion, decide pôr-me à frente da Grande Expedição ao Transvaal que ai vedes. Nesta expedição não notareis distinção de povos. Reuni elementos de pontos os mais variados. Todos são admitidos em minhas fileiras: hindus, beduínos, zulus, selvagens, bárbaros e civilizados. E ainda irei buscar gente a todas as terras, a todas as partes, a todos os cantos no Mississipi, no Peru, na Arábia. [60]

Nessa espécie de manifesto pacifista, os carnavalescos mostraram-se bem informados acerca das disputas políticas na África do Sul, bem como divulgavam uma leitura da farra carnavalesca como forma de convivência entre diferentes. Entretanto, nas ruas da Bahia não havia lugar para tolerâncias desse tipo, principalmente nos primeiros anos do século XX, quando a polícia assumiu cada vez mais o papel de reguladora das formas de ocupação do espaço público. A aceitação que os primeiros desfiles dos clubes negros tiveram das autoridades era, ano a ano, substituída pela ideia de que a africanidade corrompia e maculava os dignos fins da festa de Momo.[61]

Em 1906, por exemplo, foram proibidos pelo chefe da segurança pública, João Santos, "as africanizações pelos grupos representando usos e costumes da Costa d'África".[62] Recurso, em parte, malsucedido, se observarmos que naquele mesmo ano, e nos seguintes, a Abissínia de Menelik continuou a ser tema de grupos como a Tribu dos Inocentes, que declarou em seu panfleto que levaria para o carnaval não os "tistanados naturaes", mas "os temidos gênios que imperam na África, rica e cobiçada pela força de sua magia, fazendo pasmo às demais partes da orbe que presentemente tremem entregues, como vós, às loucuras imponderáveis desta festa sem par".[63]

Era a vitória de Menelik que continuava a ser ressignificada deste lado do Atlântico. As guerras que envolviam a partilha da África eram rapidamente noticiadas aqui, mesmo quando se tratava de territórios que nada tinham a ver com os grupos que tinham sido escravizados na Bahia. Não me parece coincidência que os conflitos nos quais a vitória dos europeus foi mais difícil — no caso dos boers — ou impossível — na questão etíope — foram os mais frequentemente ritualizados nas ruas da cidade. Mas a proibição do chefe de segurança foi eficiente se notarmos que o clube Filhos da África conseguiu licença do delegado Madureira de Pinho para participar do carnaval, com a condição de obedecer a postura.[64] Imaginemos: como o Filhos da África saiu às ruas sem parecer africano? Talvez, pela lógica racial da polícia, houvesse áfricas mais aceitáveis do que outras. O antigo pêndulo a oscilar entre concessão e intolerância permanecia. E cientes disso podemos agora pensar sobre a admiração de Nina Rodrigues pela Embaixada Africana.

Para Nina Rodrigues, a Embaixada representava "a ideia dominante dos negros mais inteligentes, ou melhor adaptados à celebração de uma sobrevivência, de uma tradição".[65] Ao contrário dos jornalistas da época, só empenhados em acabar com os temíveis batuques, o estudioso das práticas africanas na Bahia estava mais atento às variações da África trazidas às ruas. Como assinala

Mariza Corrêa, a pergunta que norteia as investigações de Nina Rodrigues era "quem são eles?".[66] É oportuno lembrar a admiração do pesquisador pelos malês para entender o seu ponto de vista. Mergulhado em pesquisas sobre as supostas especificidades das raças, Nina Rodrigues via na mítica África apresentada pela Embaixada Africana uma redenção da barbárie. Como os europeus surpreendidos com o poderio dos etíopes, ele reconhecia a superioridade de certos povos africanos sobre outros, e concluía ser preciso distinguir "entre os verdadeiros negros e os povos camitas que, *mais ou menos pretos*, são todavia um simples ramo da raça branca e cuja alta capacidade de civilização se atestava excelentemente na antiga cultura do Egito, da Abissínia [Etiópia]".[67] Tendo assumido a cadeira de medicina legal na Faculdade de Medicina até então ocupada por Virgílio Damásio (um daqueles líderes republicanos que fugiu da Guarda Negra em 1889), Nina Rodrigues explicitava a disposição para não só diagnosticar, mas intervir na realidade social. A própria escolha do foco das suas pesquisas — o negro — já sinalizava para essa perspectiva na sua trajetória profissional.[68] Entre 1896 e 1897, o médico maranhense publicou uma série de artigos sobre "as práticas mágicas" dos negros baianos, que compuseram, em 1900, o livro *O animismo feitichista*.[69] Para Mariza Corrêa, essas pesquisas empíricas eram evidências de que para Nina Rodrigues "raça e cultura eram dois aspectos de um mesmo problema, único critério que pode tornar inteligível a sua separação da população brasileira, a dos 'civilizados' e a dos 'inferiores' ou bárbaros'".[70] Deduz-se daí que as observações de Nina Rodrigues sobre a Embaixada Africana, mais que mero inventário de práticas culturais, se constituíam em "provas científicas" das desigualdades biológicas que regiam a ordem social.

Desse modo, a performance da Embaixada Africana constituiu-se mesmo num texto polifônico. Se havia, por parte da grande imprensa, tentativas de ridicularizar Menelik, Nina Rodrigues compreendeu o desfile como o reconhecimento do valor de certos africanos, pertencentes a um ramo secundário da raça branca. Sem dúvida, a propaganda pelo embranquecimento de Menelik também aportou nas aspirações científicas de Nina Rodrigues, ainda que os propósitos do médico maranhense fossem diferentes daqueles dos viajantes ingleses.

Outros clubes, como os Pândegos d'África, na sua opinião, expressavam uma imagem inadequada das sociedades africanas, enquanto a Embaixada Africana tinha o seu "motivo e personagens tomados aos povos cultos da África, egípcios, abissínios etc.".[71] Vejamos por que os Pândegos d'África eram o principal contraponto à África desejada por Nina Rodrigues.

PÂNDEGOS D'ÁFRICA: A ÁFRICA DOS NAGÔS

O *Correio de Notícias*, comentando o carnaval de 1897, assinalou que o clube Pândegos d'África havia atraído às ruas "o povo e especialmente os africanos; mas *africanos de lei* acompanhavam-nos entre festa".[72] *A Bahia* definiu o grupo perfeitamente caracterizado, a soar instrumentos e canções africanas.[73] Para Manoel Querino a ênfase na africanidade do clube e do público explicava-se por ser a "reprodução exata do que se observa em Lagos". Ele conta que em Lagos, no mês de janeiro,

há uma diversão pomposa, em que se exibem indivíduos mascarados, diversão que designam pelo vocábulo *damurixá*, festa da rainha. Nesta, apenas tomam parte os indivíduos filiados ao clube que se encarrega da festa, não sendo facultativo a quem quisesse mascarar-se.[74]

Segundo ele, o mesmo podia ser visto no desfile de 1897 dos Pândegos d'África. De fato, o cronista João Varela registrou que houve na Bahia a execução do damurixá, provavelmente, como parte dos preparativos para o desfile do clube. A celebração do ritual, informa o cronista, ficou a cargo de Martiniano Bonfim, reconhecido líder religioso e informante de Nina Rodrigues e de tantos outros pesquisadores, que entre 1875 e 1886 viveu em Lagos, na companhia do seu pai, Eliseu do Bonfim, comerciante de produtos da Costa.[75]

O damurixá comporia na cena carnavalesca uma atmosfera de "satisfação, prazer e júbilo, mas também de dor, mágoa e tristeza", porque, segundo o cronista, se tratava de uma homenagem póstuma a grandes figuras do candomblé dos nagôs. Tudo isso incorporado no desfile do clube no qual iam à frente

> dois príncipes bem trajados; após estes a guarda de honra, uniformizada em estilo mouro. Seguia-se o carro conduzindo o rei, ladeado por duas raparigas virgens e duas estátuas alegóricas. Logo depois via-se o adivinhador à frente da charanga, composta de todos os instrumentos usados pelo feiticismo, sendo os tocadores uniformizados à moda indígena, usavam avental sobre calção curto.[76]

Essa África que misturava mouros, lideranças do candomblé, feiticeiros e adivinhadores, prosseguia o autor, seduzia principalmente as "africanas [que] tomadas de verdadeiro entusiasmo, cantavam, dançavam e tocavam durante todo o trajeto, numa alegria indescritível".[77] É possível que os pândegos atraíssem de fato velhos africanos para a cena carnavalesca, mas é ainda mais plausível que tanto os jornalistas quanto Querino estivessem ampliando tal categoria, para nela incluir pretos retintos, crioulos "devidamente trajados" e mulatos: a população de cor.

Felizmente, diante de tamanha profusão de africanidade,

26. Retrato de Martiniano vestido como participante de desfile carnavalesco, século XIX.

Nina Rodrigues não nos privou de comentários sobre os desfiles do clube. Sob suas lentes viu-se um "candomblé colossal", pela "compacta multidão de negros e mestiços cantando cantigas africanas, sapateando as suas danças e vitoriando os seus ídolos ou santos que lhes eram mostrados do carro do feitiço". Uma "vingança dos negros feiticistas", alvo de tenazes investidas policiais no período, a impor com instrumentos e "canções da terra natal" o culto jeje-iorubano na celebração carnavalesca. Uma exibição da "África inculta que veio escravizada para o Brasil".[78]

Naquele ano, os Pândegos celebraram Momo expondo três carros alegóricos: o primeiro com o rei Labossi, à margem do Zambeze, em companhia de seus ministros — Auá, Oman e Abató; o segundo, com dois figurões influentes da Corte — Barborim e Rodá, o último representando a cabana do feiticeiro Pai Ojô e sua mulher, com o caboré do feitiço a dar sorte a tudo e a todos. Além dos carros ainda havia a charanga africana que "vinha a pé com seus instrumentos estridentes e impossíveis". Crítico e generoso, Nina Rodrigues ainda comentou que, "da parte dos diretores" do clube, podia existir "a intenção de reviver tradições", mas "o seu sucesso popular está em constituírem eles verdadeiras festas africanas".[79] O cronista Antônio Vianna, ao comparar a Embaixada Africana e os Pândegos d'África, registrou que o primeiro era formado por "elementos mesclados", o segundo por "descendentes da boa gente africana".[80]

Segundo as pesquisas de Edison Carneiro, o clube Pândegos d'África foi fundado por Bibiano Cupim, que ainda era vice-presidente do conselho diretório do clube em 1900.[81] Ele tinha um vasto currículo: açougueiro, banqueiro de jogo do bicho, carpinteiro (como o axogum que fundou a Embaixada Africana), prior da Ordem Terceira do Rosário, membro da Sociedade Protetora dos Desvalidos[82] e da Irmandade da Boa Morte e ogã do Gantois, importante terreiro de candomblé.[83] O cronista João da Silva

Campos comenta que Bibiano Cupim juntamente com Aninha eram os "baluartes da devoção de Nossa Senhora de Boa Morte da capela da Barroquinha", daí que com a morte deles também se extinguiu a procissão com a santa.[84] Aninha era Eugênia Ana dos Santos, a Iyá Obá Biyi, prestigiada liderança religiosa que fundou o Ilê Axé Opô Afonjá, terreiro considerado matriz jeje-nagô dos candomblés na Bahia.

Bibiano, mestre de obras, possuía certo patrimônio: três casas na rua Luís Gama, no distrito de Sant'Anna, e outras duas no distrito de Santo Antônio, sendo uma na rua da Matança, no Barbalho, onde deveria funcionar o seu açougue e o já rentável negócio de jogo do bicho. Com trânsito por tantos ambientes, Bibiano Cupim me parece um personagem importante na cena da época. Estendendo a sua influência por tantos espaços e ao mesmo tempo constituindo o seu lugar social a partir deles, ele sintetizava algumas formas de inserção e leituras do mundo de um homem de cor no pós-abolição. Segundo mestre Didi, por volta de 1910 Aninha morou na ladeira de Pelourinho, ao lado da igreja de Nossa Senhora do Rosário dos Pretos.[85] Da banca de bicho à Ordem Terceira do Rosário e à Irmandade da Boa Morte, compreensões acerca das heranças culturais e de cidadania negra estavam sendo elaboradas.[86]

Ao lado dele estavam na diretoria do clube outros senhores de alguns bens. Um era o preto Silvério Antônio de Carvalho, artista e dono de duas casas, seis casinhas e um terreno na rua Nova do Queimado, em Santo Antônio.[87] O outro, Juvenal Luiz Souto, era proprietário de uma casa térrea na rua do Alvo, em Nazaré, um sobrado no distrito de Sant'Anna, decorado com mobília austríaca e piano alemão, e um terreno na estrada das Boiadas. Este mestre em carpintaria tinha sob suas ordens vários trabalhadores manuais executando obras em diversos prédios públicos, como delegacias de polícia e o Superior Tribunal de Justiça. A sua situação assemelhava-se à de um empreiteiro ou mesmo capitão de canto. Juvenal Souto também ocupou uma vaga na Escola de Aprendizes Artífices, onde pode ter conhecido Manoel Querino que, em 1900, presidia os Pândegos d'África.[88]

Naquele ano, na mesma nota distribuída aos jornais informando sobre o resultado da eleição para dirigentes do clube, os Pândegos d'África diziam que esperavam não ser taboqueados no carnaval seguinte.[89] Taboqueados, logrados, enganados — era essa a queixa. O fato é que depois de 1900, os pândegos só voltaram às ruas em 1929.[90] Infelizmente, os Pândegos não tornaram público o modo pelo qual, e por quem, foram enganados, mas é possível que os "africanos de lei", com seu "feiticismo", tivessem desagradado os que fossem mais críticos a tais exibições. Querino certamente estava entre os autores da queixa. Ele, sem dúvida, era um dos mais importantes integrantes do clube.

Manoel Querino — o abolicionista mulato a quem o leitor já foi apresentado no primeiro capítulo — era personagem curioso na Bahia da época. A ele comumente foi atribuída a pecha de imprevidente nas palavras e atitudes; um colecionador de desafetos. Mas também já foi dito que "muita coisa que havia passado despercebida ao próprio Nina Rodrigues não escapou ao olhar investigador do modesto professor negro, que nos desvãos ignorados do candomblé do Gantois ou diretamente em sua residência no Matatu Grande, se rodeava de velhos africanos, pais e mães de santo".[91] Do mesmo modo que Bibiano Cupim, Manoel Querino também fez parte do Centro Operário e da Sociedade Protetora dos Desvalidos.[92] Portanto, a presença de ambos à frente dos Pândegos d'África de modo algum era acidental.

A Sociedade Protetora dos Desvalidos foi fundada, em 1832, pelo africano livre e ganhador Manoel Victor Serra. Inicialmente denominada Irmandade de Nossa Senhora da Sociedade Amparo dos Desvalidos, previa, entre as suas finalidades, associar "homens de cor preta" e contribuir para a compra da alforria dos que ainda fossem cativos. Para o antropólogo Júlio Braga, tratava-se de uma importante agência de prestígio e auxílio mútuo, principalmente logo após a abolição, quando o número de recém-ingressos ultrapassou o de antigos sócios. Manoel Querino teve alguns problemas na instituição. Uma vez demitido do quadro de sócios, entre 1892 e 1894, ele tentou ser readmitido, só tendo conseguido depois de muitos acordos com os membros do conselho.[93] A fama de colecionador de desafetos parecia ter sentido, já que a exclusão de sócios era um expediente muito incomum.

Preocupado, assim como Nina Rodrigues, em registrar costumes e memórias dos africanos que ainda viviam na Bahia, Querino tinha ideias controversas sobre o que denominava de "colono negro". Esse professor mulato considerava que o escravo africano foi o fator imprescindível para a "civilização brasileira" porque era trabalhador, econômico e previdente, "qualidades que os descendentes nem sempre conservavam". Num de seus versos, profetizava: "quem quer que releia a história verá como se formou a nação que só tem glória no africano que importou".[94] A sua admiração pelos africanos, especialmente os nagôs, era explícita. Para ele, estava fora de dúvida a boa influência que o feiticismo exercia sobre a sociedade baiana. Como é fácil supor, as suas proposições polêmicas lhe rendiam celebridade.

Com um discurso na contramão do racismo científico, mas sem eximir-se da ideia e dos usos políticos de raça, o professor de artes e diretor dos Pândegos inflamava o debate, no ambiente intelectual da época, sobre as heranças do escravismo e do "colono negro". Em *A raça africana e seus costumes na Bahia*, logo na introdução, ele quis "aproveitar o ensejo para protestar contra o modo desdenhoso e injusto por que se procura deprimir o africano chamando-o de rude e boçal". Na lógica de Querino, esses não eram atributos congênitos, e sim o resultado de uma circunstância, a escravidão. Logo, nada impedia que os africanos evoluíssem, conquanto tivessem acesso à instrução, como se podia notar entre "os descendentes da raça negra que ocupavam posições de alto relevo, em todos os ramos do saber humano" como ele mesmo, podemos supor.[95] Foi a escravidão, e apenas ela, a "embotar-lhe a inteligência", afirmava o mulato.[96]

Deslocando a constituição da diferença entre negros e brancos do campo da natureza (inferioridade inata) para o da história (a escravidão), Querino descredenciava a própria noção de raça propagada pela ciência em franco desenvolvimento na conceituada Faculdade de Medicina da Bahia. Como sintetizou o historiador Flávio Gonçalves dos Santos, duas assertivas eram articuladas no discurso de Querino: a da contribuição cultural e material dos africanos para a formação da sociedade brasileira, e a de que não havia incompatibilidade entre os egressos do cativeiro e o ideal de civilização.[97] Daí, alfinetava o mulato, é que se fazia imprescindível o incremento das pesquisas sobre os usos e costumes dos africanos, até então "apenas iniciada pelo malogrado professor Nina Rodrigues".[98]

Infelizmente, não sei se em 1899 Manoel Querino já estava entre os diretores dos Pândegos d'África, mas Bibiano Cupim certamente sim. A posição de Nina Rodrigues ao reconhecer o esforço da diretoria para pôr o clube no carnaval, mas lamentar o candomblé que eles promoviam no espaço público, dá conta sobre o embate na arena intelectual do período em torno das teorias raciais e dos projetos para a sociedade pós-abolição. Querino e Rodrigues estavam em pontos distintos e equidistantes da mesma questão: qual a relevância e proveito da herança africana na sociedade brasileira? Nina mostrava-se sabedor do quão espinhosa era a sua posição. Em *Os africanos no Brasil* lamentou que sempre que buscava tratar do negro "a inconveniência, as suscetibilidades pessoais são logo invocadas como irritantes mordaças".[99]

Mas prosseguia otimista, porque esses obstáculos não podiam impedir que a ciência, "desconhecedora de simpatias e ódios", seguisse em sua marcha. Não se podia admitir que "a confusão pueril entre o valor cultural de uma raça e as virtudes privadas de certas e determinadas pessoas" impossibilitasse a investigação meramente científica. Segundo suas convicções, a existência de homens negros "credores de estima e respeito" não invalidava o fato de a raça a qual pertenciam jamais ter alcançado a civilização. Assim explicitado o seu papel naquela querela, Nina Rodrigues não perdeu a oportunidade para também propalar a "mais viva simpatia" que nutria pelo negro brasileiro.[100] As suas ideias, portanto, não deveriam ser interpretadas como forma de prevenção contra qualquer indivíduo, e sim a partir dos critérios que guiavam a sua ciência.

O fato é que estando debruçados sobre os princípios da escalada evolucionista da humanidade, Rodrigues e Querino os interpretavam por perspectivas diferentes e mesmo conflitantes. Pontos de vista que além de escritos estavam sendo dramatizados durante os desfiles dos clubes carnavalescos negros. Diante dos dois intelectuais, espetacularizava-se a raça, como disse Lilia Schwarcz; a questão era definir a partir de qual África.[101] Como se pode notar, nossos dois interlocutores eram destituídos de fleuma quando a questão das raças estava em pauta. Contudo, concordavam sobre a importância dos nagôs.

O desfile dos clubes negros pareceu uma oportunidade ímpar para Nina Rodrigues, sempre ávido em ressaltar a predominância sudanesa na Bahia. Nas suas investigações lhe parecia evidente que foi a África dos iorubanos, jejes e minas a sobrevivente entre a população crioula. Teriam sido eles, e não os angolas, que tomaram da África banto os motivos e ideias dos clubes carnavalescos. No desfile dos Pândegos, a informação mais precisa foi sobre o rio Zambeze, uma importante entrada para o interior da África

Oriental no período das investidas colonialistas.[102] Infelizmente, ainda não encontrei notícias sobre o rei Labossi, mas é possível que ele tenha sido um personagem ficcional, útil na encenação do reino africano, cujo soberano, cercado de ministros, referendado pelo poder de um feiticeiro, detinha o poder. Nina Rodrigues, vale repetir, não reconhecia na exibição do clube mais do que a tentativa de reviver as tradições africanas dos candomblés jeje-iorubano. Era mera vingança dos "fetichistas" que grassavam na cidade. O que só enfatizava a sua tese sobre a preeminência numérica e cultural dos povos sudaneses tão incontestavelmente aceita por outros pesquisadores, a exemplo de Arthur Ramos.[103]

Já as evidências arroladas por Querino para atestar a maior influência dos nagôs na cultura dos baianos suscitaram desconfianças. Artista e pesquisador de costumes dos africanos e de seus descendentes, Manoel Querino ocupava um lugar na fronteira entre o intelectual e o "colecionador de impressões" que, segundo as prerrogativas acadêmicas, não utilizava os padrões de cientificidade em vigor. Mais tarde, a sua ambígua posição foi definida pelo termo "folclorista", uma designação capaz de garantir respeitabilidade a alguém que, sendo "autodidata, trabalhando com independência metodológica, sem ligações diretas com as tradições da escola baiana, deixou-se resvalar em falhas e senões que, de certo modo, tiram de alguns dos seus trabalhos o exato sabor científico", como assinalou Arthur Ramos ao prefaciar *Costumes africanos no Brasil*.[104]

O problema, disse o pesquisador Edison Carneiro, era que as supostas falhas e senões de Manoel Querino foram levados a sério pelo próprio Arthur Ramos.[105] O crítico se referia ao fato de Arthur Ramos também ter concluído que "os festejos cíclicos da Costa dos Escravos parecem ter sido a influência principal no carnaval negro na Bahia".[106] A forma como Carneiro expôs a sua divergência é muito interessante. Ele inocentou Querino: "um bom observador da vida dos negros na Bahia, mas alguém [que] não tinha boa informação acerca dos costumes originais da África", mas não poupou Ramos que, "tendo qualificações de cientista", havia acreditado em tal paralelo.[107] A imagem de mero colecionador de informações eximiu Manoel Querino da responsabilidade que cabia ao cientista Arthur Ramos.

Disputas acadêmicas à parte, ainda vale pensar sobre a continuidade entre a tradição nagô e os Pândegos d'África, que tanto irritou Edison Carneiro. Não é propriamente a fidelidade ou não do carnaval baiano à suposta matriz nagô que interessa aqui, mas o esforço dos que viveram aquele tempo em reiterá-la ou negá-la. A busca das origens e heranças fazia parte das preocupações deles; a nós cabe discutir os significados culturais e políticos dos usos das referências africanas. Vale notar que a similitude entre Lagos e Bahia, não só vista como pretendida por Manoel Querino, deixava à mostra a leitura contemporânea da ascendência local da genérica, mas inclusiva, nação nagô. Era a partir dessa ligação estrita que ele enxergava o clube e reconstruía o continente negro. E não só ele parecia operar essa associação; como vimos, muitos africanos solicitavam naturalização brasileira e outros tantos navegavam entre a costa da África e o Brasil. Lembro o leitor que Martiniano Bonfim, que promoveu o damurixá no carnaval, viveu em Lagos durante onze anos. Ele "teria sido um dos precursores do processo de reafricanização, ou melhor, nagonização do candomblé da Bahia", segundo Nicolau Pares.[108]

Querino não estava mesmo sozinho na pretensão de exibir a "reprodução exata" da África nagô na cidade da Bahia, a despeito das críticas. Por isso, a representação da corte de negros fantasiados de nobres a reeditar crenças "africanas" fez tanto sucesso. A visibilidade dessa descendência num disfarce tão revelador trazia para o carnaval uma África mitificada, mas muito possível de ser encontrada nos desvãos do Gantois, por onde andavam tanto

Manoel Querino quanto Nina Rodrigues e, mais tarde, Arthur Ramos e Edison Carneiro, numa procura infindável pelas sobrevivências das áfricas na Bahia. E isso explica tanto as prevenções quanto as adesões ao desfile dos Pândegos.

Vários estudiosos que investigaram as práticas religiosas afro-baianas relatam a relevância de atribuir a um terreiro a filiação direta com a África. Uma das entrevistadas de Vivaldo da Costa Lima numa casa de culto aos orixás disse-lhe, com orgulho, que "ainda tinha sido feita por africano".[109] Os sentidos dessa ansiada descendência africana nas casas de candomblé também foram analisados por Beatriz Góis Dantas. A autora explica que as ideias de continuidade e genuinidade foram fundamentais para a construção do modelo de candomblé "puro", ou seja, aquele "depositário de um acervo cultural legítimo" de tradição africana, e, mais ainda, nagô.[110]

Seguindo a mesma trilha, J. Lorand Matory discute a construção da nação iorubá no Atlântico e centra a sua abordagem nas casas nagôs de candomblé no Brasil.[111] Na crítica ao essencialismo cultural, que por longos anos orientou as pesquisas sobre a religiosidade afro-brasileira, os autores identificam Nina Rodrigues e seus seguidores como articuladores da comprovação científica da africanidade do candomblé, e mais ainda, da pureza racial e cultural dos nagôs. Os terreiros de candomblé da Bahia foram ambientes propícios à reificação da suposta superioridade e unidade cultural dos povos iorubás. Por isso, evidencia-se a necessidade de se perceber como o lugar da África e dos africanos naquele contexto era tecido por dentro de diferentes e vinculados espaços de sociabilidade negra, como os terreiros de candomblé, as viagens com fins comerciais e religiosos que ainda se faziam para a costa da África e as comemorações do carnaval. A constituição de um território cultural herdeiro de tradições africanas moldava-se através de um conjunto de referências escolhidas nesses espaços sociais pelos quais os protagonistas desta história circulavam.

Não há notícias sobre possíveis viagens de Manoel Querino a Lagos. É bem razoável que a semelhança por ele estabelecida tenha mesmo lhe ocorrido após relatos de africanos ou de comerciantes e líderes religiosos habituados a fazer a rota Bahia-Lagos, a exemplo de Martiniano do Bonfim. Aliás, essa foi a opinião de Edison Carneiro.[112] Do que se conclui que a África ainda chegava à Bahia pelo porto. Nesse ponto, pareciam concordar Embaixada Africana e Pândegos d'África. A questão era saber se ela deveria vir na comitiva do rei Menelik ou em meio a mercadorias semelhantes às do comerciante africano José Fortunato da Cunha, que em 1889 trouxe, entre outras coisas, "três tabaques sendo um sem coro, uma caixinha de pinho com quinhentos e tantos obis, uma galinha da costa, além de sessenta panos da costa".[113] Passado o tempo das revoltas, abolida a escravidão, a rota atlântica ainda ameaçava.

Conflitos, assimilações e intercâmbios culturais foram, e continuam sendo, infinitos dentro da comunidade negra. É por conta desse movimento que a presença dos Pândegos d'África e da Embaixada Africana não me parecem atitudes antagônicas, como sugeriu a pesquisadora Kim Butler, mas dialógicas. Ao analisar a performance desses clubes, Butler os colocou em contraste. Para ela, a Embaixada Africana promovia publicamente a "acomodação racial nos mesmos moldes que os grupos brancos"; já os Pândegos d'África faziam do seu desfile um ato "para contestar contra a perseguição às suas tradições religiosas".[114]

Há que se concordar que a assimilação subversiva do carnaval pelos clubes negros foi um empecilho aos devaneios racistas da época e, portanto, barravam os esquemas hierárquicos herdados da escravidão. Contudo, o foco de análise na polarização entre os que "embranqueciam" e os que se mantinham "retintos", além de supor uma articulação cultural funcional dos negros contra ou a favor das idealizações dos brancos, deixa de lado o que me parece mais interessante: os ajustes e tensões que envolviam a todos naqueles dias de incertezas. No mais, ainda que alguns grupos negros, e não só os Pândegos d'África e a Embaixada Africana, parecessem "adaptados" não se invalidava a profusão de referências que se corporificavam nas atualizações da África.

Se a África na Bahia não podia mais ser refeita através da chegada de contínuas levas de africanos, a sua recriação estava em curso em diversos territórios simbólicos, nos quais um variado repertório de tradições esteve disponível. Penso que o clube Nagôs em Folia, por exemplo, trazia para a rua a sua própria interpretação sobre como se podia ser nagô na Bahia. Certamente, uma leitura filtrada por experiências da escravidão, histórias sobre o mundo africano e por "nacionalidades" em construção, inclusive nos terreiros de candomblé. Pequenos "afoxés" como o Lordes Ideais, organizado por José do Gudé, dogueiro e ogã do Bate Folha, um candomblé angola, provavelmente trazia a público a África que se construía nos seus espaços de sociabilidade.[115]

Essa profusão de referências contribuía para que as relações entre os organizadores do carnaval e os festeiros nem sempre fossem uniformes. Por exemplo, apesar das reiteradas reservas contra os "africanismos", as licenças sempre dependiam de imprecisas avaliações da polícia. As ordens do chefe de polícia, Domingos Guimarães, em agosto de 1885, ilustram muito bem esta imprecisão. Ele recomendou aos subdelegados que não consentissem candomblés em seus distritos, pois estavam cassadas todas as licenças para tal "divertimento". Misteriosamente, no dia seguinte expediu uma circular informando que o Rio Vermelho estava excluído da restrição.[116] Óbvia demonstração de que algumas regras já eram como são: ao sabor do ânimo das autoridades. Mas o que o chefe de polícia nomeava de candomblé e os motivos da exceção ao distrito do Rio Vermelho não são conhecidos. Pode ser que o chefe de polícia estivesse sendo condescendente com um reles "divertimento", uma festa de pretos ao ritmo de tambores, já que dificilmente concederia, pelo menos não tão publicamente, essa prerrogativa a tais práticas religiosas.

Por vezes, com uma "sensibilidade" adquirida numa longa experiência repressiva, nota-se que a distinção entre sambas, batuques e candomblés se fazia clara para as autoridades policiais das últimas décadas do século XIX. Apesar de sempre ruidosos, os tambores cifravam mensagens diferentes, e àquela altura a polícia já sabia decifrá-los, ou pelo menos julgava saber. Em 1876, o subdelegado Gustavo Francisco Pergentino resolveu investigar a denúncia do jornal *O Alabama* sobre reuniões promovidas por africanos. Após examinar minuciosamente a casa de um dos acusados, nada foi encontrado para provar a existência de candomblé, feitiçaria ou coisas afins; apenas acontecia ali "um brinquedo de pretos africanos", "divertimento tão simples" que acabaram por pedir licença para continuar por mais alguns dias, a qual foi-lhes prontamente concedida.[117] O argumento de simplicidade e inocência, útil desde os tempos da colônia, ainda podia livrar feiticeiros e sambistas das sanções policiais.

Obviamente, também havia os repressores mais obstinados que, de modo algum, atentavam para as diferentes razões do zoar dos tambores. Mas também é verdade que já ia longe o tempo em que o rufar dos tambores abalava indistintamente os nervos das elites políticas, tementes de que anunciassem rebeliões e fugas. No período que discuto, os "ajuntamentos de pretos" eram "divertimentos indesejáveis", "espaços de perversão moral", ambientes "favoráveis à corrupção dos espíritos", mas nenhum chefe de polícia os tinha mais em conta como redutos de conspiração, exceto, como vimos, nos dias que se seguiram ao 13 de maio. A presumível disposição dos negros à perversão dos corpos e da civilização era o argumento recorrente na cruzada contra os tambores da época. Nos discursos da imprensa e da polícia, a ideia de corrupção dos sentidos e dos costumes sempre servia para reforçar a necessidade da repressão.

Embora esse fosse um argumento já corriqueiro nos textos de viajantes, jornalistas, autoridades policiais e eclesiásticas desde o século XVIII, ganhou mais peso à medida que o movimento abolicionista enfatizava a perversão dos costumes como consequência da escravidão e da falta de instrução dos libertos. Jocélio Teles dos Santos acentua os sentidos contestatórios dos valores morais e do trabalho que essas práticas encerravam.[118] Não há por que duvidar de que sambas, batuques e candomblés de fato não correspondessem às normas de conduta sonhadas pelos ex-senhores, intelectuais e autoridades da época. Mas também se observava o recrudescimento da intolerância contra práticas culturais de matriz africana, patrocinado principalmente pela imprensa nas últimas décadas do oitocentos.[119]

Naquelas circunstâncias de construção da sociedade pós--abolição, a evidência de certa "crioulização" das práticas culturais preocupava sobremaneira políticos e intelectuais. Ao longo da segunda metade do século XIX, a "heterogeneidade étnico-racial" no meio negro foi se acentuando, haja vista a crescente presença de homens e mulheres pardos e brancos nas cerimônias religiosas e batuques de negros. Tratava-se de uma estratégia político-cultural inclusiva que se fazia mais vigorosa naquele tempo. Mesmo porque, na Bahia, a longa experiência escravista já havia "educado" a todos na administração de conflitos e na convivência com uma multiplicidade de tradições, hábitos e crenças. Como já disse João Reis, "desde muito cedo" o candomblé "procurou furar o bloqueio de isolamento", atraindo pessoas de "diversas qualidades". Desde os tempos coloniais, brancos crédulos e extenuados foram flagrados em danças e batuques africanos.[120] Complexos sincretismos culturais, como já abordou a historiadora Laura de Mello e Souza.[121] No mais, os candomblés constituíam formas de interseção entre o mundo dos vivos e o dos mortos, ritos de cura, maneiras de lidar com relações afetivas, familiares e políticas, que revelavam concepções alternativas para se compreender as sociedades.[122]

Nesse contexto, a tolerância aos sambas, batuques e candomblés estava condicionada ao que as autoridades entendiam como africanismos e às negociações que então se estabeleciam. Quando se analisam os pedidos de licença para grupos carnavalescos, o que se evidencia é a persistência desse jogo. Ou seja, a distinção entre batuques, práticas religiosas ou a mais inocente farra momesca dependia da articulação política entre quem solicitava e a quem cabia autorizar o préstito. Essa fluidez certamente dava espaço à "vingança dos feiticistas", como constatava Nina Rodrigues, por permitir que ritos e deuses a serem escondidos nas investidas da polícia fossem saudados nas ruas em festa. Também por isso, o medo de que a Bahia continuasse a "africanizar-se" punha em pânico não só o Conselho de Estado, como se viu no primeiro capítulo, mas também grande parte da imprensa, que havia muito alentava a esperança de que os seus temores fossem amenizados, primeiro com o fim do tráfico e a suposta diminuição dos contatos com o continente africano; depois, com o fim da escravidão.

Sob o título de "África Máster", *A Bahia* publicou em 1899 os comentários de um poeta "chistoso" e anônimo sobre um sermão proferido em língua nagô por um missionário africano na igreja da Sé. Traduzindo o culto para seus leitores, o autor conta que o ato foi um apelo em favor dos que viviam "como macacos nas florestas, nos buracos sem ar, sem luz, sem razão". Na sua tradução dos versos então proferidos pelo missionário, dizia-se:

Vamos, unamo-nos todos, nagôs e brancos da terra,
neste paiz tudo fede, neste paiz tudo berra.
Abaixo a tola vaidade, um pouco de piedade!
Venha da choça ou da sala, para os míseros irmãos.
Caia a esmola das mãos, a voz do sangue é quem fala.[123]

Na conclusão, o autor alertava que o discurso do missionário era inócuo, porque "na terra do vatapá não há mais quem entenda esse verso",[124] pois, para ele, não havia piedade dos nagôs ou brancos da terra para com a "mísera" África. Ao considerar que "a voz do sangue é que fala", ele reitera a descendência africana de um e outro. E assim, duvida das fronteiras raciais que passaram a ganhar mais nitidez nos últimos anos do século XIX.

O mais curioso é a polissemia que a África encerrava naquela época. O sentido de genuinidade africana, então estruturante para os terreiros, se cruzava com outro sentido, próprio à polícia, acerca do perigo que os africanos continuavam a representar, e ainda com certa nostalgia dos intelectuais frente à diminuição da população africana na Bahia. Vale a pena ver a emocionada e famosa descrição de Nina Rodrigues do embarque de africanos de Salvador para Lagos, em 1897:

> Dolorosa impressão a daquela gente, estrangeira no seio do povo que a vira envelhecer curvada ao cativeiro e que agora, tão alheio e intrigado diante da ruidosa satisfação dos inválidos que se iam, como da recolhida tristeza dos que ficavam, assistia, indiferente ou possuído de efêmera curiosidade, àquele emocionante espetáculo da restituição aos penates dos despojos de uma raça destroçada pela escravidão.[125]

Enquanto assistia àquele embarque, o médico via distanciar-se da Bahia o legado cultural mais autenticamente africano. Com tão diminuta "colônia africana" por aqui, só restavam as "sobrevivências" a serem implacavelmente depuradas da "psicologia social" do negro brasileiro.[126]

A extinção dos africanos na Bahia não inquietava apenas Nina Rodrigues e Manoel Querino. Diversos atores interpretaram as mudanças daí decorrentes. Comentando o fim do êxodo africano para o Brasil, relia-se a própria escravidão e os desdobramentos da abolição. Os africanos ainda se faziam presentes, fosse por certa nostalgia evidente em literatos da época, como Xavier Marques, fosse por um ansiado alívio pelo fim da "colônia africana" no Brasil.[127] Mesmo porque estamos falando de um período no qual africanos como Cecília Adolfo, passados anos da abolição, declaravam ser católicos e no entanto cultuavam a "religião africana, e por essa razão [pediam] que o enterro obedeça às praxes do rito africano".[128] É sobre esse tipo de nostalgia e incômodo que fala Xavier Marques no seu romance *O feiticeiro*, e é por essa razão que resolvi discuti-lo aqui.

OS VELHOS AFRICANOS E SEUS MALEFÍCIOS

A multidão de negros que se aglomerava nas ruas em dias de Momo foi relida por Xavier Marques em *O feiticeiro*. No romance, uma "moça de família" — Eulália — angustia-se por ter recorrido aos "maléficos rituais" do candomblé para resolver seus problemas sentimentais. Em meio a suas crises de consciência e fé, ela se dá conta da aproximação do carnaval, o que tornava ainda mais densa a presença do velho feiticeiro incumbido de intermediar a sua questão com os "temíveis ídolos do santuário africano". Nas palavras do autor: "a ironia desse carnaval acintoso golpeava-lhe a alma".[129] Na sua imaginação ganhava forma

uma charanga selvagem [na qual]; figurantes velhos, trôpegos, medonhos, obedeciam aos movimentos de um grande penacho multicor, sacudido pela mão de agigantado africano, cuja boca disforme sorria, num arreganho canino, com a dentadura branquejante sobre o arredondado de uma carapuça vermelha [...]. Negros e negras avançavam numa dança fantástica macabra, a rebramir como feras.[130]

Aqui, o texto de Xavier Marques prima pelo pavoroso. O recurso de ter relegado à sofrida protagonista a tarefa de contar ao leitor as suas impressões sobre a participação negra no carnaval permitiu ao autor contrapor o que lhe parecia ser dois universos culturais distintos, mas relacionais, numa sociedade em que tanto uma frágil mocinha mergulhada em conflitos morais quanto um assombroso africano com seu "riso canino" eram personagens possíveis. *O feiticeiro* foi escrito em 1890, quando os jornais locais davam ampla cobertura à ação policial contra candomblés, e ambientado em 1878, período em que a conquista da alforria era um expediente cada vez mais comum.[131] A primeira versão do romance foi publicada justamente em 1897, enquanto os Pândegos d'África anunciavam levar para o seu desfile "africanos de lei", a Embaixada Africana celebrava Menelik e Nina Rodrigues lamentava a partida de um grupo de africanos para Lagos.

É evidente a intenção do autor em salientar que o mundo dos africanos e de seus descendentes envolvia a vida de pessoas que tinham valores, hábitos e aspirações muito diferentes entre si. Ao ler *O feiticeiro,* nota-se a ênfase nas diferenças culturais, a exemplo do passeio da família de um bem-sucedido comerciante do Mercado de Santa Bárbara pelo sítio do Matatu: eles se depararam com uma oferenda de adeptos do candomblé ao pé de uma árvore. Diante do assombro da família com o achado, o comerciante passa a questionar por que tantas ressalvas à fé dos negros, já que os católicos também tinham suas crenças, jejuns, retiros e procissões. Noutra situação, era o pano da costa que adornava a mesa da sala de visitas do comerciante que surpreendia os personagens; noutra, era a folia-de-reis com colorido e animação dos ranchos.

A sociedade branca desenhada por Xavier Marques definia-se pela ambiguidade. Sem se isentar da crítica à presença dos africanos, ao acentuar o incômodo dos batucagês na madrugada e a forma acintosa como os "clubes africanos" se impunham no carnaval, restava sempre a sedução pela mística religiosa, presteza e artimanhas da gente de cor. Quanto à repressão e ao preconceito que cercavam os feiticeiros e os adeptos do candomblé, Xavier Marques certamente se inspirava na crônica jornalística e policial da época, repleta de situações que bem cabiam na trama do seu romance. Afinal, a relevância e o lugar da raça "africana" na sociedade brasileira era uma das principais questões das quais se ocupavam os intelectuais e jornalistas da época.

O feiticeiro é a história de um próspero comerciante que, clandestinamente, ocupa o cargo de ogã num terreiro; uma moça de cor, costureira, que tenta camuflar as suas origens africanas e tem sensações "estranhas" quando ouve o som dos tambores; um escriturário ansioso por benesses do Estado; uma viúva católica temerosa dos malefícios africanos; um jovem advogado republicano; um prestigiado comendador, que mantém "relações ilícitas" com sua criada negra; e, é claro, um feiticeiro africano, tio Elesbão.

O tio Elesbão criado por Xavier Marques não se diferencia muito dos líderes religiosos descritos por Nina Rodrigues e pela imprensa.[132] Trata-se de um velho altivo, sempre cercado por um dedicado séquito, hábil em estabelecer vínculos com pessoas de situação social privilegiada. "Fingindo-se de letrado", Elesbão era um nagô que trazia em "cada uma das façoilas cor de pome de café", uma cicatriz larga e grosseira. Trata-se, portanto, de um africano ladino, à vontade dentro das regras brasileiras de sociabilidade, mas que trazia no rosto as marcas de suas origens africanas. Origens que são bem marcadas pelo cativeiro, pois também não faltam no romance imagens como a do "velho africano, pachorrento e imundo sentado à beira da palhoça, [que] tece palha da costa, enquanto o malungo faz balaios e samburás".[133]

Xavier Marques se permite a mesma nostalgia experimentada por Nina Rodrigues em relação à progressiva e inevitável extinção dos africanos na Bahia, sem deixar de lado o "estado selvagem" então atribuído aos velhos e "medonhos" africanos. No seu texto, quando o comerciante e ogã Paulo Boto assiste a uma festa no terreiro de Elesbão, o ritual o faz pensar que "o mistério da cabala, os gestos do ritual, a beleza do culto não se pronunciavam tanto nas mestiças pardas, quanto nas puras africanas e nas suas filhas de pele azevichada".[134] Na leitura de Xavier Marques, era o africano quem melhor encarnava tanto o grotesco capaz de aterrorizar moças de família quanto a beleza dos terreiros de candomblé.

Nas suas alianças políticas, o africano Elesbão é apresentado como monarquista "muito contente com o governo e o imperador", pois tinha assegurado que a polícia não iria mais incomodá-lo.[135] Diante dos debates em torno da questão republicana, a posição do africano era clara: temia o novo governo e as mudanças. Ao contar sobre a festa de reis no bairro da Lapinha, o autor se deteve num rancho com crioulas vestidas com saias brancas a dar vivas ao imperador do Brasil. Tradição, servilidade e conservação de padrões foram disposições atribuídas ao velho Elesbão e à sua gente crioula.

Gabriela dos Reis Sampaio, ao analisar a representação de líderes religiosos na literatura brasileira do oitocentos, aponta como Xavier Marques não escapa da narrativa que retrata a população de cor "sempre em situação de submissão", buscando "a proteção dos brancos".[136] Nos episódios imaginados por Xavier Marques, havia bastante espaço para essa política de reafirmação de lugares sócio-raciais herdados da escravidão.

Ao associar Elesbão à monarquia, o autor torna o seu desaparecimento inexorável, tal qual o da Corte de Pedro II. O africano representava o que estava em vias de ser superado. O episódio da morte do pai-de-santo ilustra bem a questão. O seu cortejo fúnebre levou para as ruas

negros africanos, cambaios, patudos, encartuchados em velhos redingotes; negras minas, gêges, nagôs e crioulas, umas de trufa branca, outras de carapinha ao sol, com largos panos de chita e panos da costa, listrados de azul, pelos ombros abaixo, moviam-se como um bando de urubus em direitura às Portas do Carmo.[137]

Enquanto via passar o "andar banzeiro da negraria", a outrora atormentada moça branca, que usufruiu dos poderes daquele feiticeiro, mostrava-se feliz e indiferente a tamanho espetáculo. O feiticeiro morreu, não a incomodaria mais. Superadas as dificuldades, cessava a presença do africano. A sua ausência só parecia ser sentida pela costureira mestiça tão empenhada em dissimular a sua ascendência. Apenas para ela e para os aguadeiros reunidos em torno do chafariz, a morte do africano parecia representar uma perda. A nebulosa e decrescente presença dos africanos, representada por Elesbão, não mudava apenas a vida da protagonista; na visão de Xavier Marques, uma nova e incerta sociedade se inaugurava.

E essa nova sociedade estava tão convencida da importância de superar o seu passado que sequer a abolição parecia caber na memória construída sobre ele. Apenas alguns jornais, especialmente aqueles que foram mais atuantes durante a campanha abolicionista, a cada 13 de maio comentavam a ausência de comemorações. O *Diário da Bahia*, por exemplo, lamentou no dia 14 de maio de 1898 que passou "despercebida", a "gloriosa data de 13 de maio". A comemoração oficial limitou-se à iluminação de prédios públicos.[138] Era nos terreiros de candomblé que a data continuava a ser relembrada e significativa para os poucos africanos e muitos dos seus descendentes.

Por fim, podemos considerar que na última década oitocentista racializava-se de diferentes maneiras o legado cultural africano. Garantindo-se espaço na memória social para lideranças políticas como Menelik, para episódios como a Revolta dos Malês e levando-se às ruas a estética dos "africanos de lei", eram estabelecidos diálogos simbólicos fundamentais para a construção de identidades afro-descendentes na Bahia. Entre o testemunho de Esperança de São Boaventura, que se apresentou como vítima do flagelo da escravidão, e o empenho de Manoel Querino para valorizar o que chamou de "colonização africana", existiam várias outras leituras sobre o papel do legado africano na sociedade brasileira e baiana. Todas elas tinham como pressuposto o pertencimento racial. A partir dessas leituras constituíram as concepções de liberdade e cidadania no pós-abolição. Por isso, Esperança de São Boaventura, Manoel Querino, Nina Rodrigues, Xavier Marques e todos os outros personagens que ficamos conhecendo enquanto assistíamos aos desfiles carnavalescos das últimas décadas oitocentistas tiveram um papel político tão importante naquele contexto.

Considerações finais

Aos 13 dias de maio de 1928, o Instituto Geográfico e Histórico da Bahia recebeu associados e convidados para a inauguração dos retratos de Rui Barbosa e de Manoel Querino.[1] Ninguém duvidava ser aquela a merecida homenagem a dois importantes baianos. A data também não poderia ser mais oportuna, haja vista o envolvimento de ambos na campanha abolicionista. Rui e Querino compartilharam, na década de 80 do século XIX, a certeza de que a abolição era imprescindível e, embora cada um tivesse as suas próprias razões para defendê-la, concordavam que só a extinção da escravatura traria prosperidade à nação. Mas o debate sobre o papel de brancos e negros no pós-abolição tornava aquele par, assim eternizado no salão principal do IGHB, um tanto inusitado. Como espero ter deixado evidente, Rui Barbosa e Manoel Querino assumiram posições políticas bem diferentes quando estava em pauta o lugar dos "homens de cor" na sociedade e na cultura brasileiras.

De fato, foi referendando a noção de raça que eles e seus contemporâneos experimentaram as profundas mudanças das últimas décadas do século XIX. A ideia de que havia diferentes raças humanas fundamentou as expectativas e os planos para a sociedade que se inaugurava. Essa certeza oitocentista, então cientificamente aceita, constituiu a trama social e possibilitou aos indivíduos atribuir significados à condição racial como bem lhes aprouvessem ou permitissem as circunstâncias e interesses em jogo. Rui Barbosa e Manoel Querino foram exemplares nesse sentido. Ao longo deste livro busquei evidenciar como o contexto da abolição expôs as convicções e as estratégias políticas deles, e de outros personagens, e como estruturaram e foram estruturadas pela noção de desigualdades sócio-raciais. As atitudes de autoridades policiais e políticas, os discursos exaltados dos abolicionistas negros, assim como os versos carregados de racismo dos estudantes de medicina, convergiam para o reconhecimento de que as diferenças, mesmo as desigualdades, entre brancos e "homens de cor" eram incontestáveis. Espero ter convencido o leitor de que o processo de racialização no Brasil no fim do século XIX, apesar de essencialmente velado, foi fundamental para o estabelecimento de critérios diferenciados de cidadania e para a construção de lugares sociais qualitativamente distintos.

Ao mesmo tempo, as mudanças que a abolição engendrou foram ritmadas por descontinuidades e dissonâncias de diferentes ordens. Conseguir explicitá-las foi a tarefa mais espinhosa. Se em determinados momentos o Estado imperial tentou encobrir o critério racial posto em algumas de suas ações, como analisei no primeiro capítulo, em outros a racialização de divergências partidárias foi explícita, a exemplo do embate entre monarquistas e republicanos discutido no terceiro capítulo. Enquanto em 1888 temia-se que a abolição proporcionasse aos "homens de cor" a subversão da ordem social, em 1890 agremiações carnavalescas atraíam multidões para celebrar a África e reivindicar indenização pelos mortos na Revolta dos Malês. Tal polivalência me fez considerar que a relação entre o passado escravo, as práticas culturais e a subalternidade era articulada de diversas maneiras nas últimas décadas oitocentistas. Nos diálogos e conflitos que apresentei, é possível perceber que os dilemas então vivenciados espelhavam a complexidade de um mundo que discutia novos parâmetros de relações sociais, envolto em modelos hierárquicos fundados em experiências escravistas.

A racialização foi, a um só tempo, o sinal mais evidente da decadência do escravismo e da arrojada tentativa de garantir que o edifício social montado durante a escravidão fosse preservado, mantendo-se privilégios, demarcando-se fronteiras e recompondo antigos territórios. Como bem disse o jornalista do Recôncavo no dia 13 de maio de 1888, era preciso preservar a palavra *senhor*. Nesse sentido, pretendi investigar não só algumas estratégias de construção, mas também de sabotagem desse empreendimento na Bahia. Afinal, equivalente à convicção dos estudantes de medicina acerca da primazia que lhes cabia nas decisões políticas estava a da Guarda Negra sobre a sua importância nas questões do Império. Do mesmo modo, proporcional ao medo de que a raça africana preponderasse sobre a população local estava o persistente trânsito de pessoas e mercadorias pelo Atlântico.

Em tal lógica, as reinvenções da África promovidas pelos Pândegos d'África e pela Embaixada Africana expunham o quanto o passado escravista alimentava o rico repertório de representações que a crioula "colônia africana" na Bahia fazia de si mesma. Como bem nos mostrou a africana Esperança da Boaventura, que apresentei no último capítulo, a história da escravidão não se encerrou em 1888, prolongou-se tragicamente em sua vida e na memória da sociedade brasileira. A variedade de significados atribuídos à África só demonstrava que estavam todos, brancos e homens de cor, dentro do contínuo deslocamento entre África e Brasil e entre escravidão e liberdade. Esse, como já disse Ira Berlin, era um movimento que nem sempre ocorria na mesma direção.[2] Esquadrinhar essas direções é, cada vez mais, uma perspectiva investigativa a ser considerada.

Neste texto, tive a pretensão de convencê-los da necessidade de mais pesquisas sobre a abolição e seus desdobramentos no Brasil. É bastante pertinente o esforço de tentar capturar as formas de enfrentamento entre os projetos sociais em curso e explicitar os artifícios que asseguraram a preservação do termo *senhor* e seus sentidos paternalistas, conferindo visibilidade às arenas de interlocução e aos debates, nos quais a questão servil e a racial foram imbricadas. Enfim, é preciso tornar mais evidentes os mecanismos que, já naquela época, impossibilitaram os homens de cor de verem seus filhos retirados das "profundas trevas" a que a ausência de cidadania os relegou, como denunciavam os libertos do Paty de Alferes.

Notas

APRESENTAÇÃO [PP. 11-29]

1. Professora colaboradora aposentada do Departamento de História e pesquisadora ligada ao Cecult — Centro de Pesquisas em História Social da Cultura, ambos da Unicamp. É autora, entre outros títulos, de *O espelho do mundo. Juquery, a história de um asilo*. Rio de Janeiro: Paz e Terra, 1986; e *Ecos da Folia. Uma história social do carnaval carioca entre 1880 e 1920*. São Paulo: Companhia das Letras, 2001.

2. Machado de Assis, *Esaú e Jacó* (1904). Porto Alegre: L&PM, 1998.

3. Sidney Chalhoub, *Machado de Assis, historiador*. São Paulo: Companhia das Letras, 2003, p. 17.

4. A Lei do Ventre Livre, de 1871, inicia o período final e mais tenso da escalada abolicionista. A data, por isso, constitui um marco central para a história social do período.

5. Wlamyra Albuquerque, "A exaltação das diferenças: racialização, cultura e cidadania negra (Bahia, 1880-1900)". Tese de doutorado em História Social. IFCH/ Unicamp, 2004.

6. Cf. Silvia Hunold Lara, *Fragmentos setecentistas. Escravidão, cultura e poder na América portuguesa*. São Paulo: Companhia das Letras, 2007.

7. Cf. Sidney Chalhoub, "Solidariedade e liberdade: as sociedades beneficentes de negros e negras no Rio de Janeiro na segunda metade do século XIX". In Olívia Maria Gomes da Silva e Flávio dos Santos Gomes (orgs.), *Quase cidadão — his-*

tórias e antropologias da pós-emancipação no Brasil, Rio de Janeiro: FGV, 2007, pp. 229-30. "A política ensina antes a regra de não falar-se nisso", afirmou o conselheiro Pimenta Bueno, durante os debates no Conselho de Estado sobre a conveniência ou não de permitir-se o funcionamento da "Sociedade Beneficiente da Nação Conga", referindo-se às diferenças de raça ou cor.

8. O tema racial fora objeto de grande preocupação entre as elites brasileiras na segunda metade do século XIX, com ênfase para uma perspectiva de "embranquecimento" como solução para o destino inexorável de inferioridade das nações ao sul do Equador, prescrita pelo racismo europeu. Cf. Lilia M. Schwarcz, *O espetáculo das raças. Cientistas, instituições e questão racial no Brasil, 1870-1930*. São Paulo: Companhia das Letras, 1993.

9. Cf. Benedict Anderson, *Comunidades imaginadas. Reflexões sobre a origem e a difusão do nacionalismo*. São Paulo: Companhia das Letras, 2007.

10. Machado de Assis, op. cit., p. 221.

11. Segundo relato do próprio Silva Jardim: "Ao sairmos dessa conferência, assistida pela fina flor da sociedade fluminense, um grupo de pretos perfidamente inspirados, correu sobre mim com a intenção de agredir-me. Um punhado de valentes amigos populares impediu-os de me atingirem". Antônio da Silva Jardim. *Memórias e viagens: campanha de um propagandista (1887-1890)*, Lisboa: Nacional, 1891, p. 226), apud Maria Tereza Chaves de Mello. *A República Consentida: cultura democrática e científica no final do Império*. Rio de Janeiro: Editora FGV/Editora da Universidade Federal Rural do Rio de Janeiro, 2007, p. 20.

12. Cf. Maria Clementina Pereira Cunha, "As claves do tempo nas canções de Sinhô". In Sidney Chalhoub, Margarida Neves e Leonardo Pereira (orgs.), *História em cousas miúdas*. Campinas: Editora da Unicamp, 2005, especialmente pp. 551-4.

13. Um exemplo curioso pode ser encontrado em episódio narrado pela crônica: decididos a entrar sem pagar numa apresentação teatral, alguns estudantes, entre eles Lima Barreto, resolveram pular o muro do teatro. Na última hora, Barreto declina da arte. Perguntado horas depois por um companheiro sobre a razão da desistência, disse que, para jovens acadêmicos brancos, pular o muro era uma "estudantada", mas um negro nessa situação seria preso como "ladrão de galinha". Cf. Francisco de Assis Barbosa, *A vida de Lima Barreto (1881-1922)*. Rio de Janeiro: Livraria José Olimpio Editora, 1952, pp. 98-9. Para outra referência, ver crônica de Bastos Tigre sobre Lima Barreto in Marcelo Balaban (org.), *Instantâneos do Rio Antigo*, Campinas: Editora Mercado de Letras/Cecult, 2003, pp. 198--202. Agradeço a Marcelo essa e outras indicações resultantes de seus comentários a uma versão preliminar deste texto.

14. Cf. Raphael Frederico Acioli Moreira da Silva, "Os *macaquitos* na Bruzun-

danga. Racismo, folclore e nação em Lima Barreto (1881-1922)". In Sidney Chalhoub, Margarida Neves e Leonardo Pereira, op. cit., pp.159-235.

15. Machado de Assis, op. cit., p. 132.

INTRODUÇÃO [PP. 31-44]

1. APEB, Seção Judiciária, *Processo-crime*, lesões corporais, 28/1016/12.

2. APEB, maço 5830, *Registro de correspondências expedidas do chefe de polícia da Bahia ao chefe de polícia de Sergipe*, 5 de novembro de 1880.

3. Entre os títulos da autora, ver Rebecca Scott, "Comparing Emancipations: a review essay", *Journal of Social History*, 20, 1887, pp. 565-83; "Defining the boundaries of freedom in the world of cane: Cuba, Brazil and Lousiana after emancipation", *American Historical Review* 99:1, 1994, 70-102; *Emancipação escrava em Cuba: a transição para o trabalho livre*, Rio de Janeiro: Paz e Terra/Campinas: Unicamp, 1991; Frederick Cooper, Thomas Holt e Rebecca Scott, *Beyond Slavery: explorations of race, labor, and citizenship in post emancipation societies*, The University of North Carolina Press, 2000.

4. Na mesma direção seguem os estudos de Eric Foner sobre o período pós-emancipação no Sul dos Estados Unidos, Caribe, Haiti e Brasil, ao localizar problemas comuns como as relações de trabalho, migrações e racismo, identificando, entretanto, saídas e embates políticos diferenciados. Eric Foner, *Nada além da liberdade*, Rio de Janeiro: Paz e Terra, 1988. Outros autores norte-americanos também têm pesquisado emancipação e pós-abolição no Brasil, comparando-a com o Sul dos Estados Unidos e Caribe. Ver, por exemplo: Seymour Drescher, "Brazilian abolition in comparative perspective", in Rebecca Scott (org.), *The Abolition of slavery and the aftermath of emancipation in Brazil*, Duke and London: Duke University Press, 1988, pp. 23-54.

5. Vários estudos têm contribuído para outras perspectivas historiográficas. Ver, por exemplo, Ira Berlin, *Many thousand gone: the first two centuries of slavery in North American*, Cambridge/London: Harvard University Press, 1998; *Slaves without masters: the free negro in the Antebellum South*, New York: Random House, 1974. Barbara Fields, *Slaves and freedom on the middle ground: Maryland during the nineteetenth century*, London/New Haven: Yale University Press, 1885.

6. Barbara J. Fields, "Ideology and race in American history", in *Region, race and reconstruction*, New York: Oxford University Press, 1982, pp. 143-77; e "Slavery, race and ideology in the United States of America", em *New Left Review*, nº 81 maio/jun., 1990, pp. 95-118.

7. Robert Miles. *Racism*, London/New York: Routledge, 1989.

8. Hebe Maria Mattos, *Escravidão e cidadania no Brasil monárquico*, Rio de Janeiro: Editora Jorge Zahar, 2000, p. 59.

9. Keila Grinberg também aposta nesta perspectiva em Grinberg, *O fiador dos brasileiros — cidadania, escravidão e direito civil no tempo de Antônio Pereira Rebouças*, Rio de Janeiro: Companhia das Letras, 2002.

10. Olívia Maria Gomes da Cunha e Flávio dos Santos Gomes, *Quase-cidadão — histórias e antropologias da pós-emancipação no Brasil*, Rio de Janeiro: Editora da FGV, p. 13

11. Barbara J. Fields, "Ideology and race in American history", p. 155.

12. Por *retornados* ficaram conhecidos os africanos que foram repatriados ou migraram para a África ao conseguirem a alforria na segunda metade do século XIX. Para saber mais: Manoela Carneiro da Cunha, *Negros estrangeiros — os africanos libertos e sua volta à África*, São Paulo: Brasiliense, 1985.

13. Célia Maria Marinho de Azevedo, *Onda negra, medo branco — o negro no imaginário das elites do século XIX*, Rio de Janeiro: Paz e Terra, 1987; "Irmão ou inimigo: o escravo no imaginário abolicionista dos Estados Unidos e do Brasil", in *Revista da USP — dossiê povo negro*, 28, 1995-96, pp. 97-109; "Abolicionismo e memória das relações raciais", *Estudos Afro-Asiáticos*, 26, 1994, pp. 5-19; *Abolicionismo: Estados Unidos e Brasil, uma história comparada (século XIX)*, São Paulo: Annablume, 2003.

14. Célia Maria Marinho de Azevedo, "Irmão ou inimigo: o escravo no imaginário abolicionista dos Estados Unidos e do Brasil", p. 100. Ao traçar paralelos entre o discurso abolicionista norte-americano e o brasileiro, a autora considera que num predominou uma fundamentação religiosa; no outro, a científica.

15. Sobre os conflitos decorrentes da abolição na Bahia, ver Walter Fraga Filho, *Encruzilhadas da liberdade: histórias de escravos e libertos na Bahia (1870--1910)*, São Paulo: Editora da Unicamp, 2006.

16. Estes dados serão apresentados no capítulo 1.

17. Sobre a construção política e simbólica da ideia da abolição como dádiva, ver Lilia Moritz Schwarcz, "Dos males da dádiva — sobre as ambiguidades no processo da Abolição brasileira", in Olívia Maria Gomes da Cunha e Flávio dos Santos Gomes (org.), *Quase-cidadão*, pp. 23-54.

18. Hebe Maria Mattos, *Das cores do silêncio — os significados da liberdade no Sudeste escravista*, Rio de Janeiro: Nova Fronteira, 1998.

19. B. J. Barickman, "Até a véspera: o trabalho escravo e a produção de açúcar nos engenhos do Recôncavo baiano", in *Afro-Ásia*, nᵒˢ 21-22, 1998/99, pp. 177-237.

20. Lilia Moritz Schwarcz, *O espetáculo das raças — cientistas, instituições e questão racial no Brasil*, São Paulo: Companhia das Letras, 1993, p. 17.

21. Thomas E. Skidmore também analisou as teorias raciais, enfatizando,

porém, o caráter europeizante dessas doutrinas: *Preto no branco — raça e nacionalidade no pensamento brasileiro,* Rio de Janeiro: Paz e Terra, 1976.

22. Nina Rodrigues, *Os africanos no Brasil,* São Paulo/Brasília: Editora Nacional/Editora UNB, 1988, p. 9.

23. Clifford Geertz, *A interpretação das culturas,* Rio de Janeiro: Zahar, 1978, p. 20.

1. CÔNSULES, DOUTORES E OS "SÚDITOS DE COR PRETA": RAZÕES E AÇÕES POLÍTICAS NUM PROCESSO DE RACIALIZAÇÃO [PP. 45-93]

1. Há vários títulos sobre o tema, dentre eles: Leslie Bethell, *The abolition of the Brazilian Slave Trade — Britain, Brazil and slave trade question,* Cambridge: Cambridge University Press, 1970; Pierre Verger, *Fluxo e refluxo do tráfico de escravos entre o Golfo de Benin e a Bahia de Todos os Santos dos séculos XVII ao XIX,* São Paulo: Corrupio, 1987, pp. 293-321; Robert Conrad, *Tumbeiros — o tráfico escravista para o Brasil,* São Paulo: Brasiliense, 1978; Manolo Florentino, *Em costas negras: uma história do tráfico de escravos entre a África e o Rio de Janeiro (século XVIII e XIX),* São Paulo: Companhia das Letras, 1997; Jaime Rodrigues, *O infame comércio — propostas e experiências no final do tráfico de africanos para o Brasil (1800-1850),* Campinas/São Paulo: Unicamp/Cecult, 2000.

2. Ubiratan Castro de Araújo, "1846: um ano na rota Bahia-Lagos. Negócios, negociantes e outros parceiros", *Afro-Ásia,* nᵒˢ 21-22, 1998-9, p. 89.

3. Verger, *Fluxo e refluxo,* p. 385.

4. Jaime Rodrigues comenta que a pressão inglesa estava relacionada a investidas comerciais na África e na América no século XIX. Rodrigues, *O infame comércio,* especialmente capítulo 3. Já os historiadores David Eltis, Stephen D. Behrendt e David Richardson articulam o empenho dos ingleses em extinguir o tráfico atlântico ao papel secundário que eles passaram a ocupar nesse comércio, a partir do século XVIII. "A participação dos países da Europa e das Américas no tráfico transatlântico de escravos: novas evidências", *Afro-Ásia,* nᵒ 24, 2000, pp. 9-50.

5. APEB, *Fala presidente da província Herculano Ferreira Pena em 10 de abril de 1860,* Bahia: Tipografia Antônio Olavo, 1860.

6. APEB, seção colonial, *Mapas de entrada e saída de embarcações,* maço 3177.

7. APEB, seção colonial, maço 3139-55, *Ofício do chefe de polícia Amphilophio Botelho Freire de Carvalho ao presidente da província Henrique Pereira de Lucena,* 8 de agosto de 1877.

8. Verger, *Fluxo e refluxo,* p. 323.

9. Rodrigues, *O infame comércio,* p. 109. Sobre os produtos desse comércio:

Pierre Verger, *Fluxo e refluxo;* Manuela Carneiro da Cunha, *Negros estrangeiros: os escravos libertos e sua volta à África,* São Paulo: Brasiliense, 1985. Os interesses e conflitos envolvidos no tráfico também foram abordados por Jaime Rodrigues em *De Costa a costa — escravos, marinheiros e intermediários do tráfico Atlântico de Angola ao Rio de Janeiro (1780-1860),* São Paulo: Companhia das Letras, 2005.

10. A lei de 1831 foi o principal mote das ações de liberdade quando se questionava o direito de propriedade sobre escravos. Sobre esse assunto, ver Elciene Azevedo, "O direito dos escravos — lutas jurídicas e abolicionismo na província de São Paulo na segunda metade do século XIX". Tese de doutorado, Unicamp, 2003, especialmente capítulo 2; Tadeu Caíres Silva, "Os escravos vão à justiça: a resistência escrava através das ações de liberdade (Bahia, século XIX)". Dissertação de mestrado, UFBA, 2000.

11. Fundação Cultural do Estado da Bahia, *Legislação da província da Bahia sobre o negro (1835-1888),* lei nº 9 de 13 de maio de 1835, p. 19.

12. Verger, *Fluxo e refluxo,* grifos meus, p. 360. Sobre as consequências da lei nº 9, ver João José Reis, *Rebelião escrava no Brasil — a história do levante malê em 1835,* São Paulo: Companhia das Letras, 2003, pp. 498-53.

13. Reis, *Rebelião escrava no Brasil,* p. 237. Para saber mais sobre a revolta dos malês, é indispensável ver João José Reis (org.), *Escravidão e invenção da liberdade,* São Paulo: Brasiliense, 1988, pp. 87-140. Já Paul Lovejoy aborda o sentido religioso da revolta de 1835 em: "Jidah e escravidão: as origens dos escravos muçulmanos na Bahia", *Revista TOPO1,* nº 1, 2000, pp. 11-44.

14. Verger, *Fluxo e refluxo,* p. 362.

15. Fundação Cultural do Estado da Bahia, *Legislação da província da Bahia sobre o negro,* Resolução nº 1250, de 28 de junho de 1872, p. 108.

16. APEB, seção colonial, maço 5834, *Ofício do delegado B. F. de Carvalho ao chefe de polícia,* 9 de agosto de 1877.

17. Walter Fraga Filho, *Mendigos, moleques e vadios na Bahia do século XIX,* São Paulo/Salvador: Hucitec/EDUFBa, 1995, p. 91.

18. O trânsito de africanos entre os portos de Salvador e da Corte se intensificou em meados do século XIX, tanto pelo tráfico interprovincial, quanto pela circulação de libertos. Os historiadores Carlos Eugênio Libânio Soares e Flávio Gomes abordam a importância desse circuito na construção de identidades africanas no Rio de Janeiro em "Com o pé sobre o vulcão: africanos minas, identidades e a repressão antiafricana no Rio de Janeiro (1830-1840)", *Estudos Afro-Asiáticos,* ano 23, nº 2, 2001, pp. 335-77. Esse trânsito também foi considerado fundamental por Roberto Moura para constituir a chamada "pequena África" no Rio de Janeiro, *Tia Ciata e a pequena África no Rio de Janeiro,* Rio de Janeiro: Secretaria Municipal de Cultura, 1995.

19. APEB, seção colonial, maço 5811, *Ofício recebido pela presidência da província*, 14 de abril de 1871.

20. Para saber sobre a trajetória de Juca Rosa, é indispensável o trabalho de Gabriela dos Reis Sampaio, "A história do feiticeiro Juca Rosa — cultura e relações sociais no Rio de Janeiro Imperial". Tese de doutorado, Unicamp, 2000.

21. APEB, seção colonial, maço 3137-46, *Ofício da secretaria de polícia a presidência da província*, 14 de março de 1873.

22. Arquivo Nacional, Gabinete do ministro da Justiça, *Rel. 28-seção dos ministérios*, IJ1-428, folhas avulsas, 1870-1880. Agradeço a Lígia Santana a cessão do documento, que também é analisado na sua dissertação "Territórios negros e negros itinerantes (1870 -1887)". Dissertação de mestrado, UFBA, 2008.

23. A trajetória de Antão Teixeira e sua relação com o outro líder religioso africano, Domingos Pereira Sodré, foram analisadas por João José Reis, "Domingos Pereira Sodré: um sacerdote africano na Bahia oitocentista", *Revista Afro-Ásia*, nº 34, 2006, pp. 237-313.

24. APEB, seção colonial, maço 5834, *Ofício do delegado B. F. de Carvalho ao oficial da polícia do porto*, 8 de agosto de 1877.

25. APEB, seção colonial, maço 3139-55, *Ofício do chefe de polícia Amphilophio Botelho Freire de Carvalho ao presidente da província Henrique Pereira de Lucena*, 8 de agosto de 1877.

26. Lisa A. Lindsay, "To return to the bosom of the their fatherland: Brazilian immigrants in nineteenth century Lagos", *Slavery and Abolition* (15), nº 1, 1994, pp. 22-50. A autora avaliou que a comunidade de retornados do Brasil era de cerca de 1237, numa população de 25 mil pessoas em 1871, e chegava a contar com 5000 pessoas em 1889, quando a população era de 37 454, pp. 27-8.

27. Manuela Carneiro da Cunha, *Antropologia do Brasil — mito, história e etnicidade*, São Paulo: Brasiliense, 1986, pp. 90-1. Segundo a autora, Lagos "era a única saída para o mar do sistema de lagunas que se estendia desde Cotonu até o delta do Níger", sendo, portanto, "um ponto de escoamento estratégico do comércio da costa". Cunha, *Negros estrangeiros*, p. 108.

28. Beatriz Góis Dantas aborda essa questão ao discutir a reconstrução da imagem da África no Brasil. *Vovô nagô, papai branco — usos e abusos da África no Brasil*. São Paulo: Brasiliense, 1988.

29. Milton Guran, discutindo o processo identitário dos descendentes de brasileiros no Benin (agudás), aborda as negociações políticas e comerciais nem sempre tranquilas entre africanos e ingleses no processo de inserção dos retornados na sociedade local em *Agudas — os brasileiros do Benim*, Rio de Janeiro: Nova Fronteira/Gama Filho, 1999.

30. J. Michael Turner. "Afro-brasileiros e identidade étnica na África Ocidental", *Estudos Afro-Asiáticos*, nº 28, 1995, p. 89.

31. J. Lorand Matory, "Jeje: repensando nações e trasnacionalismo", em *MANA Estudos de Antropologia Social*, vol. 5, nº 1, abril/1999, pp. 72-97.

32. APEB, seção judiciária, *Pedido de naturalização de Domingos Jerônimo dos Santos*, 10 janeiro de 1887, maço 1593. Flávio Gomes e Carlos Eugênio Soares encontraram um documento muito interessante, no qual um africano livre, ciente de ter sido escravizado no tráfico ilegal, dizia estar esperando que os ingleses viessem buscá-lo e protegê-lo, em "Com o pé sobre um vulcão", p. 30.

33. Arquivo Nacional, IJJ9-355, *Ofício da presidência da província da Bahia ao Ministério da Justiça*, 1º de março de 1888.

34. Em 24 junho de 1900, o jornal *A Coisa* publicou um diálogo fictício no qual dois homens comentavam que muitos testamentos de africanos eram feitos "depois dos donos já estarem no outro mundo", fazendo valer o dito popular de que "trabalha o feio para o bonito comer". Na crônica, o autor insinua que a apropriação era orquestrada por autoridades locais, pois quando se vê em enterro de africanos uns certos "moleques sabidos e chefes políticos" pode-se deduzir: "enterro de africano, este povo no meio e político acompanhando... tem maranha [esperteza] e muita maranha".

35. Cid Teixeira, "Africanistas, esse documento é para vocês", em *Bahia em tempo de província*, Salvador: Fundação Cultural da Bahia, 1986, pp. 91-3.

36. APEB, seção judiciária, *Inventário de Maria da Conceição Teixeira*, 1874. Ao morrer em 1873, Maria devia doze mil-réis a Panja "que [negociava] com a costa".

37. Desde o ano de 1840, os barris com dendê e os escravos dividiam o compartimento de cargas dos navios comerciais brasileiros. O cultivo do dendê chegou mesmo a representar uma atividade complementar para os traficantes. Pierre Verger localizou diversos documentos citando o azeite como moeda em *Fluxo e refluxo*, p. 69. Manuela Carneiro da Cunha fez os cálculos desse comércio entre 1851 e 1902. Cunha, *Negros estrangeiros*, pp.114-27.

38. Thales de Azevedo, *História do Banco da Bahia (1858-1958)*. Rio de Janeiro: Livraria José Olympio, 1969.

39. Nina Rodrigues, *Os africanos no Brasil*. São Paulo/Brasília: Editora Nacional/UNB, 1988, p. 98; e Verger, *Fluxo e refluxo*, p. 629.

40. APEB, seção Judiciária, *Inventários e testamentos*, 1908.

41. *Diário da Bahia*, 25 de maio de 1881.

42. Rodrigues, *Os africanos no Brasil*, p. 105.

43. Donald Pierson, ao entrevistar mães de santo na Bahia em 1930, ouviu de algumas delas que vários artigos usados nos rituais precisavam ser "legítimos", ou seja, africanos, em *O candomblé da Baía*. São Paulo: Editora Guaíba, 1942. Sobre

essa ideia de legitimidade ver também Waldir Freitas Oliveira e Vivaldo da Costa Lima, *Cartas de Edison Carneiro a Artur Ramos*, São Paulo: Corrupio, 1987.

44. José Guilherme da Cunha Castro (org.), *Miguel Santana*, Salvador: EDUFBa, 1996, p. 30.

45. Matory, "Jeje: repensando nações e trasnacionalismo".

46. APEB, seção judiciária, *Inventário de Vitorino dos Santos Lima*, 07/2927/06, 1891. APEB, seção judiciária, *Pedido de naturalização de Vitorino dos Santos Lima*, maço 1593, 1885-1889. Anais do Senado, Leis e Resoluções, lei 3148 de 30 de outubro de 1882.

47. Arquivo Nacional, IJJ 9-355, *Ofício entre o presidente da província da Bahia e o ministro dos Negócios do Império — Barão de Cotegipe*, 10 de janeiro de 1888.

48. A pobreza dos africanos na Bahia no século XIX já foi analisada por Maria José de Souza Andrade, *A mão de obra escrava em Salvador (1811-1860)*, São Paulo: Corrupio, 1988; por Maria Inês Cortês de Oliveira, *O liberto: o seu mundo e os outros*, São Paulo: Corrupio, 1988; e por Kátia de Queirós Matoso, *Ser escravo no Brasil*, São Paulo: Brasiliense, 1982.

49. Maria Inês Cortês de Oliveira comentou essa proibição prevista pela lei nº 9, de maio de 1835. A autora encontrou apenas três testadores nesse impedimento, o que a levou a concluir ter a lei caído em desuso, em "Retrouver une identiré: jeux sociaux des africains de Bahia". Tese de doutorado, Université de Sorbonne — Paris IV, 1992, p. 40. APEB, seção judiciária, *Inventário de Benvindo da Fonseca Galvão*, 05/2134/2603/14, 1877.

50. Arquivo Nacional, IJJ1-426, *Parecer da Comissão de Justiça do Conselho de Estado*, 1877.

51. APEB, seção colonial, maço 5834, *Ofício do delegado B. F. de Carvalho ao cônsul da Inglaterra em Salvador*, 9 de agosto de 1877.

52. APEB, seção colonial, maço 1195, *Ofício do consulado da Inglaterra*, 22 de outubro de 1859.

53. Gilberto Freyre, *Os ingleses no Brasil*, Rio de Janeiro: Topbooks, 2000, p. 86.

54. Azevedo, *O Banco da Bahia*, p. 170.

55. Luís Henrique Dias Tavares, *História da Bahia*, São Paulo/Salvador: Editora Unesp/Editora UFBA, 2001, p. 285.

56. APEB, seção colonial, maço 1195, *Correspondência do consulado da Inglaterra (1837-1883)*, 2 de outubro de 1860.

57. É curiosa a coincidência entre o nome da companhia ferroviária e o navio que trouxe os africanos retornados em 1877, mas não encontrei nenhum vínculo entre eles.

58. Jonh Morgan, "Tram-road a vapor do Paraguassú", em IGHB, *Coletânea*, nº 16, 1865. A concessão teria um prazo de noventa anos, e a linha férrea sairia de

Santo Amaro, no Recôncavo, até a chapada diamantina, atravessando uma região então bastante rica em pedras preciosas. Apesar da concessão em 1865, essa estrada de ferro só possuía 45 quilômetros construídos em 1875, quando passou a ser administrada pela Brazilian Imperial Central Bahia Railway Company Limited, empresa com sede em Londres. Tavares, *História da Bahia*, p. 272. Ver também, Elpídio Mesquita, *Viação férrea na Bahia*, Rio de Janeiro: Tipografia do Jornal do Comércio Rodrigues e Cia., 1910. Em 1880, em todo o país eram onze as companhias inglesas de estrada de ferro. R. Graham, *Escravidão, reforma e imperialismo*, São Paulo: Editora Perspectiva, 1979.

59. Arnold Wildberg, *Os presidentes da província da Bahia*, Salvador: Tipografia Beneditina Ltda, 1949, pp. 653-62.

60. Arquivo Nacional, IJJ1-426, *Ofício do consulado britânico na Bahia ao presidente da província*, 10 de agosto de 1877.

61. Joaquim Nabuco, *Um estadista no Império*, vol. I, Rio de Janeiro: Topbooks, 1997, pp. 685-6. Para saber mais sobre o Conselho de Estado, ver Ronaldo Vainfas (org.), *Dicionário do Brasil Imperial (1822-1889)*, Rio de Janeiro: Objetiva, 2002, p. 165; M. C. Tavares, *O Conselho de Estado*, Rio de Janeiro: GRD, 1965; José Murilo de Carvalho, *A construção da ordem e teatro de sombras*, Rio de Janeiro: Civilização Brasileira, 2003, especialmente os capítulos 1 e 2; José Francisco Rezek (org.), *Conselho de Estado (1842-1889) — consultas da Seção dos Negócios Estrangeiros*, Brasília: Câmara de Deputados/Ministério das Relações Exteriores, 1981.

62. Nabuco, *Um estadista no Império*, pp. 695-736. Os projetos apresentados por Pimenta Bueno, então redator imperial, foram sistematizados na lei aprovada em 28 de setembro de 1871. Para vários autores, como Joaquim Nabuco e José Murilo de Carvalho, tais projetos eram, na verdade, uma inspiração do próprio Pedro II que julgava não ser possível mais adiar a solução para a questão servil, principalmente por se estar sob "a pressão moral da guerra do Paraguai" e da sociedade abolicionista francesa, pp. 657-9. Tal pressão podia ser notada nos periódicos em circulação. Também foi a partir de 1866 que o *Jornal do Comércio* passou a publicar uma série de artigos de Perdigão Malheiros. As ideias de Malheiros sobre a questão servil estão na sua importante obra E*scravidão no Brasil — ensaio histórico, jurídico, social*. Petrópolis: Vozes/INL, 1976 [1866].

63. Arquivo Nacional, IJJ1-426, *Parecer da Comissão de Justiça do Conselho de Estado*, 30 de novembro de 1866. A proibição foi citada no original pelo cônsul: "no slaves can be imported into Brazil from any country whatever".

64. Arquivo Nacional, IJJ1-426, *Parecer da Comissão de Justiça do Conselho de Estado*, 30 de novembro de 1866.

65. A atuação de Nabuco de Araújo é discutida por Carvalho, *O teatro de som-*

bras, p. 302. O termo "boa sociedade" foi usado por Ilmar Mattos para definir e analisar o pequeno grupo que compunha a elite da época, ver *O tempo Saquarema,* São Paulo/Brasília: Hucitec/INL, 1987.

66. Os argumentos de Nabuco de Araújo foram muito interessantes por explicitar a sua compreensão sobre a condição de sujeito social do escravo. No parecer lê-se, por exemplo, que a lei de 1835 era injusta "porque destrói todas as regras da imputação criminal, toda a proporção das penas, porquanto os fatos graves e menos graves são confundidos, e não se consideram circunstâncias agravantes e atenuantes, como se os escravos não fossem homens, não tivessem paixões e o instinto de conservação", *Atas do Conselho de Estado,* 30 de abril de 1868, *apud* Joaquim Nabuco, *O abolicionismo,* Petrópolis/Brasília: Vozes/INL, 1977, nota da p. 132.

67. A atuação de Nabuco de Araújo também foi discutida por José Honório Rodrigues, *Conselho de Estado — o quinto poder?* Brasília: Senado Federal, 1978; por Ronaldo Vainfas, *Dicionário do Brasil Imperial,* pp. 245-6; e por Joaquim Nabuco, *Um estadista no Império.*

68. Ângela Alonso, *Ideias em movimento — a geração de 1870 na crise do Brasil Império,* Rio de Janeiro: Paz e Terra, 2002, p. 73.

69. Eduardo Spiller Pena, *Pajens da Casa Imperial — jurisconsultos, escravidão e a lei de 1871,* Campinas: Unicamp/Cecult, 2001, p. 53. A lógica política de Nabuco de Araújo também foi abordada por Lenine Nequete, *Escravos e magistrados no segundo reinado,* Brasília: Ministério da Justiça/Fundação Petrônio Portela, 1988.

70. Murilo de Carvalho comenta esse episódio em *Teatro de sombras,* pp. 52--3. Luiz Felipe de Alencastro considera que o Visconde de Jequitinhonha foi um caso típico de tupinização, de integração ao movimento nativista. Alencastro, "Vida privada e ordem privada no Império", em Vainfas (org.), *História da vida privada no Brasil,* p. 53.

71. Kátia M. de Queirós Matoso, *A Bahia no século XIX — uma província no Império,* Rio de Janeiro: Companhia das Letras, 1992, p. 273.

72. Pena, *Pajens da Casa Imperial,* pp. 49-53.

73. Rodrigues (org.), *Atas do Conselho de Estado,* p.181.

74. A referência ao papa e sua trindade está em Sérgio Buarque de Holanda. *História geral da civilização brasileira.* Rio de Janeiro: Difel, 1978, p. 110.

75. Soares e Gomes, "Com o pé sobre o vulcão". Segundo Eugênio Libânio Soares, esse chefe de polícia também teria sido implacável com os capoeiras e suas práticas, *A capoeira escrava e outras tradições rebeldes no Rio de Janeiro,* Campinas/São Paulo: Editora Unicamp/Cecult, 2001.

76. José Honório Rodrigues (org.), *Atas do Conselho de Estado,* Brasília: Senado Federal, 1978, p. 185.

77. Eusébio de Queiroz julgou que a investida dos ingleses em nada contribuía para o fim do tráfico, até atrapalhava a ação do governo imperial por despertar discursos nacionalistas em favor da continuidade do negócio de escravos. Carvalho, *Teatro de sombras,* p. 300.

78. Segundo Robert Slenes, Campinas foi o destino de muitos migrantes e imigrantes ao longo do século XIX. O principal atrativo foi, até meados do século XIX, a grande lavoura açucareira e depois a produção cafeeira em "Senhores e subalternos no oeste paulista", em Vainfas (org.), *História da vida privada no Brasil,* p. 242.

79. Arquivo Nacional, IJJ1-426, *Parecer da Comissão de Justiça do Conselho de Estado,* 30 de novembro de 1866.

80. Rodrigues (org.), *Atas do Conselho do Estado,* pp. 181-7. Na verdade, desde a revolução no Haiti a possibilidade de a ideia de liberdade alastrar-se pela América escravista preocupava as autoridades brasileiras. Essa análise também foi realizada por Mary Karash. *A vida dos escravos no Rio de Janeiro (1808-1850).* São Paulo: Companhia das Letras, 2000, p. 425.

81. Carvalho, *Teatro de sombras,* p. 305.

82. Idem, p. 307.

83. Sobre as restrições à cidadania negra nos Estados Unidos, há uma vasta bibliografia. Alguns exemplos são Michael Banton, *A ideia da raça,* São Paulo: Edições 70, 1977; Barbara Fields, "Slavery, race and ideology in the United States of America", *New Left Review,* nº 81, 1990, pp. 95-108; e Fields, "Ideology and race in American History", em Morgan Kousser and James M. McPherson (eds.), *Race, region and reconstrucion, essays in honor of C. Vann Woodward,* New York, 1982, pp. 143-77.

84. Biblioteca Nacional, Seção de Manuscritos, *Coleção Tavares Bastos,* 11-1-25. A ideia de gradualidade de Tavares Bastos foi arquitetada em termos do contingente de cativos em cada província. Em 1866, ele considerava que daí a dez anos se deveria emancipar os escravos do Amazonas, Pará, Goiás, Mato Grosso, Santa Catarina e Paraná, em quinze anos os do Piauí, Ceará, Rio Grande do Norte, Espírito Santo e Rio Grande do Sul, em vinte os da Paraíba, Maranhão, Alagoas e Sergipe, e por fim em 25 anos os de Pernambuco, Bahia, Rio de Janeiro, São Paulo e Minas Gerais. Biblioteca Nacional, Seção de Manuscritos, *Coleção Tavares Bastos,* 11-1-24.

85. Nabuco, *O abolicionismo,* p. 155.

86. Célia Maria Marinho de Azevedo, "Abolicionismo e memória das relações raciais", *Revista Estudos Afro-Asiáticos,* nº 26, 1994, p. 158; veja também da mesma

autora: "Irmão ou inimigo — o escravo no imaginário abolicionista dos EUA e do Brasil", *Revista USP*, nº 28, 1995-6, pp. 96-109. O medo de que as relações entre negros e brancos se acirrassem, como se observava na sociedade norte--americana, esteve presente nos discursos das elites ao longo de todo processo emancipacionista. Em 1887, o deputado João Alfredo considerava que antes "uma reforma com espírito e processo conservadores [...] que as desgraças que pesam sobre o sul [EUA]", pois "são tantas e tamanhas que em meio século talvez não possam ser reparadas", em Osório Duque Estrada, *A abolição — esboço histórico,* Rio de Janeiro: Livraria Editora Leite Ribeiro & Maurilo, 1918, p. 255.

87. Célia Marinho considera que a revolução haitiana estava presente nos discursos de abolicionistas brasileiros e norte-americanos. Entretanto, havia enfoques diferentes nas duas sociedades escravistas: entre os abolicionistas americanos a Revolução do Haiti foi a "grande esperança de salvação" para os escravos; no Brasil predominava um temor alarmista de que o processo de emancipação fosse assaltado por uma revolta escrava nas proporções da ocorrida no Haiti. Célia Maria Marinho de Azevedo, "Imagens da África e da revolução do Haiti no abolicionismo dos Estados Unidos e do Brasil", *Anais da Biblioteca Nacional,* Rio de Janeiro, nº 116, 1996, pp. 51-79.

88. Arquivo Nacional, IJJ1-426, *Parecer de Victor de Barros,* em 20 de dezembro de 1877.

89. Arquivo Nacional, IJJ1-426, *Despacho de S. Exª ministro da Justiça,* 22 de agosto de 1877.

90. Eusébio de Queiroz morreu em 1868, e o visconde de Jequitinhonha em 1870.

91. Nabuco de Araújo morreu em 1878 e desde 1872 se ocupava com o projeto de Código Civil Brasileiro. Sobre o seu envolvimento nesse trabalho, ver Joaquim Nabuco, *Um estadista no Império,* vol. II, pp. 368-86.

92. Anais do Senado, 9 de outubro de 1877, *apud* Maria Lúcia Lamounier, *Da escravidão ao trabalho livre,* São Paulo: Papirus, 1988, p. 96. O senador Nabuco d'Araújo defendeu uma lei de locação de serviços com o fim de regulamentar as relações de trabalho nas lavouras. Na perspectiva de Maria Lúcia Lamounier, "a ideia do conselheiro era promover a emancipação substituindo as relações baseadas na escravidão por uma modalidade especial de trabalho livre, fundada nos contratos de locação de serviços". O projeto era, como se designou na época, "quase um código rural". Lamounier, *Da escravidão ao trabalho livre,* p. 106.

93. Lamounier, *Da escravidão ao trabalho livre,* pp. 104-7.

94. Sobre o debate da época acerca da imigração de asiáticos, ver Conrad, *Os últimos anos da escravatura no Brasil,* e Lamounier, *Da escravidão ao trabalho livre.*

95. Sidney Chalhoub, *Machado de Assis —, historiador,* São Paulo: Companhia das Letras, 2003; ver especialmente o capítulo 4.

96. José Antônio Pimenta Bueno, *Trabalho sobre a extinção da escravatura no Brasil,* Rio de Janeiro: Tipografia Nacional, 1868, p. 109, *apud* Chalhoub, *Machado de Assis, historiador,* p. 179.

97. Chalhoub, *Machado de Assis, historiador,* p. 254.

98. Rodrigues (org.), *Atas do Conselho do Estado,* p. 182.

99. Arquivo Nacional, IJJ1-426, *Resolução da Comissão de Justiça do Conselho de Estado,* em 20 de dezembro de 1877.

100. Arquivo Nacional, IJJ1-426, *Resolução da Comissão de Justiça do Conselho de Estado,* em 20 de dezembro de 1877.

101. Agradeço a Lisa Castilho a indicação desse documento. APB, Seção Colonial, Série Escravos, maço 5906.

102. Fonseca, *A escravidão, o clero e o abolicionismo,* p. 306.

103. IGHB, manuscritos, *Seção Teodoro Sampaio,* caixa 1, doc. 5.

104. *Gazeta da Tarde,* 14 de setembro de 1884.

105. Lilia Moritz Schwarcz, "Dos males da dádiva: sobre as ambiguidades no processo da Abolição brasileira", p. 26, em Olívia Maria Gomes da Cunha e Flávio dos Santos Gomes (org.), *Quase-cidadão — histórias e antropologias da pós- -emancipação no Brasil,* Rio de Janeiro: Editora FGV, 2007.

106. Jailton Brito localizou uma outra sociedade abolicionista também chamada Dois de Julho, fundada em Santo Amaro, em 1869, por Sérgio Cardoso e Antônio Lázaro do Sacramento Baraúna, entre outros. Em *A abolição na Bahia — uma história política (1870-1888),* Salvador: EDUFBa/ Centro de Estudos Baianos, 2003. Ver também Pedro Tomaz Pereira, *Memória histórica e geográfica de Santo Amaro,* Brasília: s/ed., 1977.

107. Rui Barbosa, "Parecer emancipação de escravos (1884)", em *Perfis Parlamentares,* Brasília: Câmara de Deputados, 1985, p. 558.

108. Brito fez um exaustivo levantamento de todas as sociedades formadas com fins abolicionistas em *A abolição na Bahia,* pp. 81-2; APEB, série Judiciária, maço 2886, *Relação de sociedades emancipacionistas.* Na relação da diretoria da Sociedade constavam Inocêncio Marques de Araújo Góes Filho; professor Francisco Álvares dos Santos, Francisco Marinho de Araújo, major Antônio de Souza Vieira, Altino Rodrigues Pimenta e Antônio Carneiro da Rocha.

109. IGHB, manuscritos, *Seção Teodoro Sampaio,* caixa 1, documento 5.

110. Fonseca, *A escravidão, o clero e o abolicionismo,* pp. 250-1.

111. Elciene Azevedo desenvolve esse argumento ao analisar a atuação política de Antônio Bento em "O direito dos escravos — lutas jurídicas e abolicio-

nismo na província de São Paulo na segunda metade do século XIX". Tese de doutorado, Unicamp, 2003, p. 10.

112. IGHB, manuscritos, *Seção Teodoro Sampaio*, caixa 1, documento 5.

113. O clube carnavalesco Pândegos d'África será objeto de análise no último capítulo.

114. Ainda nos falta um trabalho de fôlego sobre Manoel Querino. Entretanto, diversos autores o mencionam ao tratar de artes, movimento operário e abolicionismo. Entre eles, ver Jaime Sodré, *Um herói da raça e classe,* Salvador: s/ed., 2001; Júlio Braga. *Sociedade Protetora dos Desvalidos — uma irmandade de cor.* Salvador: Ianamá, 1987; Jorge Calmon, "Manoel Querino, o jornalista e o político", *Ensaios e Pesquisas,* nº 3, 1980; Maria das Graças de Andrade Leal, *A arte de ter ofício — Liceu de Artes e Ofícios na Bahia (1872-1996),* Salvador: Fundação Odebrecht/Liceu de Artes e Ofícios, 1996, p. 99; Antônio Vianna, "Manoel Querino", *Anais do I Congresso Brasileiro de Folclore,* Rio de Janeiro: IBECC, 1951; Jorge Calmon, *O vereador Manoel Querino,* Salvador: Gráfica da Câmara Municipal, 1995.

115. Antônio Viana, Conferências, *Revista IGHB,* nº 54, 1928, p. 308. Entre os autores do manifesto também estavam Virgílio Damásio, Lellis Piedade e Spinola de Athayde.

116. Querino, *Costumes africanos no Brasil,* p. 123

117. Teodoro Sampaio conta sobre os procedimentos adotados para acolher os escravos quando "antecedia o pleito da alforria em juízo e era o iniludível extravio do cativo". IGHB, manuscritos, *Seção Teodoro Sampaio,* caixa 1, documento 5.

118. APEB, maço 2983, *Ofício de Antônio Lourenço de Araújo a Domingos Rodrigues Guimarães,* 4 de abril de 1887.

119. Wanderley Pinho, *História de um engenho do Recôncavo: Matoim, Novo Caboto, Freguesia (1552-1944).* São Paulo: Nacional, 1982, p. 510.

120. João Varela, *Da Bahia do Senhor do Bonfim,* Salvador: s/ed., 1936, p. 8, *apud* José Calasans Brandão da Silva, Júlio Braga e Maria Antonieta Capôs Tourinho, *Folclore geo-histórico da Bahia e seu Recôncavo,* Rio de Janeiro: Ministério da Educação e Cultura, 1972, p. 45.

121. APEB, maço 2983, *Ofício de Antônio Lourenço de Araújo a Domingos Rodrigues Guimarães,* 4 de abril de 1887.

122. Sidney Chalhoub, *Visões da liberdade — uma história das últimas décadas da escravidão na corte,* São Paulo: Companhia das Letras, 1990, é um dos títulos mais importantes sobre o tema, assim como Maria Helena Machado, *O plano e o pânico: movimentos sociais na década da abolição.* Rio de Janeiro/São Paulo: UERJ/EDUSC, 1994 e Dale Graden, "From Slavery to freedom in Bahia (1791-1900)". Tese de doutorado, Connecticut University, 1991.

123. Walter Fraga Filho, *Encruzilhadas da liberdade — histórias de escravos e libertos na Bahia (1870-1910)*, Campinas: Editora da Unicamp, 2006, p. 51.

124. Ele também faria parte do Superior Tribunal Federal entre 1891-5. Ricardo Tadeu Caires Silva abordou a atuação do juiz Amphilophio "Os escravos vão à justiça: resistência escrava através das ações de liberdade". Dissertação de mestrado, UFBA, 2000, especialmente capítulo 3.

125. Fonseca, *A escravidão, o clero e o abolicionismo,* pp. 318-9. Encontrei outros juízes também empenhados a favor da liberdade. Um deles foi José Timotéo de Oliveira, suplente de juiz municipal do município de Camisão, que foi acusado, através de uma carta assinada por 49 negociantes e proprietários e endereçada ao presidente da província, de "alforriar escravos sem formalidade alguma" e mesmo ameaçar mandar prender os que o impedisse de assim legislar. APEB, maço 2901, *Ofício do chefe de polícia ao presidente da província,* 12 de fevereiro de 1885.

126. Ricardo Tadeu Caíres Silva enumera uma série de ações nas quais o juiz respaldava-se na lei de 1831 para libertar africanos nas diversas comarcas em que trabalhou. Em Silva, "Os escravos vão a justiça", p. 132, um exemplo da clara cumplicidade entre o juiz e Eduardo Carigé é a ação de liberdade movida a favor das africanas Leocádia e Lucrécia. Carigé iniciou o processo em dezembro de 1886 e em março de 1887 o juiz já estava indeferindo um pedido de embargo da ação movido pelos senhores. APEB, *Ação de liberdade (20/697/05),* 12 de dezembro de 1887. Esse caso também foi analisado por Silva, "Os escravos vão à justiça", p. 130.

127. APEB, maço 2983, *Ofício de Antônio Lourenço de Araújo a Domingos Rodrigues Guimarães,* 4 de abril de 1887.

128. APEB, maço 2983, *Ofício de Antônio Lourenço de Araújo a Domingos Rodrigues Guimarães,* 4 de abril de 1887. Nos registros dos anos de 1887 e 1888 nota-se o aumento de denúncias de acoitamento e fugas patrocinadas por abolicionistas. O delegado de Canavieiras, por exemplo, encaminhou em 1887 vários ofícios ao chefe de polícia denunciando um certo Maurício de Souza Prazeres. Num deles informou que, ao tentar prendê-lo, ele fugiu embarcando para Salvador, o que o fazia temer pela ordem pública na capital baiana, pois o acusado era um contumaz "perturbador da ordem". APEB, maço 2897, *ofício do delegado de Canavieiras ao chefe de polícia,* 23 de agosto de 1887.

129. *Gazeta da Tarde,* 23 de junho de 1881.

130. Joaquim Nabuco, *O abolicionismo,* São Paulo: Editora Nacional, 1938, [fac-símile da edição de 1883], p. 126.

2. "NÃO HÁ MAIS ESCRAVOS, OS TEMPOS SÃO OUTROS": ABOLIÇÃO E HIERARQUIAS RACIAIS NO BRASIL [PP. 94-139]

1. Arquivo Nacional (doravante AN), Fundo GIGHIFI, 5H-298, *Aviso do Ministério da Agricultura e aos presidentes das províncias,* 13 de maio de 1888.

2. Ver os discursos de Rui Barbosa publicados no *Diário de Notícias* entre maio/1888 e julho/1889, nos quais ele condena os acirramentos de conflitos capazes de despertar ódios raciais até então, segundo ele, inexistentes no Brasil.

3. Oscar d'Araújo, "Prefácio", em Silva Jardim, *Memórias e viagens — campanha de um propagandista (1887-1890)*, Lisboa: Companhia Nacional, 1891, p. 3.

4. Xavier Marques, *As voltas da estrada,* Salvador: Secretaria de Cultura e Turismo do Estado/Academia de Letras da Bahia, 1998. O autor e abolicionista conta nesse romance histórico os caminhos, nem sempre tranquilos, que proprietários e libertos tiveram que percorrer entre os anos 70 e 90 do século XIX. Tudo se passa numa pequena cidade ficcional, Nossa Senhora do Amparo do Itaípe, mais conhecida por Amparo dos Cativos. Não por acaso, lugarejo vizinho a Santo Amaro, no Recôncavo baiano, o importante polo açucareiro nordestino até meados do Oitocentos. Para mais dados biográficos de Xavier Marques deve-se consultar David Salles, *Bibliografia de e sobre Xavier Marques,* Salvador: Centro de Estudos Baianos, 1969; *O ficcionista Xavier Marques: um estudo da "transição ornamental",* Rio de Janeiro: Civilização Brasileira/MEC, 1977.

5. Sem dúvida, os conflitos ocorridos durante os anos de 1887 e 1888, principalmente nas regiões onde a população escrava era mais significativa, foram os maiores indícios da falência do sistema escravista. A intensificação da repressão aos escravos fugidos e aos abolicionistas gerou insegurança e alimentou a certeza de que a abolição era irremediável. Entre os títulos sobre o tema, ver Conrad, *Os últimos anos da escravatura no Brasil (1850-1888),* Rio de Janeiro: Civilização Brasileira, 1978. Maria Helena Machado, *O plano e o pânico — os movimentos sociais na década da abolição,* Rio de Janeiro: Editora da UERJ/Edusp, 1994; Robert Brent Toplin, *The abolition of slavery in Brazil,* New York: Atheneum, 1972; Hebe Maria Mattos, "Os últimos cativos no processo de abolição", *Anais da Biblioteca Nacional,* vol. 116, (1996), pp. 106-21; e Walter Fraga Filho, *Encruzilhadas da liberdade — histórias de escravos e libertos na Bahia (1870-1910),* Campinas, São Paulo: Editora da Unicamp, 2006.

6. O argumento de que a escravidão representava um atraso não só econômico como moral esteve presente nos discursos abolicionistas. Ver, por exemplo, Rui Barbosa, "Parecer sobre o projeto nº 48", em Evaristo de Morais Filho (org.), *Perfis parlamentares — Rui Barbosa,* nº 28, Brasília: Câmara dos Deputados, 1985. Para uma análise deste recurso discursivo dos abolicionistas, ver Célia

Maria Marinho de Azevedo, "Irmão ou inimigo: o escravo no imaginário abolicionista dos Estados Unidos e do Brasil", *Revista USP*, São Paulo, nº 28, 1995, pp.
96-109.

7. *Diário da Bahia,* 13 de maio de 1888.

8. Essa documentação está disponível em AN, fundo IJJ 6-218, *Correspondência entre os ministérios e os presidentes das províncias.* Nesses documentos é possível notar que tanto em províncias do Norte quanto do extremo Sul, a notícia da
abolição foi recebida com apreensão pelas autoridades locais. Obviamente, as
expectativas foram diferenciadas, principalmente se levarmos em conta que províncias como o Ceará já haviam libertado todos os seus escravos antes de 1888,
contudo prevalecia a preocupação quase unânime das autoridades em relação a
migrações, saques e revoltas, que acaso fossem promovidas pelos libertos. As
recomendações do Ministério da Justiça aos presidentes de província foram
publicadas nos jornais. Sugeriu-se a atenção ao cumprimento das leis sem uso da
força para a dispersão de reuniões e ajuntamentos ilícitos. Ver, por exemplo, *Diário da Bahia,* 19 de maio de 1888.

9. *Diário da Bahia,* 15 de maio de 1888.

10. APEB, seção colonial, maço 2897, *Ofício dos fazendeiros de Muritiba ao presidente da província,* 11 de março de 1885.

11. O termo transição foi cunhado pela historiografia mais preocupada com
os modelos econômicos capazes de definir a mudança da mão de obra escrava
para a mão de obra assalariada e imigrante nas regiões cafeeiras. Sobre essa perspectiva, ver Celso Furtado, *Formação econômica do Brasil,* São Paulo: Cia. Editora
Nacional, 1974; Florestan Fernandes, *A integração do negro na sociedade de classe,*
São Paulo: Ática, 1978.

12. Há uma extensa bibliografia sobre os caminhos através dos quais os escravos buscavam assegurar a liberdade. De fugas às ações de liberdade, muitas possibilidades foram criadas e utilizadas para livrar-se da escravidão. Ver entre tantos títulos: João José Reis, *Escravidão e invenção da liberdade — estudos sobre o
negro no Brasil,* São Paulo: Brasiliense, 1988; Kátia Mattoso, *Ser escravo no Brasil,*
São Paulo: Brasiliense, 1982; Hebe Maria Mattos, *Das cores da liberdade — os significados da liberdade no Sudeste escravista,* Rio de Janeiro: Nova Fronteira, 1998;
João José Reis e Flávio dos Santos Gomes (orgs.), *Liberdade por um fio — história
dos quilombos no Brasil,* São Paulo: Companhia das Letras, 1996.

13. Osório Duque Estrada, *A abolição,* Brasília: Senado Federal, 2005, p. 203.
Mais dados da população escrava estão em: Toplin, "The abolition of slavery in
Brazil"; e Robert W. Slenes, "The demography and economics of Brazilian Slavery
(1850-1888)", Tese de PHD, Stanford University, 1976.

14. Conrad, *Os últimos anos da escravatura no Brasil,* pp. 352-3.

15. Luís Anselmo da Fonseca, *A escravidão, o clero e o abolicionismo*, Recife: Massangana, 1988 [fac-símile da edição original de 1887], p. 239.

16. João José Reis, "De olho no canto: trabalho de rua na Bahia na véspera da abolição", *Afro-Ásia*, nº 24, 2000, p. 201.

17. B. J. Barickman, "Até a véspera: o trabalho escravo e a produção de açúcar nos engenhos do Recôncavo baiano", *Afro-Ásia*, nº 21 e 22, 1998-1999, Salvador, CEAO/FFCH, p. 194. Já Rebecca Scott calculou que em 1887 havia cerca de 77 mil escravos na província da Bahia e 41 mil em Pernambuco, em "Defining the boundaries of freedom in the world of cane", *The American Historical Review*, nº 1, 1994, p. 92. Os cálculos sobre população escrava foram baseados no censo de 1872 e/ou nas matrículas de escravos. Para saber mais sobre essas fontes e sobre os números que elas informam, veja Slenes, "The Brazilian internal slave trade, 1850-1888: regional economies, slave experience and the politics of a peculiar market", em Walter Johnson (org.), *The Chattel principle: internal slave trades in the Americas*, New Haven: Yale University Press, 2005, pp. 325-70.

18. Mattos, *Das cores do silêncio*. Esse texto é referência fundamental nas recentes discussões sobre os libertos e sobre a construção de lugares sociais na pós-abolição, por apresentar uma perspectiva sociocultural para a análise de questões, em geral circunscritas às abordagens econômicas. Já Rebecca J. Scott, ao comparar as relações de trabalho na pós-abolição no Brasil, Cuba e Louisiana, considera que as diferentes formas como estas foram socialmente estabelecidas entre os trabalhadores e empregadores refletiram diversas concepções de raça e política. As estruturas do trabalho nesses lugares estariam, segundo ela, visceralmente ligadas às tradições herdadas do período escravista e às expectativas acerca do trabalho livre. Scott, "Defining the boundaries of freedom in the world of cane", pp. 70-102.

19. Na opinião de Sidney Chalhoub, a perda do direito exclusivo de alforriar por parte dos senhores provocou a desarticulação da estratégia de "produção de dependentes". Ver *Visões da liberdade: uma história das últimas décadas da escravidão na corte*, São Paulo: Companhia das Letras, 1990.

20. Rebecca Scott, "Exploring the meanings of freedom: post emancipations societies in comparative perspective", em Scott *et al. The abolition of slavery and the aftermath of emancipation in Brazil*, North Carolina: Duke University Press, 1988, p. 2.

21. APEB, seção colonial, maço 3139-77, *Ofício de Jerônimo de Almeida ao chefe de polícia*, 13 de maio de 1888.

22. Ver, entre outros, Machado, *O plano e o pânico;* Maria Cristina Cortez Wissenbach, *Sonhos africanos, vivências ladinas — escravos e forros em São Paulo (1850-1880)*, São Paulo: Hucitec, 1988, pp. 33-59.

23. APEB, seção colonial, maço 3139-77, *Ofício do delegado Luis Gonzaga de Macedo ao chefe de polícia,* 21 de maio de 1888.

24. APEB, *Fala da presidência da província na Assembleia Legislativa Provincial,* em 1º de abril de 1889.

25. Barickman, "Até a véspera", pp. 184-200.

26. Hebe Mattos comenta sobre as reuniões de fazendeiros nas fazendas do Sudoeste durante os primeiros meses de 1888, nas quais se discutia desde a remuneração que caberia aos trabalhadores libertos até as formas de manter-se a disciplina. Em Mattos, "Os últimos cativos no processo de abolição", pp. 104-22.

27. Joceli M. N. Mendonça discute a mobilização dos fazendeiros quando o projeto sobre a lei dos sexagenários entrou em pauta. Foram várias as representações enviadas às assembleias provinciais sobre o assunto. Segundo ela, o que se notava era que todos defendiam as "vantagens da sociedade livre", mas isso não queria dizer que pretendessem "transformar uma sociedade que convivera durante mais de três séculos com a escravidão em uma sociedade livre". Mendonça, *Entre a mão e os anéis — a lei dos sexagenários e os caminhos da abolição no Brasil,* Campinas/São Paulo: Editora da Unicamp/Cecult, 1999, p. 51. O projeto nº 48, apresentado por Rodolfo Dantas e redigido por Rui Barbosa, foi a matriz do que viria a ser aprovado em 1885 no gabinete do conselheiro José Antônio Saraiva. Para conhecer o projeto de Rui Barbosa, ver Evaristo de Moraes Filho (org.), *Perfis parlamentares — Rui Barbosa,* pp. 117-320.

28. Anselmo da Fonseca, *A escravidão, o clero e o abolicionismo,* p. 286. Rui Barbosa discutiu a defesa que os fazendeiros passaram a ter da lei de 1871, quando o movimento abolicionista tomou fôlego. Ver Moraes Filho (org.), *Perfis parlamentares.*

29. *Jornal de Notícias,* 3 de setembro de 1884. No próximo capítulo apresento as ideias desse mesmo visconde sobre a questão racial no Brasil.

30. Luís Anselmo da Fonseca discutiu a movimentação dos fazendeiros baianos nos últimos anos da escravidão em *A escravidão, o clero e o abolicionismo,* pp. 283-5.

31. O autor chega a essa conclusão ao comparar a ideologia racial no contexto da abolição no Brasil e nos Estados Unidos. Seymour Drescher, "Brazilian abolition in comparative perspective", em Rebecca Scott (org.), *The abolition of slavery and the aftermath of emancipation in Brazil,* p. 48.

32. O barão de Vila Viçosa foi deputado provincial entre 1880 e 1887. Mais dados biográficos estão disponíveis em APEB, biblioteca, Antônio de Araújo de Aragão Bulcão Sobrinho, *Titulares baianos,* manuscrito, s/d.; Carlos G. Retngantz, *Titulares do Império,* Rio de Janeiro: Arquivo Nacional, 1960; Pedro Tomaz Pereira, *Memória histórica e geográfica de Santo Amaro,* Brasília: s/ed., 1977. O

memorialista Herundino da Costa Leal cita o barão de Vila Viçosa como um dos eloquentes poetas da cidade de Santo Amaro no século XIX em Costa Leal, *Vida e passado de Santo Amaro*, Salvador: Imprensa Oficial da Bahia, 1950, p. 96.

33. O outro autor do convite foi o barão de Guahy. Para saber sobre ele e ver Wanderley Pinho, *História de um engenho no Recôncavo: matoim, novo, caboto, freguesia (1552-1944)*, Rio de Janeiro: Zélio Valverde, 1946, p. 332.

34. APEB, seção colonial, maço 6505, *Ofício da Associação Comercial ao presidente da província*, 24 de fevereiro de 1886.

35. APMC, *Correspondência recebida pela Câmara Municipal da cidade de Cachoeira*, 12 de maio de 1887.

36. Segundo B. J. Barickman, até 1850, 40% de todo o açúcar produzido no país era baiano; já em 1889 a produção local representava apenas 3% das exportações brasileiras. Barickman, "Até a véspera", p. 233.

37. Em 1860, o presidente da província se dizia preocupado com o "estado deplorável do interior da província" em virtude da grande seca (1857-61) e das epidemias de cólera *morbus* (1855-6) e febre amarela, que desde 1849 era endêmica. APEB, *Fala do presidente da província*, 20 de dezembro de 1960. Sobre as epidemias, ver Onildo Reis David, *O inimigo invisível — epidemia na Bahia no século XIX*, Salvador: EDUFBa/Sarah Letras, 1996; Anna Amélia Vieira Nascimento, *Dez freguesias da cidade do Salvador — aspectos sociais e urbanos do século XIX*, Salvador: Fundação Cultural do Estado da Bahia, 1986. Sobre as secas e as crises na produção do açúcar, ver Kátia M. de Queirós Matoso, *Bahia, século XIX — uma província no Império*, Rio de Janeiro: Nova Fronteira, 1992.

38. O conselheiro Almeida Couto será um dos principais protagonistas do próximo capítulo, por isso prefiro informá-los melhor sobre ele mais adiante.

39. APEB, *Fala do presidente da província Manoel do Nascimento Machado Portela*, 7 de fevereiro de 1888.

40. APEB, *Leis e resoluções da Assembleia Provincial*, 28 de julho de 1888.

41. A desolação dos políticos e intelectuais locais frente ao fracasso das investidas em prol da imigração europeia ficou ainda mais evidente nas primeiras décadas republicanas. Sobre isso ver Wlamyra R. de Albuquerque, *Algazarras nas ruas — comemorações da Independência na Bahia (1889-1923)*, Campinas: Unicamp/Cecult, 1999.

42. Para saber mais sobre a bem-aventurança dos Moniz Aragão na Bahia, ver Bulcão Sobrinho, *Titulares baianos*.

43. APEB, seção colonial, maço 1436, *Ofício da Câmara de São Francisco do Conde para o presidente da província*, 19 de maio de 1888.

44. Jailton Lima Brito, *A abolição na Bahia — uma história política (1870-1888)*, Salvador: EDUFBa/ Centro de Estudos Baianos, 2003, p. 94.

45. APEB, seção colonial, maço 1436, *Ofício da Câmara de São Francisco do Conde para o presidente da província*, 19 de maio de 1888.

46. *Diário da Bahia*, 23 de fevereiro de 1889.

47. *Diário da Bahia*, 24 de fevereiro de 1889.

48. Hebe Maria Mattos considera ser esse um paradoxo dos anos 80 do século XIX: por um lado a expectativa geral pelo breve fim da escravidão, por outro, o sentido de improvisação que a abolição teve. Mattos, *Das cores do silêncio*, p. 208. Entretanto, Robert Conrad considera que a indenização dos proprietários era a única questão pendente sobre a abolição no começo de 1888, era o que "esperavam [para] salvar alguma coisa da ruína do sistema", Conrad, *Os últimos anos da escravatura no Brasil*, p. 320.

49. APEB, seção colonial, presidentes da província, *Governo da Câmara de São Francisco do Conde*, 12 de junho de 1888.

50. Em suas memórias, Anna Ribeiro de Góis Bittencourt conta que na casa dos Teive e Argollo em Salvador reunia-se, por ocasião das comemorações do Dois de Julho, a "elite da sociedade baiana". Bittencourt, *Longos serões do campo — infância e juventude*, Rio de Janeiro: Nova Fronteira, 1992, vol. 2, p. 197.

51. Para mais detalhes sobre essa iniciativa da Associação Comercial, ver Mário Augusto Silva Santos, *O Movimento Republicano na Bahia*, Salvador: Centro de Estudos Baianos, nº 143, 1990, p. 16; e Dilton Oliveira de Araújo, "Republicanismo e classe média em Salvador (1870- 1889)". Disserteção de mestrado, UFBA, 1992.

52. Sobre falência de proprietários, ver Pinho, *História de um engenho do Recôncavo*, p. 79.

53. APMSA, *Testamentos (1898-1900)*, cx. 0-1. A baronesa de Alenquer se chamava Francisca de Assis Vianna Moniz Barreto de Aragão e fazia parte da poderosa aristocracia açucareira do Recôncavo baiano. Foi proprietária do engenho Subaé. B. J. Barickman inicia o seu artigo comentando o caso de outra viúva de um grande proprietário da região, que no dia 12/5/1888 realizou o inventário dos seus bens e arrolou os 38 escravos do casal. Certamente a viúva e os oficiais de Justiça sabiam da iminência da abolição, mas estavam confiantes em uma indenização que salvasse o patrimônio herdado. Barickman, "Até a véspera", p. 177.

54. Pedro Calmon, *História da Bahia — resumo didático*, São Paulo: Melhoramentos, s.d., p. 186.

55. *Diário da Bahia*, 24 de fevereiro de 1889.

56. Walter Fraga em *Encruzilhadas da liberdade: histórias de escravos e libertos na Bahia (1870-1910)*. São Paulo: Editora da Unicamp, 2006. Especialmente nos capítulos 7, 8 e 9, o autor apresenta trajetórias de ex-escravos do Recôncavo baiano demonstrando as diversas atitudes por eles assumidas depois da abolição.

57. *Diário da Bahia,* 05 de maio de 1888.

58. APEB, seção colonial, maço 3003, *Ofício do delegado Luiz de Oliveira Mendes para o chefe de polícia Altino Rodrigues Pimenta,* 16 de junho de 1888. Walter Fraga Filho analisa como a vadiagem passou a ser mais duramente reprimida após o 13 de maio. O autor cita um documento da Associação Comercial no qual o barão de Vila Viçosa denunciava que a "insubordinação e a vadiagem estavam perturbando os trabalhos agrícolas". Ver Fraga Filho, em *Mendigos, moleques e vadios na Bahia do século XIX,* São Paulo/Salvador: Hucitec/EDUFBa, 1996, p. 178.

59. APEB, seção colonial, maço 3000, *Ofício de Francisco Antônio de Castro, delegado de Inhambupe, para o chefe de polícia,* 20 de maio de 1888.

60. *Jornal de Notícias,* 25 de maio de 1888.

61. Vários delegados encaminharam entre maio e setembro de 1888 pedidos de aumento de destacamento para conter o "crescimento dos desordeiros". APEB, série polícia, *Correspondência dos chefes de polícia,* maço 2988. A historiadora Maria Helena Machado, em pesquisas sobre os movimentos sociais na década da abolição, ressaltou a precariedade da polícia, assim como o aumento das suas atribuições no oeste paulista, em Machado, *O plano e o pânico.*

62. Iacy Maia Mata, "Os treze de maio: polícia e libertos na Bahia pós-abolição (1888-1889)", Dissertação de mestrado UFBA, 2002. Ver principalmente o capítulo 3.

63. Mata, "Os treze de maio", p. 51.

64. Sobre a forma de recrutamento ver, Alexandra Kelly Brown, "On the vanguard of civilization: slavery, the police and conflict between public and private power in Salvador (1835-1888)", Tese de doutorado, University of Texas at Austin, 1998, pp. 89-93.

65. Machado, *O plano e o pânico,* p. 70.

66. Dale Graden também analisa os pedidos de reforço policial endereçados ao chefe de polícia de diversas localidades da província nas décadas de 1870, 1880 e 1890. Dale Graden, *Abolition and freedom in Brazil: Bahia (1835-1900),* manuscrito apresentado à UNC Press, pp. 139-40.

67. APEB, seção colonial, *Chefes de polícia,* maço 3139-77, *apud* Maia, "Os treze de maio", pp. 56-7.

68. APEB, biblioteca, *Anais da Assembleia Provincial,* 12 de maio de 1888, pp. 59-61.

69. Iacy Maia discute com detalhes o debate na Assembleia Provincial deste projeto. Segundo ela, "as avaliações dos deputados acerca das necessidades da província eram muito divergentes. Enquanto os liberais afirmavam que não existiam motivos que justificassem o aumento da força policial, os conservadores não arredavam pé da ideia de que o momento era de crise e, portanto, só aceitariam o

projeto se a comissão conservasse o número de praças vigente e a Companhia de Permanentes". Maia, "Os treze de Maio", p. 85.

70. APEB, seção colonial, maço 3003, *Ofício do subdelegado para o chefe de polícia,* 20 de junho de 1888.

71. APEB, seção colonial, maço 3139-7, *Ofício do subdelegado Pedro Gomes da Costa Pinhais ao presidente da província,* 10 de setembro de 1888.

72. APEB, seção colonial, maço 6252, *Ofício de Hipólito Antônio de Amorim para o chefe de polícia,* 14 de agosto de 1888.

73. APEB, seção colonial, maço 6226, *Ofício do delegado Benvindo José de Aguiar ao chefe de polícia,* 4 de julho de 1888. No segundo semestre de 1888, muitos ofícios enviados ao chefe de polícia traziam pedidos de exoneração de delegados e subdelegados, com a justificativa da impossibilidade de conter o crescente número de ladrões e desordeiros.

74. APEB, seção colonial, maço 3003, *Ofício do delegado Aurélio G. Ferreira Velloso para o presidente da província Manoel do Nascimento Machado,* 31 de maio de 1888.

75. APEB, seção colonial, maço 3003, *Ofício da subdelegacia de Palame ao delegado Manoel Roriz Lima,* 6 de julho de 1888.

76. Câmara dos Deputados, Anais (1888), *apud* Conrad, *Os últimos anos da escravidão no Brasil,* p. 331. Para saber mais sobre a posição política do barão de Cotegipe, ver José Wanderley de Araújo Pinho, *Cotegipe e seu tempo,* São Paulo: Nacional, 1937.

77. O autor da acusação foi o deputado Antônio Alves de Souza Carvalho. Moraes Filho (org.), *Perfis parlamentares — Rui Barbosa;* Ministério da Cultura/Casa da Rui Barbosa; *Rui Barbosa: cronologia da vida e da obra.* Rio de Janeiro: Fundação Casa de Rui Barbosa, 1999. Sobre os debates acerca da emancipação naquele momento, ver Nunes, *Entre a mão e os anéis.*

78. APB, *Diário da Bahia,* 26 de fevereiro de 1889.

79. Walter Fraga Filho analisa como, em alguns casos, os vários casos de roubos de gado, cavalos e outros bens dos ex-senhores foram parte de uma estratégia de negociação dos libertos, por remuneração mais justa e melhores condições de trabalho. A fome e a seca também eram justificativas correntes para esses crimes no contexto da pós-abolição. Ver Fraga Filho, *Encruzilhadas da liberdade,* capítulos 5 e 6.

80. APMC, *Processo-crime/furto, documento 37/1318/15,* maio de 1888.

81. Para saber sobre paternalismo como política de domínio na sociedade oitocentista, ver Sidney Chalhoub, "What are noses for? Paternalism, social darwinism and race social science in Machado de Assis", *Journal of Latin American Cultural Studies,* vol. 10, n° 2, 2001, pp. 171-91; "Diálogos políticos em Machado

de Assis", in Chalhoub e Leonardo Affonso de M. Pereira (orgs.), *A história contada — capítulos de história social da literatura no Brasil,* Rio de Janeiro: Nova Fronteira, 1998, pp. 95-122; *Machado de Assis — historiador,* São Paulo: Companhia das Letras, 2003.

82. APEB, seção colonial, maço 3003, *Ofício do delegado Luiz de Oliveira Mendes ao chefe de polícia Altino Rodrigues Pimenta,* 1º de julho de 1888.

83. APEB, seção colonial, maço 2987, *Ofício do chefe de polícia ao presidente da província,* 7 de julho de 1888.

84. APEB, Câmara (1881-1889), *Correspondência do barão de Moniz Aragão para o presidente da província,* 10 de julho de 1888.

85. APEB, seção colonial, maço 3138, *Ofício do delegado de Canabrava Vigário Hermínio Leão ao presidente da província Manoel do Nascimento Machado Portella,* 9 de outubro de 1888.

86. APEB, seção colonial, maço 2987, *Ofício do delegado de polícia Luís de Oliveira Mendes ao chefe de polícia,* 6 de julho de 1888.

87. Fraga Filho, *Encruzilhadas da liberdade,* pp. 166-77.

88. IHGB, Coleção Barão de Cotegipe, pasta 199, Correspondências, lata 873 A, pasta 169, de Muniz Aragão para Cotegipe, Engenho Cassarongo, 23 de outubro de 1883, *apud* Walter Fraga Filho, *Encruzilhadas da liberdade,* p. 185.

89. Julius Naeher, *Terra e gente na província da Bahia,* s/ed.; s/d., p. 105.

90. Sobre os levantes que agitaram o Recôncavo baiano na primeira metade do século XIX, ver João José Reis, "Recôncavo rebelde: revoltas escravas nos engenhos baianos", *Afro-Ásia,* nº 15, 1992, pp. 100-26.

91. APEB, série polícia, maço 6252, *Ofício do subdelegado ao chefe de polícia,* 6 de julho de 1888.

92. APEB, seção colonial, maço 5869, *ofício do chefe de polícia Domingos R. Guimarães aos delegados,* 23 de maio de 1888.

93. Eduardo Spiller Pena comenta o debate sobre a impropriedade dos castigos no Instituto dos Advogados Brasileiros, no qual Teixeira de Freitas passou a denominar de bárbara e desumana a recorrência da punição violenta aplicada a um escravo. Pena, *Pajens da Casa Imperial — jurisconsultos, escravidão e a lei de 1871,* Campinas: Editora da Unicamp, 2001, p. 98.

94. Mattos, "A cor inexistente", p. 166.

95. Esse foi mais um aspecto que, de modo algum, verificou-se apenas na Bahia. Diversas denúncias de castigo físico a libertos ocuparam as páginas dos jornais de outras provínicas. André Rebouças também fez várias denúncias. Ver Ignácio José Veríssimo, *André Rebouças através de sua autobiografia,* Rio de Janeiro: s/ed., 1939, p. 96.

96. *Diário do Povo,* 22 de maio de 1888.

97. *Diário do Povo,* 23 de maio de 1888.

98. APEB, seção colonial, maço 6172, *Ofício do presidente da província para o chefe de polícia,* 25 de fevereiro de 1889.

99. APEB, seção colonial, maço 3003, *Ofício do subdelegado José Leôncio Ribeiro Cintra para o chefe de polícia,* 2 de março de 1889.

100. *Diário da Bahia,* 21 de fevereiro de 1889.

101. APEB, seção colonial, maço 6173, *Ofício de Viriato Benjamin da Silva Rodrigues e Secretaria de Polícia da província da Bahia,* 21 de outubro de 1888.

102. APEB, seção colonial, maço 6170, *Ofício de Viriato Benjamin da Silva Rodrigues e Secretaria de Polícia da província da Bahia,* 21 de outubro de 1888.

103. APEB, seção colonial, maço 6226, *Ofício recebido pela Secretaria de Polícia da província da Bahia,* 21 de outubro de 1888.

104. *Diário da Bahia,* 22 de junho de 1888.

105. *Diário do Povo,* 26 de janeiro de 1889.

106. B. J. Barickmam aborda a questão em "Até a Véspera", pp. 177-238.

107. Maria Helena Machado identificou a mesma diretriz na imprensa paulista na pós-abolição, em Machado, *O plano e o pânico,* pp. 143-73.

108. IHGB, *Jornal Independente,* 19 de maio de 1888. Grifos meus.

109. Keila Grinberg analisa, através da trajetória de Antônio Rebouças, o debate sobre cidadania e escravidão no Brasil oitocentista. Da mesma autora sobre o mesmo personagem, *O fiador dos brasileiros,* Rio de Janeiro: Civilização Brasileira, 2003. Ver também: Grinberg, "Em defesa da propriedade: Antônio Pereira Rebouças e a escravidão", *Afro-Ásia,* nº 21-22, 1998-99, pp. 111-46.

110. Sobre as propostas de Nabuco de Araújo para o Código Civil: ver Nabuco, *Um estadista no Império,* vol. II, pp. 1064-75.

111. Grinberg, *O fiador dos brasileiros,* p. 316.

112. APEB, Câmara, *Correspondência do barão Moniz Aragão para o presidente da província,* 10 de julho de 1888.

113. Mattos, "Prefácio", in Grinberg, *O fiador dos brasileiros,* p. 15.

114. Sobre o Código Negro no Norte dos Estados Unidos, ver Eric Foner, *Nada além da liberdade: a emancipação e o seu legado.* Rio de Janeiro: Paz e Terra; Brasília: CNPq, 1988, pp. 73-176.

115. Vários estudos têm sido desenvolvidos abordando o racismo e a construção da supremacia racial branca nos Estados Unidos e na África do Sul, tendo como foco os diferentes processos de dominação e emancipação empreendidos no século XIX. Ver, entre outros, John W. Cell, *The highest stage of white supremacy — the origins of segregation in South Africa and the American South,* Cambridge: Cambridge University Press, 1982.

116. *Diário da Bahia,* 24 de fevereiro de 1889.

117. *Jornal Independente*, 19 de maio de 1888.

118. Marques, *As voltas da estrada*, p. 198.

119. Quadrinha até hoje cantada nas comemorações do nego fugido, no povoado de Acupe, no Recôncavo.

120. *Diário da Bahia*, 13 de maio de 1888.

121. *Diário do Povo*, 16 de maio de 1888.

122. Agradeço a Aline Santiago a indicação desse documento. IHGB, *Coleção Barão de Cotegipe*, lata 918, pasta 23, 16 de maio de 1888.

123. Sobre as comemorações da independência na Bahia na pós-abolição, ver Albuquerque, *Algazarras nas ruas*.

124. Xavier Marques, "Uma tradição religiosa na Bahia — o culto ao Senhor do Bonfim", *Revista Instituto Geográfico e Histórico da Bahia*, nº 46, 1920, pp. 159-63.

125. Durante a epidemia de cólera de 1850, o Senhor do Bonfim foi um dos santos mais procurados pela população amedrontada. Para saber mais, ver David, *O inimigo invisível*.

126. Segundo Manoel Querino, a lavagem da Igreja do Bonfim foi proibida por uma portaria do arcebispo, d. Luís Antônio dos Santos, em 9 de dezembro de 1889, e no ano seguinte a guarda cívica republicana proibiu qualquer manifestação profana durante as comemorações ao santo. Querino, *A Bahia de outrora*, Bahia: Livraria Progresso Editora, 1946, p. 156.

127. *Diário do Povo*, 17 de maio de 1888.

128. J. da Silva Campos, "Ligeiras notas sobre a vida íntima, costumes e religião dos africanos na Bahia", *Anais do Arquivo Público do estado da Bahia*, vol. 29, 1943, p. 296.

129. Fraga Filho, *Mendigos, moleques e vadios*, p. 173.

130. O jornal *O Alabama* foi um dos mais insistentes nesse tipo de denúncia antes dessa conjuntura da abolição. Ver as análises que Nicolau Pares faz dessas notícias em *A formação do candomblé: história e ritual da nação jeje na Bahia*. Campinas: Editora da Unicamp, 2006.

131. Hoje a celebração consiste em uma exibição pública das músicas, danças e trajes dos orixás sem que seja permitido aos iniciados "dar passagem ao santo", ou seja, entrar em transe como nas cerimônias dos terreiros. Todo ano, os terreiros de candomblé de Santo Amaro se revezam na organização da festa, obedecendo, segundo eles, aos mesmos rituais instituídos por João de Obá, inclusive com a entrega de um presente à Mãe d'Água em uma cachoeira nas redondezas.

132. O professor Nelson de Araújo realizou, nos anos 1980, um "panorama da cultura popular baiana" com especial atenção para as manifestações culturais do

Recôncavo. O resultado desse trabalho é o importante texto *Pequenos mundos — cultura popular da Bahia,* Salvador: UFBA/Fundação Casa de Jorge Amado, 1990, p. 80. Também há registros nos jornais locais das primeiras décadas do século XX da mesma expressão, com igual sentido.

133. Devo essa informação aos professores Valdemir Zamparoni e Ralph M. Becker.

134. Herundino da Rocha Leal, *Vida e passado de Santo Amaro,* p. 62. Na definição de Câmara Cascudo, maculelê é um "bailado guerreiro que se exibe na festa de N. Sra. da Conceição na Praça da Purificação, na cidade de Salvador, e noutros pontos da Bahia como Santo Amaro". A definição desse autor nos faz crer ser esta manifestação marcadamente do Recôncavo, embora, como assinala Cascudo, o ritual guarde semelhanças com os congos e moçambiques vistos em outras partes do país. Cascudo, *Dicionário do folclore brasileiro,* São Paulo: Ediouro, 1998, p. 530. Ainda hoje, na festa da abolição em Santo Amaro, a apresentação de grupos de maculelê é um dos momentos principais da programação.

135. APEB, seção colonial, *Ofício do delegado ao chefe de polícia,* maço 6226, 12 de setembro de 1888.

136. *Diário da Bahia,* 24 de fevereiro de 1889.

137. Quadrinha popular ainda cantada em ladainha a são Benedito no sertão da Bahia.

138. APEB, seção colonial, *Ofício do chefe de polícia aos delegados,* maço 6181, 19 de junho de 1888.

139. APEB, biblioteca, *Fala do Presidente da Província Manoel do Nascimento Machado Portela na Assembleia Provincial,* 1º de abril de 1889.

140. A colônia Leopoldina foi fundada em 1818 e a mão de obra escrava era utilizada para o cultivo de café. Em 1860, pode-se ler no relatório do presidente da província que se tratava de "um território a princípio povoado de poucos indivíduos, que mediante concessões feitas por juízes territoriais, ou pelo governo, abriram algumas fazendas, que eram lavradas indistintamente por braços livres e escravos, e hoje é habitada por uma grande maioria de proprietários de fazendas de café, cuja cultura é confiada a dois mil cativos mais ou menos". APEB, *Fala do presidente da província Herculano Ferreira Pena,* 10 de abril de 1860, Bahia: Tipografia de Antônio Olavo, 1860, p. 81.

141. O padre tinha informações precisas sobre o encaminhamento do projeto da "lei Áurea", já que foi justamente no dia 10 de maio que ela foi discutida no senado.

142. APEB, seção colonial, maço 3003, *Ofício da presidência da província ao chefe interino de polícia Altino Rodrigues Pimenta,* em 3 de junho de 1888.

143. Jailton Brito conta com mais detalhes esse episódio quando analisa a

atuação dos abolicionistas baianos. Ver Brito, *A abolição na Bahia — uma história política*.

144. APEB, seção colonial, maço 6181, *Ofício do delegado ao chefe de polícia*, 20 de maio de 1888.

145. APEB, seção colonial, maço 2986, *Ofício do chefe de polícia ao delegado*, 10 de junho de 1888.

146. Mary Karash comenta que a popularidade de são Benedito entre os escravos no Rio Janeiro no século XIX não se devia apenas ao fato de ele ser negro, mas de ser considerado muito poderoso, a ponto de proteger contra feitiçarias, bruxarias e resolver problemas comunitários. Karash, *A vida dos escravos no Rio de Janeiro (1808-1850)*. São Paulo: Companhia das Letras. 2000, p. 373.

147. Robson Luís Machado Martins, "Os caminhos da liberdade". Dissertação de mestrado, Campinas: Unicamp, 1997.

148. Sidney Chalhoub, *Cidade febril — cortiços e epidemias na corte imperial*, São Paulo: Companhia das Letras, 2001, p. 138.

149. Sobre as irmandades religiosas e suas festas de santos, ver: João José Reis, *A morte é uma festa — ritos fúnebre e revolta popular no Brasil do século XIX,* São Paulo: Companhia das Letras, 1991, pp. 49-72.

150. João da Silva Campos, *Procissões tradicionais da Bahia,* Salvador: Conselho Estadual de Cultura, 2001.

151. João da Silva Campos explica o sucesso da festa em 1888 pelo fato de ter sido o juiz daquele ano Manoel Friandes da Silva, "um crioulo fulo, mestre de obras, muito popular", que costumava dizer: "no dia em que eu pega na vara de juiz daquele molequinho preto, na festa dele eu botó todo pessoá embaixo de foguete". Campos, *Procissões tradicionais da Bahia*, p. 317.

152. APEB, seção colonial, maço 2986, *Ofício do chefe de polícia ao delegado*, 10 de junho de 1888.

153. Braz do Amaral, *Recordações históricas,* Salvador: Assembleia Legislativa do estado da Bahia, 2007, pp. 319-20.

154. APEB, seção colonial, maço 6226, *Ofício do delegado ao chefe de polícia*, 16 de julho de 1889.

155. APEB, seção colonial, maço 3002, *Ofício do delegado ao chefe de polícia*, 7 de junho de 1888.

156. Segundo B. J. Barickman, os fazendeiros continuaram a creditar o mau desempenho da lavoura açucareira à escassez da mão de obra. Para eles a responsabilidade pelos prejuízos cabia, de um lado, aos libertos e de outro à incapacidade do Estado para atrair imigrantes. Entretanto, o autor sugere analisar a crise a partir de uma outra perspectiva, qual seja, a de que a despeito da desarticulação do escra-

vismo na segunda metade do século XIX, os proprietários insistiram em empregar, predominantemente, cativos em suas lavouras. Ver Barickman, "Até a véspera".

157. Canção popular de autoria desconhecida.

3. DIVERGÊNCIAS POLÍTICAS, DIFERENÇAS RACIAIS: RUI BARBOSA E A GUARDA NEGRA [PP. 140-94]

1. Grande parte da documentação pessoal de Rui Barbosa está disponível na Fundação Casa de Rui Barbosa (FCRB), no Rio de Janeiro.

2. Apesar de ter aderido ao republicanismo só em 1888, desde a década de 1860 Rui Barbosa demonstrava ser um monarquista nada convencional. Num poema escrito em 1868, ele declamava que "os reis são os flagelos dos impérios, vermes cobertos de ouro, que eu desprezo, seres da morte ante a eterna majestade". Os versos sugerem que a sua fidelidade à monarquia se explicava muito mais por conveniência política do que por convicção ideológica. Ver Luís Vianna Filho, *A vida de Rui Barbosa*, Rio de Janeiro: Nova Fronteira, 1987, p. 70. Edison Carneiro, entre os contemporâneos de Rui Barbosa, reconhece em Castro Alves o precursor da república. Já em 1864, o poeta posicionou-se à frente dos ideais republicanos, que incluíam a abolição da escravatura e o voto feminino. Edison Carneiro, *Castro Alves (1847-71) — uma interpretação política*, Rio de Janeiro: Andes, s/d.

3. FCRB, CRE (11-1), doc. 1, *Carta anônima a Rui Barbosa*, 18 de junho de 1889.

4. Silva Jardim era considerado um republicano radical pela defesa que fazia de princípios positivistas inspirados em Comte. A propósito, numa das cartas da condessa de Barral à família imperial, comentando uma "moléstia do Silva Jardim", ela insinua o quanto o republicano incomodava os monarquistas, pois "nesse Jardim só crescem plantas venenosas e cheias de espinhos". Arquivo Nacional, *Cartas a suas majestades (1859-1890)*, AN: Rio de Janeiro, 1977, p. 299. Para saber mais sobre a trajetória política de Silva Jardim, ver Emília Viotti da Costa, *Da Monarquia à República: momentos decisivos*, São Paulo: Grijalbo, 1986, pp. 82-94.

5. O crescimento do movimento republicano na Bahia já era visível desde a década de 1860. Numa carta endereçada a Nabuco de Araújo, um político local escreveu que "aqui não havia republicanos, e agora não somente os há, como não há liberal que não se mostre disposto a sê-lo". *Apud* Viana Filho, *A vida de Rui Barbosa*, p. 70. Entretanto, Consuelo Novaes Sampaio concluiu que "a elite política local manteve-se alheia ao movimento republicano que, na Bahia, restringiu-se a um diminuto grupo de jovens entusiastas". Sampaio, *Os partidos políticos da*

Bahia na I república — uma política de acomodação, Salvador: CEB/UFBA, nº 10, 1987, p. 11.

6. Sobre a crise política do período, ver José Murilo de Carvalho, *A construção da ordem — teatro de sombras,* São Paulo: Civilização Brasileira, 2003; Ângela Alonso, *Ideias em movimento — a geração de 1870 na crise do Brasil Império,* Rio de Janeiro: Paz e Terra, 2002, especialmente o capítulo 4.

7. Virgílio Damásio fundou o primeiro clube republicano na Bahia, em 1876, e dirigiu o Partido Republicano, fundado em 24 de maio de 1888.

8. Braz do Amaral, "Memória histórica sobre a proclamação da República", *Revista do Instituto Geográfico e Histórico da Bahia (IGHB),* nº 30, 1904, pp. 13-27.

9. Silva Jardim, *Memórias e viagens — campanha de um propagandista (1887-1890),* Lisboa: Companhia Nacional, 1891, p. 343.

10. FCRB, CRE (11-1), doc. 1, *Carta anônima a Rui Barbosa,* 18 de junho de 1889.

11. Em 1886, Almeida Couto discordou da indicação feita pelo conselheiro Dantas do nome de Rui Barbosa para uma vaga de deputado geral. A insubordinação de Couto não inviabilizou a candidatura, mas expôs a falência da liderança dos Dantas na Bahia. O próprio Rui Barbosa contribuiria para tanto, quando já em 1889, respondendo às críticas do velho conselheiro a seus editoriais no *Diário de Notícias,* exclamou: "Não sou nem posso ser órgão do Partido Liberal". Desde então ele se aproximaria ainda mais dos republicanos, que defendiam o sistema federalista. Fundação Casa de Rui Barbosa, *Rui Barbosa — cronologia da vida e da obra,* Rio de Janeiro: Casa de Rui Barbosa, 1999, p. 71; Viana Filho, *A vida de Rui Barbosa,* pp. 208-9.

12. Para saber mais sobre eles, ver Luís Vianna Filho, *Três estadistas: Rui, Nabuco e Rio Branco,* Rio de Janeiro: José Olympio/INL-MEC, 1981; Joaquim Nabuco, *A Abolição e a República,* Recife: Editora Universitária da UFPE, 1999; Leo Spitez, *Lives in between — assimilation and marginality in Áustria, Brazil and West África (1780-1945),* Cambridge: Cambridge University Press, 1989.

13. Silva Jardim, *Memórias e viagens,* p. 343.

14. João da Costa Pinto Dantas Júnior, "Discursos e conferências — A propaganda republicana", *Revista IGHB,* nº 67, 1941, pp. 91-146.

15. Amaral, "Memória histórica sobre a proclamação da república", p. 57.

16. Silva Jardim, *Memórias e viagens,* p. 343.

17. *O Diário do Povo,* 1º de julho de 1889.

18. *O Diário do Povo,* 13 de maio de 1889.

19. O autor considera que a Guarda Negra foi um desdobramento dos vínculos das maltas de capoeiras, como a Flor da Gente, e políticos, a exemplo de Duque Estrada e o barão de Cotegipe, já na década de 1870. Ver Carlos Eugênio Líbano Soares, *A negregada instituição — os capoeiras na Corte Imperial,* Rio de Janeiro:

Access, 1999, p. 253. Ver também Gabriela Sampaio, "A história do feiticeiro Juca Rosa — cultura e relações sociais no Rio de Janeiro Imperial". Tese de doutorado, São Paulo: Unicamp, 2000, especialmente o capítulo 2; Michael Trochim, "The Brazilian Black Guard: racial conflict in post-abolition Brazil", *The Americas*, nº 3 1988, pp. 120-43; Flávio Gomes, "No meio das águas turvas — racismo e cidadania no alvorecer da República: a Guarda Negra na Corte (1888-89)", *Estudos Afro-Asiáticos*, nº 21, (1991), pp. 75-96.

20. *Cidade do Rio, 31/12/1888, apud* Flávio Gomes, *Negros e política (1888-1937)*, Rio de Janeiro: Jorge Zahar Editor, 2004, p. 21.

21. FCRB, CRE 11/04, doc. 167, *Carta anônima a Rui Barbosa*, s/d.

22. O próprio Rui Barbosa se encarregou de "esclarecer" aos leitores do *Diário de Notícias* o perigo que os defensores da princesa representavam, inclusive publicando trechos de uma carta na qual a "esposa de um antigo e devotado abolicionista", Pequitita, estava aterrorizada com a proximidade do 13 de maio de 1889. "Os libertos andavam altaneiros" e prometiam atacar os republicanos, dizia a mulher. Flávio Gomes analisa a carta e a interpretação que Rui Barbosa deu ao episódio em "No meio das águas turvas".

23. Carlos Eugênio Soares cita uma espécie de regulamento da associação da Guarda Negra que previa a sua ramificação por todo o Império. Soares, *A negregada instituição*, p. 258.

24. Trochim, "The Brazilian Black Guard", pp. 298-9.

25. Robert Diabert Junior, *Isabel a "Redentora" dos escravos*, Bauru: Edusc, 2004, p. 142.

26. A conversão de Pamphilio de Santa Cruz à causa monarquista quando a República já se fazia iminente demonstra o quanto as divisões partidárias locais se avolumavam. Dilton Oliveira de Araújo considera que ele sucumbiu "aos apelos míticos da redenção dos escravos feita pela princesa Izabel, e assim [foi] instrumento da defesa monárquica". Araújo, "Republicanismo e classe média em Salvador (1870-1889)", p. 72.

27. Amaral, "Memória histórica sobre a proclamação da república", p. 58. Na Bahia, então sob o governo dos liberais, foi a "minoria conservadora" a delatar que "o governo longe de prevenir os atentados" promovidos por capadócios, se mostrava indiferente. APEB, seção legislativa, *Ata da Assembleia Provincial da Bahia*, 17 de junho de 1889.

28. O autor da tese "A identidade da espécie humana", que aborda a condição racial, foi Tiburtino Moreira Prates. *Apud* Antônio Risério, *Uma história da cidade da Bahia*, Salvador: SEC/ Omar G, 2000, p. 266.

29. *Diário do Povo*, 19 de junho de 1889.

30. Gomes, "No meio das águas turvas", pp. 78-9.

31. *Diário do Povo,* 15 de junho de 1889.

32. Dantas Júnior, "A propaganda republicana na Bahia", p. 109.

33. *Diário do Povo,* 19 de junho de 1889.

34. IGHB. Seção Teodoro Sampaio, cx. 1, *Apontamentos de Teodoro Sampaio,* documento 5.

35. APEB, *Livro de registro de testamentos,* nº 61, fls. 156v-158v.

36. BN, Manuscritos, João Varela, *Do africano — ligeira digressão: a festa dos meninos na Bahia,* s/d.

37. IGHB, Teodoro Sampaio, cx. 1, *Apontamentos Teodoro Sampaio,* documento 5.

38. João José Reis analisa a coesão entre os ex-escravos da Chapadista concentrados num canto de trabalho no largo do Guadalupe e as formas de controle que a senhora parecia exercer sobre eles. Ver Reis, "De olho no canto — trabalho de rua na Bahia na véspera da abolição". *Afro-Ásia,* nº. 24, 2000, pp. 229-30.

39. APEB, maço 2894, *Correspondência recebida pela presidência da Província,* 1879-80.

40. IGHB, Seção Teodoro Sampaio, cx. 1, *Apontamentos Teodoro Sampaio,* documento 5.

41. Silva Jardim, *Memórias e viagens,* p. 345.

42. Dantas Júnior, "A propaganda republicana", p. 110.

43. Amaral, "Memória histórica sobre a proclamação da república", p. 58.

44. *Diário do Povo,* 5 de julho de 1889.

45. *República Federal,* 18/6/1889. Carlos Eugênio Soares enumerou conflitos entre e republicanos nos quais as sedes de periódicos republicanos foram alvos preferenciais dos ataques dos capoeiras no Rio de Janeiro. Soares, *A negregada instituição,* pp. 246-50.

46. *A Coisa,* 20/3/1898. O pesquisador Fred Abreu considera ter sido Macaco Beleza um dos mais importantes personagens da capoeiragem baiana no século XIX.

47. IGHB, Seção Teodoro Sampaio, *O abolicionismo,* manuscritos, p. 28.

48. Amaral, "Memória histórica sobre a proclamação da república", p. 7. Afrânio Peixoto registrou o encontro entre Macaco Beleza e o conde d'Eu em 1889. Na ocasião Macaco Beleza teria recitado versos para o príncipe. Peixoto, *Breviário da Bahia,* Salvador: Livraria Agir, 1945, pp. 342-3. Sobre o degredo de capoeira do Rio de Janeiro, ver Soares, *A negregada instituição,* p. 264.

49. Manoel Querino, *A Bahia de outrora,* p. 164.

50. Rui Barbosa, "Anarquia pelo rei", *Obras completas,* Rio de Janeiro: Ministério da Educação e Saúde, vol. XVI, tomo III, 1889, pp. 399-401.

51. Segundo Carlos Eugênio Líbano Soares, havia no século XIX uma vigorosa

tradição de capoeira em Salvador, e muitos dos escravos e libertos que migraram para o Rio de Janeiro levaram consigo formas de sociabilidade e enfrentamento com o poder público, que se tornaram visíveis na Corte. Soares, "A capoeiragem baiana na corte imperial (1863-1890)", *Afro-Ásia*, nº 21-22, 1998-9, pp. 153-70.

52. Eduardo Silva, *Dom Obá II d'África: o príncipe do povo-vida, tempo e pensamento de um homem de cor*, São Paulo: Companhia das Letras, 1997.

53. Antônio Vianna, *Quintal de nagô e outras crônicas*, Salvador: Universidade Federal da Bahia, 1979, pp. 39-42.

54. APEB, maço 2971, *Ofício do delegado ao chefe de polícia Manoel Caetano de Oliveira Passos*, 30 de novembro de 1881.

55. Carlos Eugênio L. Soares identificou as casas de quitanda ou zungus no Rio de Janeiro que eram "frequentadas principalmente por pessoas de cor [...] quando compravam gêneros alimentícios para seus senhores ou suas residências". Soares, *A capoeira escrava e outras tradições rebeldes no Rio de Janeiro (1808-1850)*. Campinas: Unicamp, 2001, p. 200.

56. IGHB, Seção Virgílio Damásio, documentos diversos, cx. 5, doc. 50.

57. APEB, maço 2971, *Ofício de Manoel Santana de Oliveira chefe de polícia ao presidente da província José Luís de Almeida Couto*, 18 de junho de 1889.

58. Para saber sobre a repressão à prostituição na Bahia republicana, ver Nélia Santana, "Prostituição feminina em Salvador (1900-1940)", Dissertação de mestrado, UFBa, 1996.

59. Silva Jardim, *Memórias e viagens*, p. 247.

60. Os autores discutem a generalização do termo *mulata* observada no Rio de Janeiro para designar as baianas empregadas no comércio ambulante. Tiago de Melo Gomes, "Sabina's oranges: the colours of cultural politics in Rio de Janeiro, 1889-1930", em *Journal of Latin American Cultural Studies*, Londres, vol. 11, 2002, pp. 5-27.

61. FCRB, CRE (11-1), *Carta anônima a Rui Barbosa*, doc. 01. Lembro ao leitor que o Partido Liberal estava dividido quanto à causa republicana. Ao gritar vivas aos liberais, o monarquista devia estar se referindo ao grupo do qual Almeida Couto e Pamphilio de Santa Cruz faziam parte.

62. *A Novidade*, 2 de janeiro de 1889. *Apud* Gomes, "No meio das águas turvas", p. 89.

63. FCRB, CRE (11-1), *Carta anônima a Rui Barbosa*, doc. 01.

64. Ângela Alonso, ao analisar os ambientes da formação política da época, considera que, ao contrário das faculdades de direito, os estudantes e professores de medicina não se envolveram nos debates e agitações políticas da época. O "massacre do Taboão" demonstra que a assertiva da autora precisa ser relativizada. Alonso, *Ideias em movimento*, p. 124.

65. Sobre a formação do Partido Republicano na Bahia, consulte: Araújo, "Republicanismo e classe média em Salvador"; Silva Santos, *O movimento republicano na Bahia;* Braz do Amaral, "Memória histórica sobre a proclamação da república na Bahia".

66. Amaral, "Memória histórica sobre a proclamação da república", pp. 57-9.

67. Peixoto, *Breviário da Bahia*, p. 342.

68. Sobre a presença de estudantes baianos na Faculdade de Direito do Recife, ver José do Patrocínio, *Campanha abolicionista — coletânea de artigos,* Rio de Janeiro: Fundação Biblioteca Nacional, 1998, p. 36.

69. *Diário do Povo,* 19 de junho de 1889.

70. Araújo, "Republicanismo e classe média em Salvador", p. 115.

71. Mário Augusto da Silva Santos, *O movimento republicano na Bahia.* Salvador: CEB, nº 143, 1990, p. 12.

72. Amaral, "Memória histórica sobre a proclamação da república", p. 59.

73. *Diário do Povo,* 22 de junho de 1889.

74. FCRB, CRE (11-1), *Carta anônima a Rui Barbosa,* doc. 1.

75. *Diário do Povo,* 26 de fevereiro 1889.

76. Antônio Fernão Muniz de Aragão, *A Bahia e seus governadores na república,* Bahia: Imprensa Oficial, 1923, p. 4.

77. Amaral, "Memória histórica sobre a proclamação da república", p. 5

78. AN, GHIFI, 5F- 601, *Ofício da Sociedade Baiana 13 de Maio ao Ministério do Império,* 7 de dezembro de 1888.

79. Ana Maria Ramos, "Nego-fugido — memória e representação da liberdade escrava no Recôncavo baiano". Dissertação de mestrado, São Paulo: PUC, 1995, p. 38.

80. Ver Gomes, "No meio das águas turvas", e Sidney Chalhoub, "Medo branco de almas negras — escravos, libertos e republicanos na cidade do Rio", em *Crime e castigo — estudos sobre aspectos da criminalidade na República.* Fundação Casa de Rui Barbosa, 1985.

81. Gomes, "No meio das águas turvas", p. 78.

82. *Diário do Povo,* 10 de julho de 1889.

83. Sobre as críticas ao clericismo da princesa Isabel, ver Daibert Junior, *Izabel — a redentora dos escravos,* pp. 12-184; Fonseca, *A escravidão, o clero e o abolicionismo.*

84. *Diário do Povo,* 19 de junho de 1889.

85. Ver David, *O inimigo invisível,* pp. 56-9.

86. Nas primeiras décadas republicanas foram muitas as tentativas de destituírem-se os caboclos dessa centralidade simbólica, assim como as formas de mantê-los como principais atrações da festa do Dois de Julho. Albuquerque,

Algazarras nas ruas — comemorações da independência na Bahia (*1889-1923*). Campinas: Editora da Unicamp/Cecult, 1999.

87. Beriba é um tipo de madeira comumente usada na fabricação de berimbaus.

88. Manoel Querino, *A Bahia de outrora,* Salvador: Livraria Progresso Editora, 1946, p. 223.

89. Lilia Moritz Schwarcz analisa o empenho dos monarquistas em capitalizar a abolição para a princesa Isabel e não para os abolicionistas, assim como a rejeição ao conde d' Eu. Em Schwarcz, *As barbas do imperador — dom Pedro II, um monarca nos trópicos,* São Paulo: Companhia das Letras, 2007, pp. 432 e 438.

90. Antônio Vianna, *Casos e coisas da Bahia,* Salvador: Museu do Estado da Bahia, 1950, pp. 153-6.

91. Manoel Querino, *Costumes africanos no Brasil,* Recife: Massangana/Fundação Joaquim Nabuco, 1988, p. 195.

92. APEB, seção colonial, maço 6252, *Ofício do subdelegado ao chefe de polícia,* 20 de maio de 1889.

93. *Diário do Povo,* 27 de junho de 1889.

94. Por cantos ficaram conhecidos os grupos de trabalhadores escravos ou libertos, africanos ou crioulos, "que se reuniam para oferecer seus serviços em locais também delimitados da geografia urbana". Ver Reis, "A greve negra de 1857 na Bahia", p. 13. Ver também João José Reis, *Rebelião escrava no Brasil,* São Paulo: Brasiliense, 1986; "A greve negra de 1857 na Bahia", *Revista USP,* nº 18, 1993, pp. 17-28; "De olho no canto", pp. 199-242. Outros pesquisadores também têm investigado o cotidiano dos ganhadores. Ver Ana de Lourdes Ribeiro da Costa, "Espaços negros — cantos e lojas em Salvador no século XIX", *Cadernos CRH,* suplemento, 1991, pp. 18-34; Wilson Roberto de Mattos, "Negros contra a ordem — resistências e práticas negras de territorialização no espaço de exclusão social (1850-1888)". Tese de doutorado, São Paulo: PUC, 2001.

95. *Jornal da Bahia,* 03 de junho de 1857. *Apud* Reis, "A greve negra de 1857 na Bahia", pp. 21-2.

96. Para Kátia Matoso, a disputa pelo trabalho na navegação de cabotagem se explicava por conjunturas econômicas e pela concorrência entre trabalhadores livres e proprietários de escravos. Matoso, *Bahia — século XIX: uma província no Império,* Rio de Janeiro: Nova Fronteira, 1992, p. 531.

97. Fonseca, *A escravidão, o clero e o abolicionismo,* p. 200.

98. APEB, seção colonial, maço 1580-1, *Ofício da presidência da província à Associação Comercial,* 17 de março de 1871.

99. Fonseca, *A escravidão, o clero e o abolicionismo,* p. 201.

100. *Diário da Bahia*, 11 de dezembro de 1870. *Apud* Fonseca, *A escravidão, o clero e o abolicionismo*, p. 205.

101. Fonseca, *A escravidão, o clero e o abolicionismo*, p. 202.

102. Fonseca, *A escravidão, o clero e o abolicionismo*, p. 203.

103. João Reis considera que a chapa de identificação era especialmente humilhante para os africanos que vinham de um mundo no qual "a marcação do corpo com escarificações, o uso de determinadas roupas, colares e penteados diziam sobre sua condição social e ritual", Ver Reis, "A greve negra de 1857 na Bahia", p. 24

104. Fonseca, *A escravidão, o clero e o abolicionismo*, p. 204.

105. *Diário da Bahia*, 8 de dezembro de 1870. *Apud* Fonseca, *A escravidão, o clero e o abolicionismo*, p. 205.

106. O *Diário da Bahia* era dirigido pelo conselheiro Dantas e entre os seus redatores estava Rui Barbosa. Aloísio de Carvalho Filho, "Jornalismo na Bahia: 1875-1960", *Revista IGHB*, nº 82, s/d, pp. 17-27.

107. *Anais do Senado*, 1869. *Apud* Fonseca, *A escravidão, o clero e o abolicionismo*, pp. 211-7.

108. APEB, seção colonial, maço 1580-1, *Ofício da presidência da província para a Associação Comercial*, 17 de março de 1871.

109. APEB, seção colonial, maço 1580-1, *Ofício da presidência da província para a Associação Comercial*, 17 de março de 1871. Os argumentos foram os mesmos que em 1857 justificaram as queixas dos comerciantes. Ver Reis, "A greve negra de 1857 na Bahia", pp. 21-3.

110. APEB, seção colonial, *Livro de registro de correspondências expedidas da polícia*, 15 de dezembro de 1897.

111. Àquela altura os jurisconsultos julgavam que a regulamentação do trabalho urbano deveria ser feita no âmbito do Código Civil, no qual juristas como Nabuco d'Araújo esteve pessoalmente empenhado. Ver Joaquim Nabuco, *Um estadista no Império*, vol. I, Rio de Janeiro: Topbooks, 1997, p. 86. Sobre cotidiano e cultura dos trabalhadores no porto no Rio de Janeiro nas primeiras décadas do século XX, ver Maria Cecília Velasco e Cruz, "Tradições negras na formação de um sindicato — sociedade de resistência dos trabalhadores em trapiche e café, Rio de Janeiro, 1905-1930", *Afro-Ásia*, nº 24, 2000, pp. 243-323.

112. APEB, Polícia, *Regulamento policial para o serviço dos trabalhadores do bairro comercial*. *Apud* Reis, "De olho no canto", pp. 241-2.

113. Reis explica que apesar de especificar-se no documento o bairro comercial, não se pode dizer que os cantos se concentravam exclusivamente na zona portuária. O registro dos trabalhadores que acompanha o regulamento demonstra que os ganhadores estavam espalhados por outras áreas da cidade. Reis, "De olho no canto", p. 202. Esses dados também foram analisados por Mattos, "Negros

contra a ordem", pp. 74-96. Já Nina Rodrigues identificou cantos em outras freguesias, em *Os africanos no Brasil,* pp. 38-70.

114. Francisco Gonçalves Martins morreu em setembro de 1872.

115. Reis, "De olho no canto", p. 217. Segundo o autor, entre eles predominavam os nagôs.

116. A frequência dos embates sugere que a tensão era mesmo a tônica da relação entre esses trabalhadores e a polícia. Quando, a 2 de junho de 1884, o delegado Alfredo Devoto, da freguesia do Pilar, relatou ao chefe de polícia a morte de um praça durante conflito com ganhadores no cais da praça do ouro, cogitou-se a substituição da força de polícia pela força de linha para que fosse aumentado o número de guardas no comércio, onde a concentração dos ganhadores era mais expressiva. APEB, maço 5860, *Polícia — correspondências expedidas,* 2 de junho de 1884.

117. Reis, "De olho no canto", p. 206.

118. Lilia Moritz Schwarcz, *O espetáculo das raças — cientistas, instituições e questão racial no Brasil (1870-1930),* São Paulo: Companhia das Letras, 1993.

119. Schwarcz, *O espetáculo das raças,* p. 28.

120. *Idem,* p. 18.

121. Segundo o *Diário do Povo* de 21 de junho de 1889, Rui Barbosa não aceitou o convite porque era amigo de Almeida Couto. Na verdade, mais que uma fidelidade ao amigo, a recusa de Rui demonstrou que ele não estava disposto a acirrar as divergências dentro do Partido Liberal. Almeida Couto havia feito oposição à candidatura de Rui Barbosa em 1886. Ver Viana Filho, *A vida de Rui Barbosa,* p. 208.

122. Rui Barbosa teve laços pessoais e políticos muito fortes com o conselheiro Dantas e sua família. Os seus biógrafos são unânimes ao assinalar que sua iniciação e projeção política foram em muito tributárias do apadrinhamento dos Dantas. Sobre as relações de ambos, ver principalmente Viana Filho, *A vida de Rui Barbosa,* pp. 135-64.

123. FCRB, Correspondência do conselheiro Manuel Pinto de Sousa Dantas. *Apud* FCRB, *Correspondência de Rodolfo E. de Sousa Dantas,* Rio de Janeiro: Casa de Rui Barbosa, 1973, p. 200.

124. *Diário do Povo,* 22 de junho de 1889.

125. *Diário do Povo,* 17 de junho de 1889.

126. Barbosa. "A coroa e a guerra das raças", em *Obras completas,* tomo II, p. 136.

127. Barbosa, "A queda do império", em *Obras completas,* tomo I, p. 230.

128. FCRB, CR 1566/2, *Carta da Comissão de Libertos de Paty de Alferes a Rui Barbosa,* 19 de abril de 1889.

129. Idem. Grifos meus.

130. FCRB, *Rui Barbosa — cronologia da vida e obra*, p. 55.

131. Barbosa, *A queda do Império*, p. 136.

132. Vianna Filho, *A vida de Rui Barbosa*, p. 57. O pai de Rui Barbosa foi um político liberal que se envolveu na Sabinada, uma revolta que ocorreu na Bahia em 1837-8. Anos mais tarde, ele se aliou ao Partido Progressista liderado por Nabuco d'Araújo. Vianna Filho, *A vida de Rui Barbosa*, p. 49; Gonçalves, "Vida, glória e morte de Rui Barbosa", p. 6; FCRB, *Rui Barbosa — cronologia da vida e obra*, p. 16. Sobre a Sabinada, ver Paulo César Souza, *A Sabinada: a revolta separatista da Bahia (1837)*, São Paulo: Brasiliense, 1987.

133. A expressão foi utilizada por Sílvio Romero para designar o grupo de intelectuais brasileiros que na década de 1870, entusiasticamente, defendiam o positivismo, biologismo e evolucionismo. Ver Antonio Candido, *Sílvio Romero: teoria, crítica e história literária*, São Paulo: Edusp, 1976; Ronaldo Vainfas (direção), *Dicionário do Brasil Imperial (1822-89)*, Rio de Janeiro: Objetiva, 2002, pp. 309-10.

134. Arquivo Casa de Rui Barbosa, FCRB, *Correspondência de Rodolfo E. de Sousa Dantas*, p. 181.

135. Rui Barbosa cursou os primeiros anos de direito em Recife e depois se transferiu para São Paulo. Ver Gonçalves, "Vida, glória e morte de Rui Barbosa", p. 19.

136. Alonso, *Ideias em movimento*, p. 202.

137. Para saber mais sobre as ideias e a posição política de Joaquim Nabuco diante da questão racial na época, ver Célia Maria Marinho de Azevedo, "Quem precisa de São Nabuco?". Ver também José Almiro de Alencar e Ana Maria Pessoa de Santos, *Meu caro Rui, meu caro Nabuco*, Rio de Janeiro: FCRB, 1999, e Joaquim Nabuco, *O abolicionismo*. Rio de Janeiro: Vozes, 1977, p. 37.

138. Barbosa, "Libertos e republicanos", p. 112.

139. Idem.

140. Mesmo durante a República, Rui Barbosa continuava a receber denúncias de que a Guarda Negra planejava atentados contra ele. Em dezembro de 1909, uma carta anônima o avisava de que 72 capoeiras foram embarcados do Rio de Janeiro para São Paulo com o fim de tumultuar as homenagens que lhe seriam prestadas. FCRB, CR 11(2), *Carta anônima a Rui Barbosa*, 19 de dezembro de 1909.

141. FCRB, CR 980 (1), *Carta de Francisco Moniz Barreto de Aragão a Rui Barbosa*, 6 de maio de 1892.

142. Vianna Filho menciona a predileção das famílias baianas pelas escolas londrinas e alemãs. Vianna Filho, *A vida de Rui Barbosa*, 1987, p. 110. Ver mais informação sobre o visconde de Paraguassú em: APEB, Antônio Bulcão Sobrinho,

Titulares baianos, mimeo, s/d. Antônio Sacramento Blake, *Dicionário bibliográfico brasileiro*, Rio de Janeiro: Imprensa Nacional, 1895, vol. IV, p. 178.

143. IGHB, *Revista do IGHB*, nº. 27, 1901, pp. 165-71.

144. B. J. Barickman discutiu os prejuízos advindos da abolição para os proprietários do Recôncavo em Barickman, "Até a véspera: o trabalho escravo e a produção de açúcar nos engenhos do Recôncavo baiano (1850 — 1881)", *Afro-Ásia*, nº 21, (1998-1999), Salvador, CEAO FFCH — UFBA, pp. 184-2000.

145. O governo Floriano Peixoto foi marcado por sérias disputas políticas que resultaram em cassação de direitos individuais. Vianna Filho, *A vida de Rui Barbosa*, p. 285.

146. Fonseca, *A escravidão, o clero e o abolicionismo*, p. 274.

147. Entre 1868 e 1870, Rui Barbosa fez parte do Clube Radical que pregava o fim da escravidão, a eleição dos presidentes da província, voto direto e universal e o fim do Conselho de Estado. Ver Gonçalves, *Vida, glória e morte de Rui Barbosa*, p. 6.

148. Já em 1916, quando Rui Barbosa concorria à presidência da república, sua principal crítica ao opositor era a defesa das desigualdades entre as raças humanas que Epitácio Pessoa havia feito na Conferência de Paz em Versalhes. Ver Flávio Gonçalves dos Santos, "Os discursos afro-brasileiros face às ideologias raciais na Bahia (1889-1937)". Dissertação de mestrado, Salvador: UFBA, 2001, p. 31.

4. ESPERANÇAS DE BOAS VENTURAS: AS ÁFRICAS RECRIADAS NA BAHIA [PP. 195-240]

1. APMSA, Série Judiciária, *Inventário de Esperança de São Boaventura*, 1906-7.

2. Idem

3. APEB, Série Judiciária, *Testamentos*, 1879-80.

4. APEB, Série Judiciária, *Testamentos*, 1876-90. Maria Inês Cortes de Oliveira discute as construções dos nomes de nação no tráfico de escravos para a Bahia, considerando que tais denominações orientaram as relações entre os africanos na diáspora, assim como as transações comerciais entre Brasil e África, em "Quem eram os negros da guiné? A origem dos africanos na Bahia", *Afro-Ásia*, nº 19-20, 1997, pp. 37-73.

5. Nina Rodrigues, *Os africanos no Brasil*, São Paulo: Editora Nacional; Brasília: Editora UNB, 1988, p. 100; Jeferson Bacelar, *A hierarquia das raças: negros e brancos em Salvador*, Rio de Janeiro: Pallas, 2001.

6. Maria Inês Cortes de Oliveira comentou que a proibição foi decorrente das sanções impostas aos africanos após a Revolta dos Malês em 1835. A autora encontrou apenas três testadores nesse impedimento, o que a levou a concluir ter a lei caído em desuso. Oliveira, *O liberto, seu mundo e os outros*, São Paulo: Corrupio, 1998, p. 40.

7. Oliveira, *O liberto...*, p. 41; Manuela Carneiro da Cunha, *Negros estrangeiros — os escravos libertos e sua volta à África*, São Paulo: Brasiliense,1985, pp. 81-100.

8. *Correio de Notícias*, 28 de fevereiro de 1900.

9. *A Bahia*, 23 de fevereiro de 1908.

10. Segundo Maria Clementina Pereira Cunha, no Rio de Janeiro "quase exclusivo dos cordões eram, no entanto, títulos que remetiam a etnias e origens africanas", Ver Cunha, *Ecos da folia — uma história social do carnaval carioca entre 1880 e 1920*, São Paulo: Companhia das Letras, 2001, p. 171.

11. Debret registrou as festas no Rio de Janeiro promovidas por "grupos de negros mascarados e fantasiados de velhos europeus [imitando-lhes], muito jeitosamente, os gestos ao cumprimentar à direita e à esquerda as pessoas instaladas nos balcões". J. B. Debret, *Viagem pitoresca e histórica ao Brasil*, 3ª ed., tomo I, São Paulo: Martins Fontes, 1954, pp. 221-2. É possível que à época de Debret predominassem os africanos nesses grupos dispostos a ridicularizar os brancos, mas eles certamente eram muito poucos entre os carnavalescos das décadas de1880 e 1890.

12. Peter Fry *et al*, "No carnaval da velha república", em J. J. Reis (org.), *Escravidão e invenção da liberdade — estudos sobre o negro no Brasil*, São Paulo: Brasiliense, 1988, p. 259.

13. Jocélio Teles dos Santos, "Divertimentos estrondosos: batuques e sambas no século XIX", em Jocélio Teles dos Santos e Lívio Sansone (orgs.), *Ritmos em trânsito: sócioantropologia da música baiana*, São Paulo: Dynamus Editorial; Salvador: A Cor da Bahia, 1997, pp. 15-38.

14. João José Reis aponta duas tendências políticas frente à festa negra: a do conde da Ponte e a do conde dos Arcos. Segundo o autor, as posições divergentes refletiam leituras distintas sobre a articulação dos negros e das possibilidades de controle na primeira metade do século XIX. Ver Reis, "Tambores e temores: a festa negra na Bahia na primeira metade do século XIX", em Maria Clementina Pereira Cunha (org.), *Carnavais e outras festas — ensaios de história social da cultura*, Campinas: Editora da Unicamp/Cecult, 2002, pp. 101-55.

15. A proibição oficial ao entrudo data de 1853, mas só nas décadas de 1870 e 1880 o carnaval passou a substituí-lo de fato. Hidelgardes Vianna, "Do entrudo ao carnaval da Bahia", *Revista Brasileira de Folclore*, ano V, nº 13, 1965, p. 290; Fry *et al*, "Negros e brancos no carnaval da velha república", pp. 232-63.

16. Sobre as tentativas de controle da população pobre na Bahia no século XIX, ver Walter Fraga Filho, *Mendigos, moleques e vadios na Bahia do século XIX*, São Paulo: Hucitec; Salvador: EDUFBa, 1995.

17. Fry *et al*, "Negros e brancos no carnaval da velha república", pp. 259-61.

18. *Correio de Notícias*, 20 de janeiro de 1897.

19. A chegada de tais missões diplomáticas, todas malsucedidas, como informa Verger, tumultuava a cidade da Bahia pelo número de pessoas que tentavam aproximar-se dos embaixadores. Suas vestimentas e hábitos eram descritos como exóticos, opulentos ou indecentes pelos encarregados em recebê-los. Pierre Verger, *Fluxo e refluxo do tráfico de escravos entre o Golfo do Benin e a Bahia de todos os santos do século XVIII a XIX*, São Paulo: Corrupio, 1998, pp. 259-75. Sílvia Hunold Lara analisa a euforia que a chegada dessas embaixadas africanas causava na Bahia do século XVIII. "O luxo dos estrangeiros", esclarece a autora, enchia as ruas de expectativas e gente "para ver a novidade". Sílvia Hunold Lara, "Significados cruzados — um reinado de congo na Bahia setencista", em Cunha (org.). *Carnavais e outras festas*, pp. 71-100.

20. *Correio de Notícias*, 27 de janeiro de 1897.

21. Sobre a revolta malê na Bahia, ver João José Reis, *Rebelião escrava no Brasil — a história do levante dos malês em 1835*, São Paulo: Companhia das Letras, 2003. Sobre a epidemia de febre amarela, o principal título é de Sidney Chalhoub, *Cidade febril — cortiços e epidemias na corte imperial*, São Paulo: Companhia das Letras, 2001.

22. João José Reis comenta que ao longo da primeira metade do século XIX a revolta dos malês foi transformada, principalmente pela imprensa, em símbolo de rebeldia negra. O termo "malezada", que o autor encontrou num periódico da época, dava um acento de perigo à reunião de negros em batuques. Ver a respeito Reis, "Tambores e temores — a festa negra na Bahia na primeira metade do século XIX", em Maria Clementina Pereira Cunha (org.), *carnavais e Outras f(r)estas. Ensaios de história social da cultura*, São Paulo: Unicamp/Cecult, 2002, pp. 101-55.

23. Lembro ao leitor que, ao tratarmos dos dezesseis africanos que foram deportados em 1877, vimos que na comunidade africana da época a referência a Lagos era recorrente.

24. APEB, Sessão Judiciária, *Testamentos*, 1900-10.

25. Rodrigues, *Os africanos no Brasil*, p. 62.

26. Para o informante de Nina Rodrigues, o motivo da insurreição teria sido "a recusa oposta pelos senhores à libertação dos negros que ofereciam pelos seus resgates o valor então estipulado de um escravo". Ele ainda teria dito que o líder da revolta, o africano Abukar, também conhecido por Tomé, foi deportado para a África. Rodrigues, *Os africanos no Brasil*, pp. 61-2. Segundo Manoel Querino, os

malês possuíam valores morais rígidos e ritos muito distintos dos demais grupos africanos. Querino, *Costumes africanos no Brasil*, Recife: Fundação Joaquim Nabuco, 1988, pp. 66-72.

27. Rodrigues, *Os africanos no Brasil*, pp. 60-1.

28. Idem, p. 57.

29. No excelente texto de Anna Ribeiro de Góes Bittencourt, conta-se que no ano de 1850 o número de vítimas da febre amarela foi grande, afastando da capital todos os que dispusessem de recursos para tanto. Bittencourt, *Longos serões do campo*, Rio de Janeiro: Nova Fronteira, 1992, vol. 2, p. 23.

30. Ana Amélia Vieira Nascimento, *Dez freguesias da cidade do Salvador — aspectos sociais e urbanos do século XIX*, Salvador: FCEBa /EGBa, 1986, p. 166.

31. Onildo Reis David discute que na década de 1850 a epidemia de cólera veio se somar ao estado endêmico da febre amarela na Bahia, contribuindo para o clima de pânico que a todos abatia. David, *O inimigo invisível — epidemia na Bahia no século XIX*, Salvador: EDUFBa, Sarah Letras, 1996, capítulo I.

32. O autor comenta a quantidade de documentos sob o título de sigiloso que circulava entre presidentes de províncias e membros da Comissão de Higiene. David, *O inimigo invisível*, p. 46.

33. Para essa análise no Rio de Janeiro, deve-se consultar Chalhoub, *Cidade febril*.

34. *A Bahia*, 8 de março 1897.

35. *A Bahia*, 23 de março de 1895.

36. *Correio de Notícias*, 8 de março de 1900.

37. *Correio de Notícias*, 27 de fevereiro de 1897.

38. Harold G. Marcus, *The life and time of Menelick II — Ethiopia (1844--1913)*, Oxford: Clarendon Press, 1975, p. 2.

39. Marcus, *The life and time of Menelick II*, p. 215.

40. Mary Louise Pratt aborda os empreendimentos colonialistas europeus no século XVIII. A autora apreende os relatos de viagem, diários e compêndios de história natural como fontes para entender os encontros culturais entre colonizadores e colonizados. Pratt, *Os olhos do Império — relatos de viagem e transculturação*, Bauru: Edusp, 1999.

41. O jornal *A Bahia* publicou, em 13 de fevereiro de 1907, "os versos distribuídos nos três dias de carnaval". Num deles lia-se o seguinte: "Eu sou a mãe que veio lá da terra aonde Menelik faz progresso, quero nessa mulata ter ingresso, pois aqui o regresso nos aterra".

42. *O Menelick*, 17 outubro de 1915.

43. Edison Carneiro, *Folguedos tradicionais*, Rio de Janeiro: Conquista, 1974, p. 122.

44. Nicolau Pares, *A formação do candomblé — história e ritual da nação jeje na Bahia*, Campinas, São Paulo: Editora da Unicamp, 2006. Um desses terreiros seria o Bogum. O autor encontrou indícios da existência desse candomblé desde a década de 1860.

45. Félix Anísio e Nery Moacir, *Bahia, carnaval,* Salvador: s/ed., 1993, p. 25

46. Para Kim Butler o candomblé caracterizou-se no período como espaço de construção de uma consciência afrodescendente de valorização e preservação da cultura africana. Butler, *Freedom given, freddom won: afro-brazilians in post-abolition São Paulo and Salvador,* New Brunswick, N.J: Rutgers University Press, 1998, p. 191.

47. Beatriz Góis Dantas, *Vovó nagô, papai branco — usos e abusos da África no Brasil,* Rio de Janeiro: Graal, 1982.

48. APEB, Sessão Judiciária, *Testamentos,* 1900-10.

49. Segundo Maria Clementina Pereira Cunha, os investimentos no carnaval carioca se avolumaram, principalmente, nas décadas de 1880 e 1890, em espectadores e agremiações. Cunha, *Ecos da folia,* p. 118.

50. Nicolau Parés, ao mapear as áreas que os candomblés ocupavam na cidade, identifica o distrito de Brotas como um dos que mais os concentravam. Nicolau Parés, *A formação do candomblé.*

51. Sobre a população desse distrito, ver também Ana de Lourdes Ribeiro da Costa Silva, "Ekabó! Trabalho escravo, condições de moradia e reordenamento urbano em Salvador no século XIX". Dissertação de mestrado, UFBA, 1989.

52. APEB, Sessão Judiciária, *Testamentos e inventários,* 1890-1910. Nina Rodrigues, ao tratar dos negros bantos, informou que "moram alguns negros austrais em pequenas roças nas vizinhanças da cidade, em Brota e no Cabula". Rodrigues, *Os africanos no Brasil,* p. 114.

53. Sobre artistas e artífices na Bahia, ver Maria das Graças de Andrade Leal, *A arte de ter ofício — Liceu de Artes e Ofícios da Bahia (1872-1996),* Salvador: Fundação Odebrecht /Liceu de Artes e Ofícios, 1996.

54. João José Reis, "A greve negra de 1857 na Bahia", *Revista USP,* nº 18, 1993, pp. 17-21.

55. Reis, "De olho no canto", p. 223.

56. *Correio de Notícias,* 18 de fevereiro de 1898.

57. Alberto Heráclito Ferreira Filho, "Desafricanizar as ruas: elites letradas, mulheres pobres e cultura popular em Salvador (1890-1937)", *Afro-Ásia,* nº 21 1998-9, pp. 239-325; Raimundo Nonato da Silva Fonseca, "*Fazendo fita": cinematógrafos, cotidiano e imaginário em Salvador (1897-1930*), Salvador: EDUFBa/CEB, 2002.

58. *Correio de Notícias,* 11 de fevereiro de 1899.

59. Godfrey N. Uzoigwe, *História geral da África — a África sob dominação colonial (1880-1935)*, São Paulo: Editora Scipione, 1985, pp. 43-67.

60. *A Bahia*, 26 de fevereiro de 1900.

61. A historiadora Martha Abreu, em seu estudo sobre as festas religiosas no Rio de Janeiro ao longo do século XIX, também observa o recrudescimento da intolerância e, consequentemente, o controle de diversas práticas populares de diversão à medida que a ideia de civilização se fazia unânime entre as elites. Abreu, *O império do divino — festas religiosas e cultura popular no Rio de Janeiro (1830-1900)*, Rio de Janeiro: Nova Fronteira; São Paulo: Fapesp, 1999.

62. *A Bahia*, 16 de fevereiro de 1906.

63. *A Bahia*, 20 de fevereiro de 1906.

64. APMS, *Pedidos de licença*, cx. 7, doc. 12. Infelizmente não consegui descrições do desfile desse clube.

65. Rodrigues, *Os africanos no Brasil*, p. 180.

66. Mariza Corrêa, *As ilusões da liberdade: a escola Nina Rodrigues e a antropologia no Brasil*, Bragança Paulista: Editora da Universidade São Francisco, 2001, p. 30.

67. Rodrigues, *Os africanos no Brasil*, p. 269.

68. Mariza Corrêa discute como Nina Rodrigues vislumbrava interferir na administração pública no que dizia respeito à estrutura sanitária da cidade. Corrêa, *As ilusões da liberdade*, p. 82. Iraneidson Santos Costa também acentua que em *As raças humanas e a responsabilidade penal no Brasil*, publicado em 1895, Nina Rodrigues pretendia interferir na elaboração da nova legislação criminal. Costa, "A Bahia já deu régua e compasso: o saber médico legal e a questão racial na Bahia (1890-1940)". Dissertação de mestrado, UFBA, 1997, pp. 54-5.

69. Nina Rodrigues, *O animismo feiticista dos negros baianos*. Rio de Janeiro, Civilização Brasileira, 1935.

70. Corrêa, *As ilusões da liberdade*, p. 142.

71. Rodrigues, *Os africanos no Brasil*, p. 180.

72. *Correio de Notícias*, 25 de fevereiro de 1897.

73. *A Bahia*, 4 de março de 1897.

74. Manoel Querino, *A raça africana e seus costumes na Bahia*, Bahia: Progresso, 1955.

75. BN, Coleção Artur Ramos, I-26, 27, 1 nº. 11. João Varela, "Do africano ligeira digressão — a festa dos 'meninos' na Bahia: notas históricas", manuscrito, janeiro/1937. Sobre os pesquisadores que recorreram a Martiniano Bonfim para conhecer sobre as tradições africanas na Bahia, ver Oliveira e Lima (org.), *Cartas de Edison Carneiro a Artur Ramos*. Lá também pode-se conhecer mais sobre a sua trajetória na Bahia nos fins do século XIX. Segundo Ruth Landes, Martiniano Bon-

fim era um homem profundamente preocupado com a continuidade das tradições africanas na Bahia. Landes, *A cidade das mulheres*, São Paulo: Civilização Brasileira, 1967, p. 76. O texto mais recente sobre o tema é de Luís Nicolau Pares e Lisa Earl Castillo, "Marcelina da Silva e seu mundo: novos dados para uma historiografia do candomblé Ketu", *Revista Afro-Ásia*, n° 36, no prelo. Nicolau Pares a partir de suas pesquisas e informações do sr. Boboso de Cachoeira, me informou que o termo correto seria "namurixá", e se tratava de um ritual jeje. Agradeço a eles pela informação tão preciosa.

76. Querino, *A raça africana*, p. 95.

77. Idem.

78. Rodrigues, *Os africanos no Brasil*, p. 180.

79. Idem, p. 100.

80. Antônio Vianna, *Casos e coisas da Bahia*, Salvador: Museu do Estado, 1950, p. 53.

81. Carneiro, *Folguedos tradicionais*, p. 123.

82. Butler, *Freedom given, freedom won*, p. 139.

83. Odorico Tavares, *Bahia — imagens da terra e do povo*, São Paulo: Ediouro, s/d, p. 108. Rute Landes comenta o axexe, cerimônia fúnebre do candomblé, realizada para Bibiano Cupim em *A cidade das mulheres*, Rio de Janeiro: Civilização Brasileira, 1967, pp. 242-259.

84. João da Silva Campos, *Procissões tradicionais da Bahia*, Salvador: Conselho Estadual de Educação do Estado da Bahia, 2001, pp. 357-62. Renato da Silveira, autor do livro mais recente sobre o candomblé da Barroquinha, não identificou entre os organizadores da procissão do Senhor do Bom Jesus dos Martírios o chamado Bibiano Cupim. Ainda segundo esse autor essa procissão era organizada pela irmandade negra da Barroquinha. Silveira, *O candomblé da Barroquinha — o processo de constituição do primeiro terreiro baiano de Keto*, Salvador: Edições Maianga, 2006.

85. Deoscóredes Maximiliano dos Santos (mestre Didi), *História de um terreiro nagô: crônica histórica*, São Paulo: Carthago & Fortes, 1994.

86. Sobre a Irmandade da Boa Morte há algumas informações em meio a estudos de outros temas. Ver, por exemplo, Pierre Verger, *Notícias da Bahia — 1850*, Salvador: Corrupio, 1981; Raul Lody, *Devoção e culto a Nossa Senhora da Boa Morte*, Rio de Janeiro: Altiva Gráfica e Editora, 1981; Luís Cláudio Nascimento e Cristina Isidoro, *A Boa Morte em Cachoeira — contribuição para o estudo etnológico*, Cachoeira: Cepasc, 1988; Lucilene Reginaldo e Acácio Santos, "Irmãs da Boa Morte: senhoras do segredo", *Anais do IV Congresso Afro-Brasileiro*, Recife: Fundaj/Editora Massangana, 1996. Sobre a Irmandade do Rosário na Bahia, ver Sara Oliveira Farias, "Irmãos de cor, caridade e crença — a Irmandade do Rosário do Pelourinho na Bahia do século XIX". Dissertação de mestrado, UFBA, 1997.

87. APEB, Sessão Judiciária, *Inventários e testamentos*, 1928.

88. Idem, 1921.

89. *A Coisa*, 8 de abril de 1900.

90. Arthur Ramos, *O folclore negro do Brasil*, Rio de Janeiro: Editora da Casa do estudante do Brasil, s/d, p. 86.

91. Querino, *Costumes africanos no Brasil*, pp. 2 e 14.

92. Sobre o Centro Operário, ver Leal, *A arte de ter ofício*.

93. Júlio Santana Braga, *Sociedade Protetora dos Desvalidos — uma irmandade de cor*, Salvador: Ianamá, 1987.

94. Querino, *O colono negro como fator de civilização*, Salvador: Imprensa Oficial, 1918, pp. 35-7.

95. Querino, *A raça africana e seus costumes na Bahia*, pp. 21-3.

96. Querino, *O colono negro como fator de civilização*, p. 36.

97. Flávio Gonçalves dos Santos, "Os discursos afro-brasileiros face às ideologias raciais na Bahia (1889-1837)". Dissertação de mestrado, UFBA, 2001, p. 55.

98. Querino, *A raça africana*, p. 19.

99. Rodrigues, *Os africanos no Brasil*, p. 2.

100. Idem, pp. 2-5.

101. A referência é ao livro de Lilia M. Schwarcz. *O espetáculo das raças: cientistas, instituições e questão racial no Brasil*, São Paulo: Companhia das Letras, 1993.

102. Robert Slenes, "Malungo, ngoma vem!: África encoberta e redescoberta no Brasil", *Cadernos do Museu da Escravatura*, nº 1, Luanda: Ministério da Cultura, 1995, p. 6.

103. Artur Ramos, médico e etnólogo, foi um dos principais pesquisadores da cultura negra na Bahia. O interesse dele pelo trabalho de Nina Rodrigues é evidente nos diversos títulos que publicou, entre eles *Primitivo e loucura*, Bahia: Imprensa Oficial, 1926. Também coube a ele a tarefa de reunir uma série de artigos de Manoel Querino e publicá-los em *Costumes africanos no Brasil*, em 1938. Vivaldo da Costa Lima discute como a ideia da predominância e, às vezes, até exclusivismo do modelo jeje-nagô, foi construída nas análises dos candomblés da Bahia. Em "O conceito de nação nos candomblés da Bahia", *Afro-Ásia*, nº 12, 1981, pp. 65-90. Essa tese também foi amplamente divulgada por outros pesquisadores, a exemplo de Edison Carneiro. Ver, por exemplo, Carneiro, *Candomblés da Bahia*, Rio de Janeiro: Civilização Brasileira, 1986.

104. Querino, *Costumes africanos no Brasil*, p. 18.

105. As cartas entre Artur Ramos e Edison Carneiro dão um precioso panorama do debate intelectual acerca das culturas negras na Bahia na década de 1930. Uma boa parte dessa correspondência foi editada em Waldir Freitas de Oliveira e

Vivaldo da Costa Lima (orgs.), *Cartas de Edison Carneiro a Artur Ramos*, São Paulo: Corrupio, 1987.

106. Carneiro, *Folguedos tradicionais*, p. 121.

107. Idem, p. 122. É importante acentuar que o manuscrito do cronista João Varela descrevendo o damurixá na Bahia encontra-se justamente na coleção Artur Ramos da Biblioteca Nacional. Isso quer dizer que Ramos deve ter se baseado também em Varela, e não só em Querino, para apontar a proximidade entre o carnaval baiano e o de Lagos.

108. Pares, *A formação do candomblé*.

109. Vivaldo da Costa Lima, *A família de santo nos candomblés jejes-nagôs da Bahia*, Salvador: Corrupio, 2003, p. 34.

110. Dantas, *Vovó nagô, papai branco*, p. 60.

111. Matory, "Jeje: repensando nações e trasnacionalismo".

112. Carneiro, *Folguedos tradicionais*, p. 124.

113. APEB, Sessão Judiciária, *Inventários e testamentos*, 1889.

114. Butler, *Freedoms given, freedoms won*, p. 184. Raphael Rodrigues Vieira Filho, analisando a participação desses dois clubes, preferiu compará-los às demais agremiações carnavalescas brancas. Vieira Filho concluiu que a Embaixada Africana e os Pândegos d'África, "ao enaltecerem os negros de Salvador", inauguraram a "estratégia de ação afirmativa" que muitas décadas depois seria fundamental para o movimento negro. Essa análise perde de vista a diversidade de estratégias políticas naquele contexto de pós-abolição. O autor explicita sua análise em "A africanização do carnaval de Salvador — a recriação do espaço carnavalesco (1876-1930)". Dissertação de mestrado, PUC: São Paulo, 1995, pp. 177-8.

115. Carneiro, *Folguedos tradicionais*, pp. 121-3.

116. APEB, série Polícia, maço 5869, *Livro de registro de correspondência*, 12 de agosto de 1885.

117. APEB, série Polícia, maço 6244, *Ofício do subdelegado da freguesia de Pirajá ao chefe de polícia*, 4 de janeiro de 1876.

118. Santos, "Divertimentos estrondosos", p. 22.

119. Tanto Nina Rodrigues quanto Manoel Querino protestavam contra a ação policial nos terreiros de candomblé. Um, julgou absurda a crença de que "o sabre do soldado de polícia boçal e a estúpida violência de comissários policiais igualmente ignorantes hão de ter mais dose de virtude catequista, mais eficiência de conversão religiosa do que teve o azorrague dos feitores". O outro denunciou que as investidas mais se assemelhavam a "um saque do que a diligências policiais", pois frequentemente roupas, joias e dinheiro eram subtraídos por quem deveria zelar pelos bens alheios. A violência com que eram conduzidas tais "diligências",

por vezes resultava em mortes, principalmente quando "feiticeiros e feiticeiras" eram pessoas já idosas. Raimundo Nina Rodrigues, *Os africanos no Brasil,* p. 239; IGHB, Seção Manoel Querino, *Manuscritos,* cx. 5, documentos 56, 58 e 66.

120. João José Reis, "Nas malhas do poder escravista: a invasão do candomblé do Accú", em Reis e Eduardo Silva, *Negociação e conflito — a resistência negra no Brasil escravista,* São Paulo: Companhia das Letras, 1989, p. 47.

121. Laura de Mello e Souza, *O diabo e a Terra de Santa Cruz,* São Paulo: Companhia das Letras, 1986; Mello e Souza, *Inferno atlântico,* São Paulo: Companhia das Letras, 1993.

122. Lima, *A família de santo;* Carneiro, *Candomblés da Bahia.*

123. *A Bahia,* 8 de março de 1899

124. Idem.

125. Rodrigues, *Os africanos no Brasil,* p. 98.

126. Idem.

127. Xavier Marques (1861-1942) foi um dos principais escritores e jornalistas baianos no fim do século XIX. Para o biógrafo David Salles, ele deve ser considerado um "escritor fim-de-século, portador de heranças do romantismo, realismo e debates da poesia científica realista concomitante com as mudanças do regime econômico e social". Marques, *O feiticeiro,* São Paulo: GRD, 1998, p. 10.

128. APEB, Sessão Judiciária, *Testamentos e inventários,* 1908.

129. Marques, *O feiticeiro,* pp. 123-4.

130. *Idem,* p. 123.

131. O livro foi publicado inicialmente em 1897, intitulado *Boto & Cia.* Depois de revisto em 1922, passa a ter o título de *O feiticeiro.*

132. Sobre feiticeiros na literatura oitocentista, ver Gabriela Sampaio, "A história do feiticeiro Juca Rosa — cultura e relações sociais no Rio de Janeiro Imperial". Tese de doutorado, Campinas: Unicamp, 2000.

133. Marques, *O Feiticeiro,* p. 14.

134. Idem, p. 29.

135. Idem, p. 202.

136. Gabriela dos Reis Sampaio, "Majestades do oculto: imagens de líderes religiosos negros na literatura do Oitocentos no Brasil", em Lígia Bellini, Evergton Sales Souza e Gabriela dos Reis Sampaio (orgs.), *Formas de crer — ensaios de história religiosa do mundo luso-afro-brasileiro, séculos XIV-XXI,* Salvador: EDUFBa; Corrupio, 2006, p. 267

137. Marques, *O feiticeiro,* p. 247.

138. *Diário da Bahia,* 14 de maio de 1898.

CONSIDERAÇÕES FINAIS [PP. 241-44]

1. IGHB, *Revista do Instituto Geográfico e Histórico da Bahia*, nº 67 1941, p. 158.

2. Ira Berlin, *Many thousands gone: the first two centuries of slavery in North America*, Cambridge e London: Harvard University Press, 1992.

Agradecimentos

Uma das melhores sensações quando se conclui um trabalho exaustivo é a de ter uma grande lista de pessoas e instituições a quem agradecer. Não cabem todos em poucas páginas. Mas tenho que mencionar a Unicamp, a Capes e o Departamento de Educação de UEFS porque me garantiram as condições necessárias para pesquisa e escrita. Pela mesma razão agradeço aos funcionários do Arquivo Público do Estado da Bahia, dos Arquivos Municipais de Cachoeira e Santo Amaro, aos da Casa Rui Barbosa, do Instituto Geográfico e Histórico da Bahia, do Arquivo Nacional e da Biblioteca Nacional. Na coleta de dados contei com a ajuda de Lílian e Sandra, historiadoras de talento com as quais tive o prazer de trabalhar.

Sou muito grata a Clementina por ter proposto desafios, sugerindo caminhos metodológicos, duvidando de minhas certezas, elogiado os acertos e ainda ter paciência para ler e reler as muitas versões deste livro. Os professores Sílvia Lara, Robert Slenes, Sidney Chalhoub e Hebe Mattos também foram muito importantes. Sem as suas leituras criteriosas e generosas seria impossível transformar a tese em livro. A João Reis devo, como sempre, agradecimentos especiais pelo apoio e críticas certeiras e bem humoradas.

Agradeço a Alberto Heráclito, Camila Agostini, Claudia Fuller, Cristina Pinheiro, Cristianne Vasconcellos, Fred Abreu, Flávio Gomes, Gabriela Sampaio, Iacy Maia, Lígia Santana, Lisa Castillo, Lucilene Reginaldo, Nicolau Pares, Silvio Humberto e Thiago Gomes pela partilha de documentos, ânimo e curiosidade histórica. A todos os pesquisadores da linha de pesquisa "Escravidão e liberdade" da pós-graduação em História da UFBA meus agradecimentos pelos nossos animados debates nas tardes de sexta-feira.

Agradeço também a André Itaparica, Camila, Alexandre, Gabriel e Machado, minha família baiana em Campinas. Tenho que sublinhar a importância da amizade de Michael Sommers para a elaboração deste livro. Aos amigos Acácia Batista, Amélia Maraux, Cláudia Sepúlveda, Eide Paiva, Miriã Fonseca, Raimundo Nonato, Sara Farias, Vilma Mota e Zé Carlos, muito obrigada. Quando faltou inspiração, sobraram horas divertidas e animadoras ao lado deles. A companhia de Edivaldo e Alice é a prova da minha grande sorte. Devo-lhes muito. Aos meus pais, irmãos e sobrinhos meus agradecimentos pelo carinho e torcida. O senso de humor que, vez por outra, desponta no texto é o resultado de presença de todas essas pessoas na minha vida.

Fontes

MANUSCRITAS E IMPRESSAS

Arquivo Público do Estado da Bahia (APEB)
Arquivo Público Municipal de Cachoeira (APMC)
Arquivo Público Municipal de Santo Amaro (APMSA)
Arquivo Nacional (AN)
Biblioteca Nacional (BN)
Instituto Geográfico e Histórico da Bahia (IGHB)
Fundação Casa de Rui Barbosa (FCRB)

BIBLIOGRÁFICAS

Arquivo da Casa de Rui Barbosa, *Correspondência de Rodolfo E. de Souza Dantas*, Rio de Janeiro: Casa de Rui Barbosa, 1873.

BARBOSA, Rui. "Parecer sobre o Projeto para a Emancipação dos Escravos (1884)". In Câmara de Deputados (org.), *Perfis Parlamentares — Discursos,* nº 28, Brasília: Câmara de Deputados, 1985.

———. "A abolição no Brasil — conferência popular a 28 de agosto de 1887 no teatro Politeama". In *Discursos e conferências,* Porto: Livraria Magalhães e Muniz, 1907.

———. "Anarquias pelo rei". In *Obras completas.* Brasília: MEC; Rio de Janeiro: Fundação Casa de Rui Barbosa, 1989, volume XVI, tomo III.

_____. "A queda do Império". In *Obras completas*, Brasília: MEC; Rio de Janeiro: Fundação Casa de Rui Barbosa, 1989, volume XVI, tomo I.

_____. "Discursos na Assembleia Provincial da Bahia (1878)". In *Obras Completas de Rui Barbosa*. Rio de Janeiro: FCRB, 1983, vol. V, tomo I.

_____. "Discursos parlamentares" (1896). In *Obras Completas de Rui Barbosa*. Rio de Janeiro: FCRB, 1985, vol. XXIII, tomo V.

MORAES FILHO, Melo. *Festas e tradições populares do Brasil*. São Paulo: USP/Itatiaia, 1979.

NABUCO, Joaquim. *O abolicionismo*. Rio de Janeiro: Vozes; Brasília: INL, 1977.

_____. *Um estadista no Império*. Rio de Janeiro: Topboocks, 1997, vol. I.

QUERINO, Manoel, *A Bahia de outrora*, Salvador: Livraria Progresso, 1946.

_____. *Costumes africanos no Brasil*. Recife: Fundação Joaquim Nabuco, 1988.

_____. *A raça africana e seus costumes na Bahia*. Salvador: Livraria Progresso, 1955.

_____. *O colono negro como fator da civilização brasileira*. Bahia: Imprensa Oficial, 1918.

RODRIGUES, Raimundo Nina. *Os africanos no Brasil*. São Paulo/Brasília: Editora Nacional/Editora da UNB, 1988.

_____. *O animismo feitichista dos negros baianos*. Rio de Janeiro: Civilização Brasileira, 1935.

RODRIGUES, José Honório (org.). *Atas do Conselho de Estado (1865-1867)*. Brasília: Senado Federal, 1978.

SILVA JARDIM, Antônio da. *Propaganda republicana (1888-1889)*. Rio de Janeiro/Brasília: Casa de Rui Barbosa/Conselho Federal de Cultura, 1978.

VIANNA, Antônio. Biografia de Manoel Querino, *Revista IGHB*, nº 54, 1928.

Obras de referência

BLAKE, Antônio Sacramento. *Dicionário bibliográfico brasileiro.* Rio de Janeiro: Imprensa Nacional, 1898.

BULCÃO SOBRINHO, Antônio. *Titulares baianos.* Mimeografado.

RODRIGUES, João José. *Consultas jurídicas ou coleção de propostas sobre questões de direito civil, comercial, criminal, administrativo e eclesiástico respondidas pelos primeiros jurisconsultos brasileiros.* Rio de Janeiro, 1873.

WILDBERG, Arnold. *Os presidentes da província da Bahia.* Salvador: Tipografia Beneditina Ltda., 1949.

BIBLIOGRAFIA

ABREU, Martha. *O império do divino — festas religiosas e cultura popular no Rio de Janeiro (1830-1900).* Rio de Janeiro: Nova Fronteira, 1999.

ADORNO, Sérgio. *Os aprendizes do poder: o bacharelismo liberal na política brasileira.* Rio de Janeiro: Paz e Terra, 2002.

ALBUQUERQUE, Wlamyra R. de. *Algazarras nas ruas — comemorações da independência na Bahia.* Campinas: Editora da Unicamp/Cecult, 1999.

ALGRANTI, Leila M. *O feitor ausente: estudos de escravidão urbana no Rio de Janeiro. (1808-1821).* Rio de Janeiro: Vozes, 1988.

ALONSO, Ângela. *Ideias em movimento — a geração de 1870 na crise do Brasil Império.* Rio de Janeiro: Paz e Terra, 2002.

ANDRADE, Maria José de Souza. *Mão de obra escrava em Salvador (1811-1860)*. São Paulo: Corrupio, 1988.

ANDREWS, George Reid. *Blacks and whites in São Paulo. Brazil (1888-1988)*. Madison: University of Wisconsin Press, 1991.

ARAÚJO, Dilton Oliveira de. "Republicanismo e classe média em Salvador". Dissertação (Mestrado em história), UFBA, Salvador, 1992.

AZEVEDO, Célia Mari Marinho de. *Onda negra, medo branco — o negro no imaginário das elites (século XIX)*. Rio de Janeiro: Paz e Terra, 1987.

_____. "Abolicionismo e memória das relações raciais", In *Estudos Afro-Asiáticos*, 26: 5-19, set. 1994.

_____. "Irmão ou inimigo: o escravo no imaginário abolicionista dos Estados Unidos e do Brasil". In *Revista USP*, nº 28, dez./fev. 95-96, pp. 96-106.

_____. "Imagens da África e da revolução do Haiti no abolicionismo dos Estados unidos e do Brasil". In *Anais da Biblioteca Nacional*, n. 116, Rio de Janeiro: BN, 1996, pp. 51-66.

AZEVEDO, Elciene. *Orfeu da Carapinha: A trajetória de Luiz Gama na Imperial cidade de São Paulo*. Campinas: Unicamp/Cecult, 1999.

_____. "O direito dos escravos — lutas jurídicas e abolicionismo na província de São Paulo na segunda metade do século XIX". Tese (Doutorado em história), Unicamp, São Paulo, 2003.

AZEVEDO, Thales. *Namoro, religião e poder*. Rio de Janeiro: Cátedra/Brasília: INL, 1980.

AZEVEDO, Thales e LINS, E. Vieira. *História do Banco da Bahia (1858-1958)*. Rio de Janeiro: Livraria José Olympio Editora, 1969.

BACELAR, Jéferson. *A hierarquia das raças: negros e brancos em Salvador*. Rio de Janeiro: Pallas, 2001.

BANTON, Michael. *A ideia de raça*. São Paulo: Livraria Martins Fontes, 1977.

BASTIDE, Roger. *As Américas negras: as civilizações africanas no Novo Mundo*. São Paulo: Difel/Edusp, 1974.

_____. *As religiões africanas no Brasil — contribuição a uma sociologia das interpretações das culturas*. São Paulo: Livraria Pioneira, 1985.

BARICKMAN, B. J. "Até a véspera: o trabalho escravo e a produção de açúcar nos engenhos do recôncavo baiano (1850-81)". In *Afro-Ásia*, nº 21, 1998-9, Salvador, CEAO FFCH/UFBA, pp. 184-200.

BELLINI, Ligia *et al. Formas de crer: ensaios de história religiosa do mundo luso- afro-brasileiro (séculos XVI-XXI)*. Salvador: EDUFa/Corrupio, 2006.

BERLIN, Ira. *Slaves without masters: the free negro in the antebellum South*. Oxford: Oxford University Press, 1974.

_____. "From Creole to African: Atlantic croles and the origin of African-American society in Mainland North America". *William and Mary Quarterly*, 53:2, 1996.

_____. *Many thousands gone: the first two centuries of slavery in North America.* Cambridge and London: Harvard University Press, 1992.

BETHELL, Lestie. *The abolitions of the Brazilian slave trade: Britain, Brazil and the slave trade question, 1807-1869.* Cambridge: Cambridge University Press, 1970.

BITTENCOURT, Anna Ribeiro de Góes. *Longos serões do campo.* vol. 2, Rio de Janeiro: Nova Fronteira, 1992.

BRAGA, Júlio Santana. *Sociedade Protetora dos Desvalidos — uma irmandade de cor.* Salvador: Ianamá, 1987.

BRANDÃO, Maria de Azevedo (org.). *Recôncavo da Bahia — sociedade e economia de transição.* Salvador: Fundação Casa de Jorge Amado, 1998.

BRITO, Jailton Lima. "A abolição na Bahia: uma história política (1980-1888)". Dissertação (Mestrado em história), UFBA, Salvador, 1996.

BUTLER, Kim. *Freedom given, freedom won: Afro-brazilians post — abolition in São Paulo and Salvador.* New Brunswick, N. J: Rutgers University Press, 1982.

CALMON, Pedro. *História da literatura baiana.* Salvador: Prefeitura Municipal de Salvador, 1949.

CAMPOS, João da Silva. *Procissões tradicionais da Bahia.* Salvador: Conselho Estadual de Educação, 2001 [fac-símile da edição de 1941].

CARNEIRO, Edison. *Candomblés da Bahia.* Brasília: Editora Nacional, 1954.

_____. *Ladinos e crioulos — estudos sobre os negros no Brasil.* Rio de Janeiro: Civilização Brasileira. 1964.

CARVALHO, José Murilo de. *A construção da ordem: a elite política imperial e teatro de sombras: a política imperial.* Rio de Janeiro: Civilização Brasileira, 2002.

_____. "Cidadania: tipos e percursos". In *Revista Dados,* nº 3, 1988, pp. 287-307.

CHALHOUB, Sidney. *Visões da liberdade — uma história das últimas décadas da escravidão na Corte.* São Paulo: Companhia das Letras, 1990.

_____. "What are noses for? Parternalism, social darwinism and race social science in Machado de Assis". In *Journal of Latin American Cultural Studies,* vol. 10, nº 2, 2001, pp. 171-91.

_____. *Cidade febril — cortiços e epidemias na Corte Imperial.* São Paulo: Companhia das Letras, 2001.

_____. *Machado de Assis, historiador.* São Paulo: Companhia das Letras, 2005.

CHAMBERS, Douglas B. "My own nation: Igbo exilis in the diasporas". In *Slavery and Abolition,* vol. 18, nº 1, 1997, pp. 73-97.

CONRAD, Robert. *Tumbeiros: o tráfico de escravos para o Brasil*. São Paulo: Brasiliense, 1985.

_____. *Os últimos anos da escravidão no Brasil (1850-1888)*. Rio de Janeiro: Civilização Brasileira, 1978.

CORREA, Marisa. *As ilusões da liberdade: a escola Nina Rodrigues e a antropologia no Brasil*. Bragança Paulistana: Edusf, 1998.

COSTA, Emília Viotti da. *A abolição*. São Paulo: Global, 1997.

COSTA, Iraneidson Santos. "A Bahia já deu régua e compasso — o saber médico legal e a questão racial na Bahia (1890- 1940)". Dissertação (Mestrado em história), UFBa, Salvador, 1997.

COSTA E SILVA, Maria da Conceição. *Sociedade Montepio dos Artistas da Bahia*. Salvador: Fundação Cultural da Bahia, 1998.

CRATON, Michael. "A transição da escravidão para o trabalho livre do Caribe (1780-1890): um estudo com particular referência à recente produção acadêmica". In *Estudos Afro-Asiáticos*, nº 22, 1992.

CRUZ, Maria Cecília Velasco. "Tradições negras na formação do sindicato: sociedade de resistência dos trabalhadores em trapiche e café, RJ, 1905-1930", In *Afro-Ásia*, nº 24, 2000.

CUNHA, José Guilherme da Cunha. *Miguel Santana*. Salvador: EDUFBa, 1996.

CUNHA, Manuela Carneiro da. *Negros estrangeiros — os escravos libertos e sua volta à África*. São Paulo: Brasiliense. 1985.

DANTAS, Beatriz Góis. *Vovó nagô, papai branco — usos e abusos da África no Brasil*. São Paulo: Brasiliense, 1988.

DAVIS, David Brion. *O problema da escravidão na cultura ocidental*. Rio de Janeiro: Civilização Brasileira, 2001.

DIARBERT JUNIOR, Robert. "Izabel a Redentora dos escravos: um estudo das representações sobre a princesa". Dissertação (Mestrado em história), Unicamp, Campinas, 2001.

ESPINHEIRA. Carlos Geraldo de D'Andrea. "Luís Tarquínio e o problema da abolição da escravatura", *Estudos Históricos*. Salvador: UFBA, 1979, pp. 50-60.

FONER. Eric. *Nada além da liberdade: a emancipação e o seu legado*. Rio de Janeiro/Brasília: Paz e Terra/CNPq, 1988.

FONSECA, Luís Anselmo da. *A escravidão, o clero e o abolicionismo*. Recife: Massananga, 1988.

FRAGA FILHO, Walter. *Mendigos, moleques e vadios na Bahia do século XIX*. São Paulo/Salvador/Hucitec/ EDUFBa, 1996.

FRY, Peter *et al.* "No carnaval da velha república". In REIS, J. J. (org.). *Escravidão e invenção da liberdade — estudos sobre o negro no Brasil*. São Paulo: Brasiliense, 1988.

FUNDAÇÃO CASA DE RUI BARBOSA. *Rui Barbosa — Cronologia da vida e da obra*. Brasília: Ministério da Cultura; Rio de Janeiro: Casa de Rui Barbosa, 1999.

_____. "O significado da liberdade". In *Revista Brasileira de História*: São Paulo, Marco Zero, vol. 8, nº 16, março-agosto 1988.

GEBARA, Ademir. *O mercado de trabalho livre no Brasil (1871-1888)*. São Paulo: Brasiliense, 1986.

GEERTZ, Clifford. *A interpretação das culturas*. Rio de Janeiro: LTC, 1989.

_____. *Nova luz sobre a antropologia*. Rio de Janeiro: Jorge Zahar, 2001.

GONÇALVES, João Felipe Ferreira. "Vida, glória e morte de Rui Barbosa: a construção de um herói nacional". Dissertação (Mestrado em ciências sociais), Museu Nacional, Rio de Janeiro, 2002.

GOMES, Flávio dos Santos. "No meio das águas turvas — racismo e cidadania no alvorecer da República: a Guarda Negra na Corte Imperial (1888-1889)", In *Estudos Afro-Asiáticos*, nº 21, dez./1991, pp. 75-96.

GOMES, Thiago de Melo e SEIGEL, Micol. "Sabina's oranges: the colours of cultural politics in Rio de Janeiro (1889-1930)". In *Journal of Latin American Cultural Studies*, vol. 11, nº 1, 2002, pp. 5-21.

GOMEZ, Michael. *Exchanging our country marks — the transformations of African identities in the colonial and Antebelum South*. North Carolina: The University of North Carolina Press, 1998.

GRANDEN, Dale. "Abolition and freedom: Bahia (1835-1900)", manuscrito submetido à UNC Press, 2001.

GRINBERG, Keila. *Código civil e cidadania*. Rio de Janeiro: Jorge Zahar, 2001.

_____. *Liberata, a lei da ambiguidade. Ações de liberdade da Corte de Apelação do Rio de Janeiro no século XIX*. Rio de Janeiro: Relume-Dumará, 1994.

_____. *O fiador dos brasileiros. Cidadania, escravidão e direito civil no tempo de Antonio Pereira Rebouças*. Rio de Janeiro: Civilização Brasileira, 2002.

GURAN, Milton. *Agudás — os brasileiros de Benin*. Rio de Janeiro: Nova Fronteira, 2000.

KARASCH, Mary. *A vida dos escravos no Rio de Janeiro (1808-1850)*. São Paulo: Companhia das Letras. 2000.

LEAL, Maria das Graças de Andrade. *A arte de ter ofício — Liceu de Artes e Ofícios da Bahia (1872-1996)*. Salvador: Fundação Odebrecht/Liceu de Artes e Ofícios, 1996.

LIMA, Vivaldo da Costa e OLIVEIRA, Waldir Freitas de. *Cartas de Edison Carneiro a Arthur Ramos*. São Paulo: Corrupio, 1987.

LINDSAY, Lisa A. "To return to the bosom of their fatherland: Brazilian immigrantes in nineteenth-century Lagos". In *Slavery and Abolition*, vol. 15, nº 1, apr. 1994, pp. 23-44.

LYRA, Tavares de. *Instituições políticas do Império*. Brasília: Senado Federal, 1978.

LOVEJOY, Paul E. "Jihad e escravidão: as origens dos escravos mulçumanos da Bahia". In *Revista TOPO1*, vol. 1, nº 1, 2000.

MACHADO, Maria Helena. *O plano e o pânico — os movimentos sociais na década da abolição*. São Paulo: Edusp, 1994.

MANIGINIAN, Beatriz Gallotti. "Do que 'o preto mina é capaz': etnia e resistência entre africanos livres". In *Afro-Asia*, nº 24, 2001, pp. 71-95.

_____. "Out of diverse experiences, a fragmentary history: A study of historiography on liberated Africans in Africa and Americas" (conferência em Toronto, Canada, julho/1997).

_____. "To be a liberated African in Brazil: labor and citizenship in the nineteenth century". Tese (Doutorado em história), Universidade de Waterloo, 2002.

MARTINS, Robson Luís Machado. "Os caminhos da liberdade: abolicionistas, escravos e senhores na Província do Espírito Santo, 1884-1888". Dissertação (Mestrado em história), Unicamp, São Paulo, 1997.

MATORY J. Lorand. "Jeje: repensado nações e trasnacionalismo". In *Revista MANA — Estudos de Antropologia Social*, vol. 5, nº 1 abr. 1999.

_____. "The English Professors: on the diasporic roots of the yorubá nation". In. *Comparative Studies in Society and History*, vol. 41, nº 1, Cambridge, 1999, pp. 72-97.

MATOS, Wilson Roberto de. "Negros contra a ordem". Tese (Doutorado em história), PUC, São Paulo, 1999.

MATOSO, Kátia de Queirós. *Ser escravo no Brasil*. São Paulo: Brasiliense, 1983.

_____. *Testamentos de escravos libertos na Bahia do século XIX*. Salvador: Cedufba, 1979.

_____. *Bahia século XIX — Uma província no Império*. Rio de Janeiro: Nova Fronteira, 1992.

MATTOS, Hebe Maria. "Os últimos cativos no processo de abolição". In *Anais da Biblioteca Nacional*, vol. 116, Rio de Janeiro: Nova Fronteira, 1998.

_____. *Das cores do silêncio — os significados da liberdade no Sudeste escravista. Brasil. Século XIX*. Rio de Janeiro: Nova Fronteira, 1998.

_____. *Raça, escravidão e cidadania no Brasil monárquico*. Rio de Janeiro: Jorge Zahar, 1999.

MENDONÇA, Joseli Maria Nunes. *Entre a mão e os anéis — a lei dos sexagenários e os caminhos da abolição no Brasil*. Campinas/São Paulo: Unicamp/Cecult, 1999.

MOURA, Roberto. *Tia Ciata e a pequena África no Rio de Janeiro*. Rio de Janeiro: Secretaria Municipal de Cultura, 1995.

NASCIMENTO, Anna Amélia Vieira. *Dez freguesias da cidade de Salvador — aspectos sociais e urbanos do século XIX*. Salvador: FCTBa/EGBa, 1986.

NAQUETE, Lenine. *Escravos e magistrados no segundo Império*. Brasília: Ministério da Justiça/Fundação Petrônio Portela, 1988.

OLINTO, Antônio. *Brasileiros na África*. Rio de Janeiro: GTD, 1964.

OLIVEIRA, Inês Cortês de. *O liberto, seu mundo e os outros*. São Paulo: Corrupio, 1988.

_____. "Quem eram os negros da Guiné? A origem dos africanos na Bahia", In *Afro-Ásia*, n⁰ˢ 19/20, 1997, pp. 37-74.

OTT, Carlos. *Povoamento do Recôncavo pelos engenhos (1536-1888)*. Salvador: Bigraf, 1996.

PARES, Luís Nicolau. *Do lado jeje — história e ritual do vodu na Bahia*. Texto inédito.

PENA, Eduardo Spiller. *Pajens da Casa Imperial — jurisconsultos, escravidão e a lei de 1871*. Campinas: Unicamp/Cecult, 2001.

PRATT, Mary Louise. *Os olhos do Império: relatos de viagem e transculturação*. Bauru: Edusc, 1999.

QUEIROZ, Suely R. R. de. *A abolição da escravidão*. São Paulo: Brasiliense, 1981.

REIS, João José. "Resistência escrava na Bahia: podemos brincar, folgar, cantar... o protesto na América", In *Afro-Ásia*, n⁰ 14, 1983, pp. 107-22.

_____. "A greve negra de 1857 na Bahia". In *Revista USP*, n⁰ 18, 1993, pp. 17-21.

_____. "De olho no canto: trabalho de rua na Bahia na véspera da abolição". In *Afro-Ásia*, n⁰ˢ 24, 2001, pp. 199-242.

_____. *Rebelião escrava no Brasil — a história do levante dos malês em 1835*. São Paulo: Companhia das Letras, 2003.

RODRIGUES, Jaime. "Ferro, trabalho e conflito: os africanos livres na fábrica de Ipanema", In *História Social*, n⁰ 4-5, 1998, pp. 29-42.

RODRIGUES, José Honório. *Conselho de Estado — o quinto poder?*. Brasília: Senado Federal, 1978.

SANTANA, Nélia de. "Prostituição feminina em Salvador (1900-1940)". Dissertação (Mestrado em história). Faculdade de Filosofia e Ciências Humanas, UFBA, Bahia, 1996.

SANTOS, Deoscóredes Maximiliano dos (mestre Didi). *História de um terreiro nagô: crônica histórica*. São Paulo: Carthago & Fortes, 1994.

SANTOS, Mário Augusto da Silva. *O movimento republicano na Bahia*. Salvador: CEB, n⁰ 143, 1990.

SANTOS, Jocélio Teles dos. "Divertimentos estrondosos: batuques e sambas no século XIX". In SANTOS, Jocélio T. dos e SANSONE, Lívio (orgs.). *Ritmos em trân-*

sito: sócio-antropologia da música baiana. São Paulo: Dynamus Editorial; Salvador: UFBA/Programa a Cor da Bahia, 1996, pp. 15-38.

SCHWARCZ, Lilia M. *O espetáculo das raças: cientistas, instituições e questão racial no Brasil.* São Paulo: Companhia das Letras, 1993.

SCOTT, Rebecca J. "Defining the boundaries of freedom in the world of cane: Cuba, Brazil and Louisiana after emancipation". In *The American Historical Review,* vol. 99, nº 1, 1994, pp. 70-102.

_____. *Emancipação escrava em Cuba.* Rio de Janeiro: Paz e Terra, 1991.

_____ *et al. Beyond slavery: explorations of race, labor and citizenship in post emancipation societies.* Chapel Hill/London: The University of North Carolina Press, 2000.

SILVA, Eduardo. *Dom Obá II d'África: o príncipe do povo — vida, tempo e pensamento de um homem livre de cor.* São Paulo: Companhia das Letras, 1997.

SILVA, Tadeu Caíres. "Os escravos vão à justiça: a resistência escrava através das ações de liberdade (Bahia, século XIX)". Dissertação (Mestrado em história), Faculdade de Filosofia e Ciências Humanas, UFBA, Salvador, 2000.

SILVA, Kátia Maria de Carvalho. "O *Diário da Bahia* no século XIX". Dissertação (Mestrado em história), Faculdade de Filosofia e Ciências Humanas, UFBA, Salvador, 1999.

SLENES, Robert W. "The demography and economics of Brazilian slavery (1850-1888)". Tese. (PHD em história) Stanford University, Stanford, 1976.

_____. "Escravos, cartórios e desburocratização: o que Rui Barbosa não queimou será destruído agora?". In *Revista Brasileira de História,* São Paulo: Marco Zero/ANPUH, vol. 5, nº 10, 1985, pp. 96-166.

_____. "Malungo, ngoma vem! África, encoberta e redescoberta no Brasil". In *Cadernos do Museu da Escravatura,* Lunada: Ministério da Cultura, nº 1, 1995.

SOARES, Carlos Eugênio Líbano. "A capoeiragem baiana na Corte Imperial (1863-1890)". In *Afro-Ásia,* nºs 21-22, 1998-99, pp. 153-70.

_____. "Da flor da gente à Guarda Negra: os capoeiras na política Imperial". In *Estudos Afro-Asiáticos,* nº 24, 1993, pp. 61-81.

_____. *A capoeira escrava e outras tradições rebeldes no Rio de Janeiro (1808-1850).* Campinas: Unicamp/Cecult, 2001.

TAVARES, Odorico. *Bahia — imagens da terra e do povo.* São Paulo: Ediouro, 1994.

TEIXEIRA, Cid. "Sobre o anti-abolicionismo". In *A Tarde,* 11 maio 1968.

TURNER, J. Michael. "Identidade étnica na África ocidental: o caso especial dos afro-brasileiros no Benin, na Nigéria, no Togo e em Gana nos séculos XIX e XX". In *Estudos Afro-Asiáticos,* nº 28, 1995.

VASCONSELLOS, Christiane Silva de. "O circuito social da fotografia da gente negra. Salvador 1860-1916". Dissertação (Mestrado em história), UFBA, 2006

VERGER, Pierre. *Notícias da Bahia — 1850*. São Paulo: Corrupio, 1981.

_____. *Fluxo e refluxo do tráfico de escravos entre o golfo do Benin e a Bahia de todos os santos — séculos* XVII *a* XIX. São Paulo: Corrupio, 1987.

_____. *Os libertos: sete caminhos na liberdade dos escravos da Bahia no século* XIX. São Paulo: Corrupio, 1987.

VIANNA, Antônio. *Quintal de nagô e outras crônicas*. Salvador: UFBA/CEB, 1979.

VIANNA FILHO, Luís. *A vida de Rui Barbosa*. Rio de Janeiro: Nova Fronteira, 1987.

WINBERLY, Fayette. "The African liberto and Bahian lower class: social integration in nineteenth century. Bahia, Brazil, 1870-1900". Tese (PHD em história), University of California, Berkeley, 1988.

Créditos das ilustrações

Todos os esforços foram feitos para determinar a origem das imagens deste livro. Nem sempre isso foi possível. Teremos prazer em creditar as fontes, caso se manifestem.

1, 2, 22: Acervo da Fundação Biblioteca Nacional — Brasil.

3, 23: Acervo do Arquivo — Museu de Literatura Brasileira, da Fundação Casa de Rui Barbosa.

4: Carybé.

5: Acervo Instituto Geográfico e Histórico da Bahia.

6, 16: Acervo Angelo Agostini.

8: Augusto Elias.

9: Arquivo Nacional.

10: Fundação Gregório de Mattos — Arquivo Municipal de Salvador.

11, 12: Adenor Gondim.

13: Acervo Museu de Arte da Bahia.

14, 17: Acervo Ewald Hackler.

15: José Severino.

18: Acervo Santa Casa de Misericórdia de Salvador. Reprodução: Adenor Gondim.

19: Acervo da Companhia de Energia Elétrica da Bahia (COELBA).

20, 21: Museu Tempostal — Secretaria de Cultura do Estado da Bahia. Acervo Christiano Junior.

26: Acervo Instituto Geográfico e Histórico da Bahia.

Índice remissivo

Abissínia *ver* Etiópia
abolicionismo, 18, 20, 83, 86, 154, 259
Abolicionismo, O (Nabuco), 73
Abolicionista, O, 84
abolicionistas, 15, 18, 20-1, 33, 37, 39,
    42, 47, 73, 80, 82-3, 86-93, 95-6, 98,
    101, 104, 118, 127, 129, 131, 140,
    144, 147, 149, 151, 163, 185, 242,
    257, 260, 261, 280
Academia Brasileira de Letras, 24
acoitamento de escravos, 51, 89-90,
    260
açúcar, 40-1, 102-3, 173, 179, 191-2,
    265
Acupe, 165
Adolfo, Cecília, 235
África do Sul, 201, 213-4, 270
Africanos no Brasil, Os (Rodrigues),
    224
Agostinho, Francisco, 52
Agostinho, negro, 131
agricultura, 87, 102

Alabama, O, 210, 231
Alagoas, 256
Alagoas, navio, 142
Alenquer, baronesa de, 106, 266
Alexandrina, parda, 32-4, 36
alforria, 33, 40, 77, 81-2, 84, 90-2, 96,
    103-4, 117, 119, 165, 196, 223, 236,
    259
Aliança, patacho, 56
Alves, Castro, 126, 140, 274
Amaral, Braz do, 138, 153-4, 164
Amazonas, 256
América do Norte, 193-4
Anderson, Benedict, 16
Animismo Feitichista, O (Rodrigues),
    216
Aninha, mãe, 221
Antônio, Santo, 137, 221
Aragão, Antonio Fernão Muniz de, 164
Aragão, Francisca de Assis Vianna
    Moniz Barreto de *ver* Alenquer,
    baronesa de

Aragão, Francisco Muniz Barreto de *ver* Paraguassú, visconde de

Aratu, engenho, 106

Araújo, Dilton Oliveira de, 163, 276

Araújo, Nelson de, 133, 271

Araújo, Oscar d', 94

Araújo, Querino Bispo de, 149

Araújo, Thomas Nabuco de, 68, 72, 75-6, 122, 254-5, 257, 274

Arcos, conde dos, 285

Argolo, José de Teive e, 105

asiáticos, 75

Assembleia Provincial, 100, 103, 108, 110, 267, 276

Assis, Machado de, 11, 29

Associação Beneficente Socorro Mútuo dos Homens de Cor, 77

Associação Comercial da Bahia, 101, 106, 175, 178, 266-7

axogum, 210, 220

Azevedo, Célia Marinho de, 38, 73, 257

Azevedo, Elciene, 86, 258

Bahia e seus governadores na república, A (Aragão), 164

Bahia, A, 164, 206, 217, 233

Bandeira, João Capistrano, 101

Bárbara, Santa, 137

Barbosa, Rui, 39, 42, 81, 83-4, 94-5, 112, 118, 121, 126, 129, 139-41, 146, 148, 155, 161-2, 164, 166, 183-5, 187-9, 191-4, 241-2, 264, 274-6, 281-4

Barickman, B. J., 41, 97, 99, 265, 266

Barravento, engenho, 119

Barreto, Lima, 23, 246

Barros, Francisco de, 131

Bastos, Tavares, 72-3, 256

Bate Folha, terreiro de candomblé, 230

batuques, 25, 129, 199-200, 215, 231-3, 286

Benedito, São, 134, 136-8, 273

Berlin, Ira, 243

Biafra, navio, 59

Bismarck, Otto von, 208

Bittencourt, Anna Ribeiro de Góis, 266, 287

Boa-fé, patacho, 57

Boaventura, Esperança da, 19, 195, 197-8, 240, 243

Bonfim, Eliseu do, 218

Bonfim, Martiniano, 58, 218, 227, 289

Braga, Júlio, 223

Brasil, brigue, 204

Braz, escravo, 92

Brito, Jailton, 83, 149

Brotas, 147, 212, 288

Bueno, Pimenta, conselheiro, 65, 77, 254

Butler, Kim, 229, 288

Buys, Frederico Cristiano, 149

Cabocla, festa da, 127, 129-30, 133

caboclos, 19, 77, 126-7, 171, 205, 279

cacau, 102

Caetano, Manoel, 159, 162

café, 101-2, 237, 272

Calmon, Pedro, 106

Câmara dos Deputados, 68, 76, 186

campanha abolicionista, 38, 46, 87, 108, 154, 163, 192, 239, 241

Campinas, 66, 70, 256

Campos, João da Silva, 136, 137, 220, 290

candomblé, 20, 23, 25, 38, 51, 58, 127, 129, 132, 180, 199, 200, 203, 210, 212, 218, 220-2, 224, 226-8, 230-3, 235-9, 271, 288, 290-2 capoeiras, 27, 141, 146, 154, 172, 255, 275, 277, 283

Caramuru, 129

Caravelas, 135, 138

Caribe, 247

Carigé, Eduardo, 47, 82, 89-90, 92-3, 126, 129, 132, 144, 146, 260

carnaval, 23, 25, 31, 43, 127, 198-201, 206, 207, 211-3, 215, 217, 222, 224, 226-30, 235, 236-7, 285, 288, 292

Carneiro, Edison, 210, 220, 226-9, 274, 291

Carrara, Sérgio, 199

carregadores, 42, 163, 165, 173, 176-7, 179, 182, 213

Carvalho, Amphilophio Batista de, 47-9, 52, 60, 81, 91-2, 260

Carvalho, José Murilo de, 72, 254

Carvalho, Silvério Antônio de, 221

Castro, Francisco Antonio de, 107

Castro, Ubiratan, 45

catolicismo, 20, 27, 54-5, 59, 136, 139, 168, 203, 235-7

Ceará, 81, 256, 262

Centro Operário, 222

Cerveira, José Rodrigues de, 114-5

Chalhoub, Sidney, 76-7, 136, 166, 263, 268

Chapadista, 126, 149-50, 151, 277

Chegados da África, clube, 198

cidadania negra, 40, 188, 200-1, 256

Código civil, 68, 75, 122-3, 257

Coelho, Pinto, 119

Coisa, A, 153, 252

coiteiros, 47, 89-90, 92-3

Cole, J. A., 66-8, 70-1, 73

cólera, 204, 265, 287

Colônia Leopoldina, 135, 138, 272

comerciantes africanos, 47, 53, 55, 60, 62, 64

comércio, 38, 48-9, 54, 56, 58, 64, 79, 87, 96, 101-2, 126, 165, 170, 176, 178-9, 204, 278, 282

Companhia de Navegação, 143-4, 148

Companhia dos Permanentes, 109-10, 268

Companhia União e Indústria de Trabalhadores Livres, 175-8

Conceição, Bemvinda Maria da, 52

Conceição, Esterico da, 211

Conceição, Julia Maria da, 57

Conceição, Secundina Maria da, 118

Confederação Abolicionista, 146

Congos da África, clube, 198

Conrad, Robert, 266

Conselho de Estado, 37, 38, 46, 65-6, 70, 72-3, 76-8, 80, 93, 201, 233, 246

Constituição brasileira, 55, 76

Corrêa, Mariza, 216, 289

Correio de Notícias, 201, 206, 208, 213, 217

costa da África, 38, 46-7, 50-1, 55, 57, 61, 64, 80, 195, 196, 227-8

Costa, Abraham da, 52

Costa, Adão da Conceição, 58

Costumes africanos no Brasil (Querino), 226

Cotegipe, barão de, 112, 117, 127, 275

Couto, Almeida, 102, 143, 161, 166, 171, 183, 275, 278, 282

Couto, José Luís de Almeida, 83

Crispiniano, africano, 156

Cuba, 53, 55, 263

Cunha, José Fortunato da, 229

Cunha, Manuela Carneiro da, 54

Cunha, Maria Clementina Pereira, 198, 285, 288

Cunha, Olívia, 37

Cupim, Bibiano, 220, 221-2, 224, 290

D'Eu, conde, 142, 143, 145, 151, 159, 161, 164, 171, 277, 280

Damásio, Virgílio, 143, 155-9, 216

damurixá, 217-8, 227

Dantas Júnior, João Pinto, 148, 153

Dantas, Beatriz Góis, 54, 210, 228

Dantas, Conselheiro, 42, 87, 144, 183, 275, 281-2

darwinismo social, 182

Das cores do silêncio (Mattos), 40

David, Onildo Reis, 170, 205, 287

Debret, Jean-Baptiste, 285

dendê, 56, 252

deportação de africanos, 48, 50-2, 60, 68, 71, 74, 78-80, 92, 154, 205

Devoto, Alfredo, 282

Diabos em Folia, clube, 198

Diário da Bahia, 56, 95-6, 106, 120, 126, 138, 177, 239, 281

Diário de Notícias, 83, 141, 183-4, 275-6

Diário do Povo, 83, 119-20, 126, 146, 148, 153, 164, 166-7, 169

Didi, mestre, 221

discurso abolicionista, 38, 78, 248

Dois de Julho, festa do, 127-30, 171, 266, 279

economia açucareira, 41, 99, 101

Embaixada Africana, 20, 43, 200, 202-3, 205-7, 210-1, 213, 215-7, 220, 229-30, 236, 243, 292

engenhos, 90, 91, 100, 103, 105, 114-5, 117, 121, 212, 284

entrudo, 285

epidemias, 40, 57, 102, 136, 156, 170, 204, 205, 265

Eppe, 56

Esaú e Jacó (Machado de Assis), 11

Escola de Aprendizes Artífices, 222

Espetáculo das Raças (Schwarcz), 41, 182

Espinheira, Amélio Ferreira, 51

Espírito Santo, província do, 136

Estados Unidos, 15, 35, 36, 66, 71-3, 76-7, 93, 191, 193, 247-8, 256, 270

estética feminina afro-baiana, 158

Estrada, Osório Duque, 96, 257

Etiópia, 207, 215, 216

Eugênia, patacho, 50

Europa, 103, 193

evolucionismo, 182, 283

Expedição ao Transvaal, clube, 213-4

Faculdade de Medicina da Bahia, 41, 83, 142, 148, 182, 224

família imperial, 144, 154-5, 163, 190, 274

família real portuguesa, chegada da, 45

Fantoches da Euterpe, clube, 126

Faria, Virgílio Silvestre de, 32-3

fé católica *ver* catolicismo

febre amarela, 57, 202, 204-5, 265, 287

Feiticeiro, O (Marques), 235-7

feiticeiros, 52, 201, 203-5, 218, 231, 237

Fernando de Noronha, 154, 164

Fernando, africano, 52, 80

Fields, Barbara, 35

Filhos d'África, clube, 198, 215

Filhos do Diabo, clube, 126

Fonseca, Luís Anselmo da, 86, 165, 175, 264

Fraga, Walter, 50, 91, 115, 117, 131

França, 206, 213

Freitas, Fortunato, 89, 92

Freyre, Gilberto, 61

Fry, Peter, 199

fuga de escravos, 32, 89-91, 105, 231, 260, 262

fumo, 48, 56-7, 102, 179

Gabinete do Ministério da Justiça, 51

Galvão, Benvindo da Fonseca, 59, 196

Gama, Luís, 86, 129

Gantois, terreiro de candomblé, 220, 222, 227

Gazeta da Tarde, 82-3, 87, 119, 147, 154, 258

Geraldo, padre, 135-6

Goiás, 256

Gomes, Flávio, 37, 70, 166, 250, 276

Gomes, Saturnino, 211

Gomes, Tiago de Melo, 158

Gonçalves, João Felipe Ferreira, 187

governo imperial, 52, 60, 66, 68, 75, 81, 121, 144, 146, 162, 165, 185, 187, 256

Grinberg, Keyla, 122

Guahy, barão de, 101-2, 265

Guarda Negra, 21, 27, 42, 145-8, 153, 155, 159, 162, 164, 166, 181, 184, 186, 188, 190, 192, 194, 216, 243, 275-6, 283

Guerra do Paraguai, 65, 70-1, 87, 175, 177, 254

Guerra dos boers, 213

Guerreiros da África, clube, 198

Guimarães, Domingos, 230

Guran, Milton, 251

Haiti, 247, 257

higiene, 156, 170, 204, 287

História da Criação, A (Haeckel), 187

homens livres, 93, 123, 156-7, 175, 177

Honório, liberto, 119

Ifigênia, Santa, 138

Igreja católica *ver* catolicismo

Ilê Axé Opô Afonjá (terreiro de candomblé), 58, 221

imigrantes europeus, 75

Império Português, 37

Iná, africana liberta, 89-90

Inglaterra, 53, 64, 69, 214

ingleses, 45-9, 55-6, 61-2, 64, 80, 102, 187, 217, 249, 251-2, 256

Instituto dos Advogados Brasileiros, 69, 269

iorubás, 53, 58, 228

Irmandade da Boa Morte, 220-1, 290

Irmandade de Nossa Senhora da Sociedade Amparo dos Desvalidos *ver* Sociedade Protetora dos Desvalidos

Irmandade de São Benedito, 137

irmandades negras, 27, 137

Isabel, princesa, 12, 40, 106, 117, 147, 165, 168, 186, 280

islamismo, 202-3

Itália, 207

Ivo, africano, 52

Iyá Obá Biyi *ver* Aninha, mãe

Jacinto, Roque, 20, 171, 173

Januário, africano, 52

Jardim, Silva, 21, 42, 95, 141-6, 148-9, 151, 153, 155, 157-9, 161-2, 164, 168, 246, 274

Jequitinhonha, visconde de, 68-9, 71-2, 76-7, 257

Joana, mulata forra, 31, 33, 36

Jorge, São, 137

Jornal da Bahia, 175

Jornal de Notícias, 107

Jornal Independente, 121

Junta Francesa de Emancipação, 71

Karash, Mary, 273

Lagos, 38, 46-7, 50, 53-7, 59-60, 62, 64, 79-80, 201-2, 217-8, 227, 229, 234, 236, 251, 286, 292

Lamounier, Maria Lúcia, 75, 257
Latino, liberto, 114-5
Leal, Herundino da Rocha, 133
Leal, João Henrique de Azevedo, 119
Lei Áurea, 40, 100, 105-6, 135, 139, 170, 272
Leite, Francisco José, 52
Leite, Octavio de Souza, 113
Lembranças da África, clube, 198
Leocádia, africana, 260
liberalismo, 42
Liceu de Artes e Ofícios, 87
Lima, Antonio dos Santos, 202
Lima, Manoel José de Souza, 120
Lima, Manoel Roriz, 118
Lima, Vitorino dos Santos, 59
Lima, Vivaldo da Costa, 228, 291
língua portuguesa, 54
literatos, 24, 38, 81, 208, 235
Lubadou, africana, 92
Lucena, Henrique Pereira de, 49, 52, 60, 64, 79
Lucrécia, africana, 260

Macaco Beleza, capoeira, 21-2, 153-5, 277
Macário, Quintiliano, 211
Machado, Maria Helena, 109, 267, 270
Manoel Sapateiro, 20, 93
Manoel, César, 52
Maracangalha, engenho, 114-5
Maranhão, 256
Marcos Carpinteiro, 210
Marcus, Harold G., 207
Maria e Vitor, filhos do liberto Lúcio, 50
Maria Luiza, escrava, 119
Maria, Lúcio José, 50
Marques, Silva, coronel, 144, 147, 162
Marques, Xavier, 131, 197, 235-40, 293

Martiniano Bonfim *ver* Bonfim, Martiniano
Martins, Cypriano José, 55
Martins, Francisco Gonçalves *ver* São Lourenço, visconde de
Martins, José Gonçalves, 175, 177
Martins, Robson, 136
"massacre do Taboão", 42, 148, 164, 173, 183
Mata, Iacy Maia, 108-9, 267
Mato Grosso, 256
Matory, J. Lorand, 55, 58, 228
Mattos, Hebe, 36, 40, 118, 123
Mattos, Hebe Maria, 97, 266
Medeiro, Clemente, 52
Mendonça, Ana Luíza, 199
Mendonça, Joceli M. N., 264
Menelik, rei etíope, 20, 205-8, 210, 215, 217, 229, 236, 239
meretrizes *ver* prostitutas
Miles, Robert, 35
Minas Gerais, 113, 145, 147, 256
Ministério da Agricultura, 94-5, 125
Ministério da Justiça, 51, 68, 75, 78, 80, 95, 96
Moffet, Cleveland, 206
Momo, festejos de, 31, 198, 214, 220, 235
monarquia, 12, 20-2, 34, 142, 144, 147, 153, 155, 159, 162-3, 183, 238, 274
monarquistas, 21, 27, 42, 141, 143, 146-8, 154, 156-7, 162, 166, 168, 182, 188, 242, 274, 280
Moniz Aragão, barão de, 103, 115, 191
Montezuma, Francisco Gê de Acaiaba *ver* Jequitinhonha, visconde de
Morgan, John, 61, 64, 77, 79
mulatas, 19, 31-2, 147, 158, 167-8, 278
mulatos, 14, 77, 117, 218

Nabuco, Joaquim, 65, 73, 93, 126, 129, 188, 254, 257
Naeher, Julius, 117
nagôs, 58, 155-6, 196, 203, 210, 212, 227-8, 230, 233, 237, 291
Nagôs em Folia, clube, 198, 230
Nascimento, Ana Amélia Vieira, 204
naturalização de africanos, 55, 59, 60, 227
New London and Brazilian Bank Limited, 61
Nova Orleans, 204
Nova York, 67

Obá, dom, 155
Obá, João de, 133, 271
ódio racial, 121, 188, 194
ogã, 220, 230, 237-8
Oliveira, José Timotéo de, 260
Oliveira, Maria Inês Cortes de, 253, 285
Onin, 55
Ordem Terceira do Rosário, 220-1
orixás, 57, 205, 228, 271

Pai Quibombo ver Rosa, Juca
Paixão, Felipe Alves da, 111
Pândegos d'África, clube, 43, 87, 200, 217-8, 220, 222, 224, 227, 229-30, 236, 243
Pará, 256
Paraguai ver Guerra do Paraguai
Paraguassú, Catarina, 129
Paraguassú, estrada de ferro, 62
Paraguassú, patacho, 47-8, 58, 60, 77, 78
Paraguassú, visconde de, 43, 100, 122, 191-4
Paraíba, 256

Paraná, 256
Parés, Nicolau, 210, 227, 288
Passos, Manoel Benício dos ver Macaco Beleza
paternalismo, 16, 39, 244, 268
Patrocínio, José do, 86-7, 146-7, 155, 173, 192
Paty dos Alferes, 185-6, 244
Pedro II, d., 71, 141, 148, 186, 238, 254
Pedro, Salustiano, 86
Pedroso, Cornélio de, 212
Peixoto, Floriano, 192-3, 284
Pena, Eduardo Spiller, 69, 269
Pena, Herculano Ferreira, 61
Pergentino, Gustavo Francisco, 231
periódicos, 83, 87, 118, 145, 169, 254, 277
Pernambuco, 97, 100, 256, 263
Piauí, 256
Piedade, engenho, 119
Pindobas, engenho, 119
Pinho, Wanderley, 90
Pinto, Antônio de Costa, 62, 64
Pinto, Cerqueira, 50
Pinto, Leodoro J., 52
Ponte, conde da, 285
Porcina de Jesus, Raimunda ver Chapadista
Portela, Manoel do Nascimento Machado, 99, 103, 107, 165
Pratt, Mary Louise, 208, 287
Prazeres, Maurício de Souza, 260
processo emancipacionista, 35-6, 37, 40, 47, 60, 65, 96-7, 257
prostitutas, 158-9
Província, A, 87

Queirós, Eusébio de, 68-71, 256
Querino, Manoel, 23, 25, 39, 42, 81,

86-8, 154, 171, 197, 217, 222-4, 226-9, 234, 240-2, 271, 286, 291-2
Quibaca, engenho, 114-5
Quinta da Boa Vista, 65

Raça africana e seus costumes na Bahia, A (Querino), 223
racialização, 13, 16, 18, 23, 25, 27, 35, 36-8, 44-5, 112, 123, 242-3
Racism (Miles), 35
racismo, 14-6, 20, 22-3, 27, 35, 37, 39, 42, 49, 194, 223, 242, 246-7
Ramos, Arthur, 226-8, 291-2
Ramos, Ventura, 52
rebeldia escrava, 33, 60, 90, 98, 115, 135, 286
Rebouças, André, 144, 269
Rebouças, Antônio, 122
Recife, 41, 159, 162, 193
re-exportação de africanos *ver* deportação de africanos
Reforma, A, 72
Reis, João José, 49, 96, 151, 173, 232, 251, 277, 281, 285, 286
relações escravistas, 33, 35-6, 105, 125, 151, 178, 185, 243
relações sociais, 13, 19, 36-7, 75, 95, 105, 118, 125, 243
República Federal (jornal), 153, 161
República no Brasil (Silva Jardim), 161
republicanismo, 41, 141, 163, 274
Revolta dos malês, 52, 203, 210, 239, 242, 285, 286
Ribeiro, Pitta, 52
Rigaud, Ernesto Alves, 115
Rio Branco, visconde do, 129
Rio de Janeiro, 23, 42, 46, 50-1, 57, 67, 70, 142, 146-8, 155, 162, 166, 179, 184-5, 198, 204, 211, 256

Rio Grande do Norte, 256
Rio Grande do Sul, 256
Rocha, Antônio Carneiro da, 102
Rodrigues, Domingos, 89
Rodrigues, Raimundo Nina, 23, 43, 57-8, 196-7, 202-3, 212, 215-8, 220, 222-6, 228, 233-4, 236-7, 240, 286, 288-9, 291-2
Roque Sapateiro, 91
Roque, Manoel, 86
Rosa, Juca, 51, 57, 251

Sá, Feliciano Calmon de, 52
Sá, Joaquim Ribeiro de, 52
Sabinada, 187, 283
Sallé, Francisca, 196
sambas, 26, 27, 114, 123, 129, 132, 139, 180, 199, 231-3
Sampaio, Gabriela dos Reis, 238, 251
Sampaio, Teodoro, 81-2, 86, 149, 154, 259
Santa Catarina, 256
Santa Cruz, Pamphilio de, 147, 154, 165, 276, 278
Santana, Aristides de, 166
Santana, Miguel, 58
Santo Amaro, 31, 98, 100, 105-6, 111, 115, 133, 195, 254, 258, 271
Santos Marques, coronel, 143, 164
Santos, Cipriana Leopoldina dos, 52
Santos, Domingos Jerônimo dos, 55
Santos, Eugênia Ana dos *ver* Aninha, mãe
Santos, Flávio Gonçalves dos, 224, 284
Santos, João, 214
Santos, Jocélio Telles dos, 199, 232
Santos, Lúcio Lino dos, 149
Santos, Luís Álvares dos, 82
Santos, Luís Antônio dos, d., 271
Santos, Mário Augusto da Silva, 163

São Boaventura, Esperança de *ver*Boaventura, Esperança da
São Lourenço, visconde de, 175, 176, 178-80, 282
São Paulo, 41, 46, 66, 68, 84, 97, 147, 187, 189, 193, 208, 256
São Vicente, marquês de *ver* Bueno, Pimenta, conselheiro
Schwarcz, Lilia Moritz, 41, 83, 182-3, 225, 280
Scott, Rebecca, 34, 97, 263
Senhor do Bonfim, festa do, 90, 130-1, 133
Sergipe, 256
Serra Leoa, 55
Silva, Ildefonso Raimundo da, 31-3
Silva, Ricardo Tadeu Caíres, 260
Silvestre, africano liberto, 89-92
Skinner, 207
Slenes, Robert, 256
Soares, Carlos Eugênio, 70, 146, 250, 276-7
Sociedade Abolicionista Dois de Julho, 83
Sociedade Baiana 13 de Maio, 23, 165
Sociedade de Beneficência da Nação Conga Amiga da Consciência, 77
sociedade escravista, 33, 54, 122, 194
Sociedade Libertadora Baiana, 81, 83-4, 86-7, 89, 93, 145
Sociedade Libertadora Sete de Setembro, 84
Sociedade Protetora dos Desvalidos, 137, 220, 222

sociedades abolicionistas, 41, 47, 90-1, 126, 258
Sodré, Jerônimo, 83
Sodré, João Vaz de Carvalho, 106
Souto, Juvenal Luiz, 221
Souza, Laura de Mello e, 232
Subaé, engenho, 266

Taboão *ver* "massacre do Taboão"
Teixeira, Antão, 51, 205, 251
Terceiro Reinado, 142, 147, 183
Terreiro de Jesus, 148, 162, 172
Trabalho, O, 87
tráfico negreiro, 33, 45-6, 48, 50, 53, 68, 70, 91, 233, 249-50, 252, 256, 284
Turner, Michael, 54

União Agrícola e Comercial dos Emancipadores, 100
Uzoigwe, Godfrey N., 214

vadiagem, 26, 123, 131, 133, 267
Varela, João, 149, 218, 292
Vassouras, 185, 188
Verger, Pierre, 45, 252
Vianna, Antonio, 155-6, 171, 220
Vianna, J. A., 179
Vila Viçosa, 101, 135
Vila Viçosa, barão de, 101, 104-7, 112, 125, 133, 264, 267
violência, 49, 118, 178, 292
Vitória, Luiz, 52
voduns, 205

1ª EDIÇÃO [2009] 1 reimpressão

ESTA OBRA FOI COMPOSTA PELA SPRESS EM DANTE E IMPRESSA EM OFSETE
PELA GRÁFICA BARTIRA SOBRE PAPEL PÓLEN SOFT DA SUZANO S.A.
PARA A EDITORA SCHWARCZ EM JULHO DE 2021

A marca FSC® é a garantia de que a madeira utilizada na fabricação do papel deste livro provém de florestas que foram gerenciadas de maneira ambientalmente correta, socialmente justa e economicamente viável, além de outras fontes de origem controlada.